基礎から学ぶ
特別支援教育の授業づくりと生活の指導

上田征三／高橋 実／今中博章 [編著]

ミネルヴァ書房

はじめに

　この本は，特別支援教育を学ぶ学生と特別支援学校・特別支援学級の初任者のための基礎的で具体的な実践の入門書として企画されました。特別支援教育を学ぶ学生や特別支援学校・特別支援学級の初任者の方々が，どのようなことで悩み，どのようなことをこれから学んでいったらよいのか，困ったときに手元において，授業づくり，教材研究，生活指導の参考にして，教育実践をより充実させていただくことを目的に内容を構成しています。

　第1章にあるように，初任者や教育実習に参加した学生が最初に悩むのは，子どもとのよりよい関係をどのようにしてつくっていくかということだと思います。そして複数担任の教師と連携して，見通しのもてる教育環境をつくっていく必要があります。また，同時に考慮しなければいけないのが，保護者とのよりよい信頼関係をつくり，保護者の期待や気持ちに寄り添える関係をつくっていくことです。

　保護者の方々は，就学前から子どもの障害や発達，行動上の問題で，非常に大きな困難と出会い，悩みを抱えながら子どもと向き合ってこられています。保護者の方々との信頼関係をつくるためには，こうしたそれぞれのご家族の生い立ちを理解し，子どもの障害特性や発達特性をしっかり学んでいくことが必要不可欠となります。

　そこで，本書では，第Ⅰ部で子どもの理解とかかわり方の基本と実際について解説しています。このことを理解してはじめて，よりよい授業をつくっていくことができるのではないでしょうか。第Ⅱ部では，特別支援学校・特別支援学級での授業づくりの基礎，教材づくり，指導案の作成，指導記録の書き方について解説しました。

　また，よりよい授業づくりと並行して，子どもの障害特性，発達特性を踏まえた生活の指導が子どもの自立支援のためには必要不可欠です。そこで第Ⅲ部で子どもの力をつける生活の指導について解説しました。生活の指導の中で出てくる事例は，リアリティを確保するためすべてイニシャルではなく仮名としました。なお本文中の障害名は歴史的な解説や法令・通知のところは，文脈に沿ったものに，一般的な障害名は，自閉症スペクトラム，LD（学習障害），ADHD，知的障害としました。

　さらに，子どもが地域の中で生涯にわたって豊かに成長，発達し，豊かに暮らしていけるためには，学校間や福祉・保健・医療との連携が欠かせません。第Ⅳ部では，子どもが地域で豊かに育つための連携について解説しました。

　また，随所に特別支援教育に関連するトピックをコラムとして掲載しています。特別な支援を必要としている子どもたちやその家族がともに成長し，自立して豊かに暮らしていくことをめざす特別支援教育を基礎から学びたいと考えているみなさんにぜひ，手元にお

いて活用していただければ幸いです。

2017年2月

編 者

目　次

はじめに

第Ⅰ部　子どもの理解とかかわり方の基本と実際

第1章　特別支援教育を基礎から学ぶときに大事なこと……3
1. 最初の4か月で学んだこと……3
2. 今の仕事でやりがいを感じるとき，喜びを感じるとき……5
3. 特別支援学校の教師を目指す大学生へのメッセージ……6
4. 特別支援教育を基礎から学ぶときに大事なこと……7

コラム1　特別支援学校教員免許状……8

第2章　子どもとの関係をつくる……11
1. 子どもとのよりよい関係をつくる……11
2. 見通しのもてる教育環境・状況をつくる……15
3. 保護者の期待に応える……20
4. 一人一人の子どもの特性や行動の背景を知る……23

コラム2　ノンバーバルコミュニケーション……29

第3章　子どもの行動上の問題の発達的理解とその支援……31
1. 子どもの行動上の問題をどう理解するのか……31
2. 言語によるコミュニケーションの難しい子どもに現れやすい行動上の問題とその対処……32
3. 1，2語文でコミュニケーションをはかることのできる子どもの行動上の問題とその対処……34
4. 書き言葉を獲得している子どもの行動上の問題とその対処……37

コラム3　自閉症スペクトラムと愛着形成の問題……40

第Ⅱ部　特別支援学校・特別支援学級における授業づくり

第4章　授業づくりの基礎……………………………………………………………45
  1　特別支援学校の教育課程とその実際………………………………………45
  2　特別支援学校学習指導要領とその活かし方………………………………49
  3　個別の指導計画を生かした授業づくり……………………………………55
  4　教材・教具の工夫と作り方…………………………………………………66
コラム4　個別の指導計画と個別の教育支援計画……71
コラム5　生活単元学習の現代的意義……73
コラム6　領域「自立活動」……75

第5章　授業づくりの実際……………………………………………………………77
  1　知的障害（自閉症スペクトラムを含む）…………………………………78
  2　肢体不自由……………………………………………………………………88
  3　聴覚障害………………………………………………………………………96
  4　視覚障害………………………………………………………………………104
  5　病　弱…………………………………………………………………………112
  6　重度・重複障害………………………………………………………………118
  7　自閉症スペクトラム・情緒障害……………………………………………128
  8　授業づくりと模擬授業・研究授業の実際…………………………………135
コラム7　「授業の評価」について……145

第6章　指導の記録の書き方と活かし方……………………………………………147
  1　指導の記録の意義……………………………………………………………147
  2　指導記録の実際………………………………………………………………148
  3　行動観察記録の実際…………………………………………………………150
  4　まとめ…………………………………………………………………………151
コラム8　指導要録と教育評価……152

第Ⅲ部　子どもの力をつける生活の指導

第7章　ライフサイクルに応じた生活の指導………………………………………157
  1　人間の生涯発達と人生の質の追求…………………………………………157
  2　乳幼児期から成人期にかけての継続した生活の指導……………………158

3　問題行動の改善から自己存在感を育む生活指導への転換……………………………162

第8章　生活の指導におけるアセスメントと指導実践………………………165
　　1　学校現場で使えるアセスメントの方法…………………………………165
　　2　アセスメントを生かして子どもの力を伸ばす…………………………171

第9章　療育的取り組みによって創られた指導方法…………………………177
　　1　モンテッソーリ教育法とその考え方……………………………………177
　　2　感覚統合的な視点とその実践……………………………………………181
　　3　TEACCHプログラムとその実践…………………………………………185
　　4　SCERTSモデルとその実践………………………………………………190
コラム9　スヌーズレン教育の意義……195

第Ⅳ部　子どもが地域で豊かに育つための連携

第10章　インクルーシブ教育構築に向かう特別支援教育……………………199
　　1　国連のサラマンカ声明と特別支援教育…………………………………199
　　2　障害者権利条約の採択と批准に向けての法改正………………………201
　　3　インクルーシブ教育構築のための特別支援教育の在り方の見直し…202
　　4　障害者差別解消法と合理的配慮…………………………………………204
コラム10　特別支援教育コーディネーター……206
コラム11　障害者権利条約とインクルーシブ教育……208

第11章　教育と医療，家族，その他の分野との連携…………………………211
　　1　乳幼児健康診査と早期発見………………………………………………211
　　2　医療機関による診断とその後のフォロー──医療機関，医師の役割…213
　　3　医療と教育の連携──学級担任の役割…………………………………214
　　4　本人や家族を中心にした連携……………………………………………215
コラム12　DSM-5と自閉症スペクトラム……218
コラム13　就学支援……221

第12章　障害児支援のしくみと学校との連携…………………………………223
　　1　障害児を対象とする福祉施設サービス…………………………………223
　　2　生活を支援する福祉サービス……………………………………………225

- ③ 発達障害者支援センター……227
- ④ 障害児を対象とした経済的支援……227
- ⑤ 学校と福祉との連携……228

第13章　後期中等教育と障害者支援との連携……231
- ① 後期中等教育の歴史……231
- ② 高等部の多様化とキャリア教育……232
- ③ 青年期を輝かせるための高等部教育……233
- ④ 高等部卒業後の進路……235
- ⑤ 個別の支援計画と福祉との連携……236
- ⑥ 青年学級・生涯学習……236

コラム14　学びの作業所（福祉型専攻科）……238

引用・参考文献
さくいん

第Ⅰ部
子どもの理解とかかわり方の基本と実際

第1章 特別支援教育を基礎から学ぶときに大事なこと

　大学を卒業したての3人の特別支援学校新任教師に，最初の悩みと仕事のやりがいについて話を聞きました。特別支援教育を学ぶ学生は，どのようなことを意識して勉強したらよいのか，どんなところにやりがいがあるのか考えてみたいと思います。

1　最初の4か月で悩んだこと

　――4月に特別支援学校の先生になったわけですが，はじめのころはどうでしたか？
　Mさん　私のクラスは小学部6年生の子どもが6人で，そのうち5人が自閉症スペクトラムなんです。他者からの働きかけにあまり関心を示さない子が多いように思えて，はじめのころは，どうかかわればよいか，あまり自分に関心をもってくれず，どうしよう，どうしようと思っていました。
　Nさん　自分は小学部1年生4人のクラスで，ベテランの先生とペアを組んでいます。早い時期から2人ずつみましょうと担当を決めて，週の半ばで交替するというやり方をしているのですが，1年生だから，自分もペアの先生も手探りで。だけどペアの先生は，この子にはどこまで支援が必要で，どこまでは子どもが自力でできるという見極めができる。自分はそれができなくって，子どもに支援が必要なんだけど支援をしていなくて，「それは支援が要りますよ」ってペアの先生に言われて，「すみません」っていう感じでした。
　Mさん　教師間の役割分担としてこの子をみるというのがわかったとしても，どこまで支援するかっていうのが難しくないですか。いまだによくわからない。
　Nさん　ペアの先生に「介助して」って言われても，実際に何をどうすればよいのか，とくにはじめのころはわからなかった。
　Mさん　どこまで手を貸して，どこからは子どもの自力でっていうのが，集団の時間の流れの制約もあって難しい。時間がかかることであっても子どもが自分でできることは自分でさせるようにした方がいいんだろうけど，このままだと朝の会に間に合わないみたいなことも多々ありました。
　Nさん　そうなんだよね。
　Mさん　どう支援するかっていうのはいまだにずっと疑問。というか，多分，答えがこ

れですっていうのがないから。

　Yさん　私のクラスは小学部4年生6人なのですが，はじめ私は，先輩のペアの先生から，支援をし過ぎるって言われました。運動会のときとか，保護者の方が来られているから，できるだけ子どもたちができている姿を見せたいなって思っていたからです。その子のそばに付いて，行進とかでもちょっとでも列からそれそうになったら戻そうとしたりして，ペアの先生から，そんなに支援しないで待ったらできるからって言われたことがありました。

　Nさん　あーあ，そうなんだね。

　Yさん　ランチルームでの給食の準備で，食器棚から学年全員分の食器を数えてテーブルに持って行くんだけど，子どもに数えてもらっていたら遅くなってしまって学年全体に迷惑をかけるから，私は子どもに数えてもらうことなく必要な枚数を子どもに渡していたのです。ところがクラスのペアの先生は，子どもにさせると時間がかかるというのも考えたうえで早めに行動をするようにされて，子どもが時間がかかっても自分でやるのを待つようにされておられました。自分もそういうふうにしようと思っています。なかなかできなかったんですけどね。

　――集団の活動の流れや時間との兼ね合いがあるんですが，今子どもに取り組ませたい，時間がかかるけど待ってあげたいなって思って，ペアの先生に「今ぼくがんばってます。ちょっと遅れるかもしれません。」って子どもの代弁のように伝えることってありますか？

　Mさん　自分が単独で判断する勇気がないので，基本的に時間がない，どうしようってなったら，状況をペアの先生に報告して指示を仰ぎます。なので，子どもの代弁という感じではなく，私が困っているという感じなんです。

　Nさん　わかる，わかる。私がってなるよね。

　Yさん　私は，体育館で学年全体の授業があったときに，クラスのある子がなかなか教室から移動しなくって，それで，授業が始まるから行くよって，追いかけっこみたいになった。そして，子どもがコードにつまずいて転んで，鼻血が出て。私は，とにかく保健室に急いで連れて行かないといけないって思ってしまったんです。そして，なかなか体育館に来ない私たちを心配された先生が教室に私たちの様子を見に来られた。でも，誰もいない。一体どこに行ったんだ，とさらに心配をかけてしまいました。

　――連絡は大切ですよね。ところで，先ほどペアの先生との間での役割分担の話を聞いたのですが，事前に授業の打ち合わせみたいなのってありますか。

　Nさん　個別の指導計画を作成したり評価したりしたときに，支援について，この子にはここまでは支援は要らないんじゃないかとか，子どもに対する見取り方が互いに違うところもあって，彼が動けないのはこうだからと思っているとペアの先生に伝えると，「私は別の見方をしています」，みたいな，そういうのはやりましたね。あとは，運動会とか，

そういう節目のときに，指導や支援の方法は統一しておいた方がよいということで，雑談みたいな感じで放課後，教室の掃除をしながらやったりします。

Yさん　あのー，私，自分が主導で授業をして授業が終わったときにペアの先生から「で，この授業何がしたかったの？」って言われたことがあります。

Nさん　自分もある，ある。

Mさん　前年度の担任の先生が策定された年間指導計画を踏まえて，具体的な授業を構想するわけですが，たとえば，年間指導計画で図工を合せた生活単元学習が「創造したものを使って遊ぼう」として組まれている。ところが，私が計画したわけではないので，『「創造したものを使って遊ぼう」って何？』っていうところから授業を構想することになる。そんな事情もあって，私たちにはまだまだ難しいですかね。一方，日常生活の指導は，そのねらいは私たちにもわかりやすいし，また保護者の指導の要望もそこが高いように思います。子どもたちにできる活動で経験を積み重ねさせてあげたいです。

Nさん　そのためには，事前の構想も大切だけど，状況の中での子どもの様子を見ながら適宜対応していくことも大切だと感じています。

Mさん　私，授業中に自分が子どもにかかわる姿をビデオで見る機会があったんですけれど，しゃべり過ぎ，手を出し過ぎっていうのをあらためて自覚しました。それ以来，まずは子どもの様子を見てから，その後声を出すように気をつけています。

——保護者とのことで配慮していることはありますか？

Mさん　私個人の対応ということではないのですが，あることでクラスのある子どもの保護者と学校側との意思疎通にズレが生じて，保護者の学校に対する不信感が高まったということを経験しました。この件で，教師は，自分たちの立場，学校の立場にとらわれずに，保護者の立場からも理解しようとすることが大切であるということを実感しました。

Nさん　保護者への報告には気を遣いますね。たとえば，小さな怪我でもきちんと怪我をした状況や処置についてはきちんと報告できるように気をつけています。怪我でなくても，コップ入れが濡れてしまってビニール袋に入れて家庭に持ち帰らせるような場合でも，保護者がなぜ濡れてしまっているのかしらと疑問に思われるかもしれないので。まあ，この場合は保護者の性格にもよるのですが。

Yさん　怪我のことを私もペアの先生も気づいていなくて保護者に何も報告できずに，失敗したなあとペアの先生と反省したことがあります。その件以来，気をつけています。

2　今の仕事でやりがいを感じるとき，喜びを感じるとき

——今の仕事でやりがいを感じるとき，喜びを感じるときはどんなときですか？

Mさん　さっきも言ったように，私のクラスは自閉症スペクトラムの子が多くて，はじ

め,「この子たちと自分はやっていけるのかなあ」と思ったのですが,今では子どもたちが自分から私の方に寄ってきて何かを要求してくれるようになったこと,これがうれしいことです。それから,自分が授業をしたときに楽しそうな子どもたちの様子が見られたときですかね。

　Nさん　できなかったことがちょっとずつできるようになっていく子どもたちの姿をみると,うれしいですね。家庭でのそのような成長の姿についてお母さんから報告を受けたこともありましたね。それから,朝,玄関前のスクールバスに子どもを迎えに行ったときに,ニコッて笑ってくれるとき,これはたまらないですね。

　Yさん　子どもたちができなかったことができるようになってくること,成長の姿を実感するときがうれしいです。

3　特別支援学校の教師を目指す大学生へのメッセージ

　——特別支援学校の教師を目指す大学生にメッセージをお願いします。

　Mさん　あんなに時間があるのは大学時代しかないと思います。でも,私がもし大学時代に戻って「今のうちしっかり勉強しておいた方がいいよ」というメッセージを読んだとしてもどうですかね……実際の仕事を経験してからじゃないとわからないような気がします。また,気持ちも入らないと思います。なので,ボランティアなど特別支援学校の実際を見ることができる機会をもっと大切にしたらいいと思います。子どもとのかかわり体験を増やしたらいいと思います。

　Nさん　私もそう思います。就職して担任する子どもたちの支援を考えようとする際に,大学時代に実際の子どもたちとどれくらいかかわったことがあるかということは大きいです。また,直接的なかかわりの体験だけでなく,ボランティアに参加したときに,先生が子どもたちにどのような状況でどのような対応をしているのか実際を見させてもらって学ぶことも大切だと思います。

　Mさん　実際を見て知ったことは,座学にも影響すると思います。教育実習に行く前から,ボランティアなどで子どもとかかわった経験があれば,授業を受けていて,実際に見て知ったことと重ねて考えたりすることができるのではないかと思います。

　Yさん　自分は大学時代に小学校の特別支援学級で継続的に学習支援ボランティアをさせてもらったのですが,特別支援学級では一人一人の子どもに応じた先生の対応がなされているので,特別支援学級にも,対応の仕方を学ぼうという意識をもってボランティアで参加するといいのではないかと思います。

　Nさん　大学2年のときの学外授業で特別支援学校の見学体験をさせてもらったのですが,自分としてはすごくショックでした。自分はあまりにも実際を知らなすぎて。障害が

ある子どもたちの実際の様子に，たとえば，かかわろうとしても何度もおうむ返しされ，どうかかわったらいいんだろうと戸惑ったり，激しく奇声をあげる子がいて驚いたり。その一方で，自分は，はじめは小学校教師を志望していたのですが，その後のボランティアの体験を含めて何回か障害のある子どもや特別支援学校の先生のかかわりの実際を知る中で，障害のある子どもの教育っておもしろそうだなと思うようになっていった。そういう点でも体験的に実際を知るということは大切だと思います。

Mさん　学校現場だけじゃないですよね。時間があるのなら，機会があるのなら，障害のある人に関連するいろいろなボランティアに参加したらいいですよね。

──みなさんのお話をもとに，特別支援教育を学ぶ学生や初任者の方々が，学ばなければならない内容がわかりました。ありがとうございました。

4　特別支援教育を基礎から学ぶときに大事なこと

　座談会でわかった，特別支援教育を基礎から学ぶ上で大事なことをまとめました。
　①子どもとの信頼関係をつくっていき，どこまでを支援して，どこまでを自分でやるのかについての見極めをすることが大切です。
　②指導を実際に行っていくためには，特別支援学校では同じクラスの担任の先生同士でしっかり話し合いを行って，一人一人の子どもの状況について共通認識をもち，指導方針を一致させることが大切です。
　③子どもに何かがあって，対処が必要なとき，一人で対応するのではなく，報告，連絡をきちんと行うことが不可欠です。
　④保護者の方への連絡も学校だけの立場にとらわれず，保護者の立場も理解して，教師が綿密に連携して対応することも必要です。
　⑤子どもたちとの関係が少しずつできてきて，自分から要求を出してくれるようになってきたり，登校のときに見せてくれる笑顔や子どもの成長を実感したり，成長を保護者の方と共感できたりしたとき，初任者の先生は，がんばってやってきてよかったと感じています。
　⑥特別支援教育を学ぶ学生は，ボランティアや実地体験活動などに積極的に参加し，特別な支援が必要な子どもの支援ニーズや教師のかかわり方を体験した上で座学に臨むと体験せずに学ぶよりも大きな学びを得ることができます。

コラム1　特別支援学校教員免許状

1　特別支援学校の教員になるには

　日本の学校の教員になるためには，教員免許状を取得し，教員として採用されることが必要です（公立学校であれば都道府県や政令指定都市の教育委員会が実施する教員採用試験に合格し採用されること，私立学校であれば学校法人等が行う採用試験に合格し採用されることが必要です）。

　文部科学省によると，教員免許制度は，公教育を担う教員の資質の保持・向上とその証明を目的とする制度であり，学校教育制度の根幹をなす重要な制度の一つです。教員免許状は，文部科学省が教職課程を認可した大学において所定の科目を学修した人が，それを証明する単位修得証明書や大学等の卒業を証明する書類（卒業年度に申請する場合は卒業見込証明書）を申請書に添えて都道府県教育委員会に提出し（教育職員免許法第5条の2），要件を満了していると認められた場合に，都道府県教育委員会により授与されます（同法第5条第7項）。

　幼稚園，小学校，中学校，高等学校の教員になるには，原則として対応する学校種の教員免許状が必要です。特別支援学校の教員の場合には，原則として特別支援学校と特別支援学校の各部（幼稚部・小学部・中学部・高等部）に相当する学校種の両方の教員免許状が必要です（同法第3条第3項）。たとえば，特別支援学校小学部の教員の場合は，特別支援学校教員免許状と小学校教員免許状が必要です。つまり，原則として特別支援学校教員免許状だけで特別支援学校の教員になることはできません。ただし，特別支援学校教員免許状がなくても，「当分の間」は，幼稚園，小学校，中学校又は高等学校の教諭の免許状があれば，免許状の学校種に相当する特別支援学校の各部の教員となることができる（同法附則第16項）とされています。しかし，ここには矛盾があり，長年の課題となっています。なお，小学校や中学校の特別支援学級担任や通級による指導を担当する教員になるために特別支援学校教員免許状が必要であるとは法令上規定されていません。小学校や中学校の教員免許状があれば，これらになることは可能です。

2　五つの領域と三つの区分

　ところで，ここまで特別支援学校教員免許状という用語で述べてきましたが，詳しく言えば，特別支援学校教員免許状には，特別支援学校教諭免許状，特別支援学校自立活動教諭免許状，特別支援学校自立教科教諭免許状の3種類があります。一般に特別支援学校教員免許状と言う場合には，特別支援学校教諭免許状をさす場合が多いです。特別支援学校教諭免許状には，視覚障害者，聴覚障害者，知的障害者，肢体不自由者又は病弱者（身体虚弱者を含む。）に関する五つの領域があり（同法第2条第5項），教職課程認可大学等で学修した特別支援教育に関する科目の単位修得状況等に応じて，1領域から5領域の間で定められて授与されます（同法第4条の2）。なお，免許状の授与を受けた後に，教職課程認可大学等で所定の特別支援教育に関する科目を修得して都道府県教育委員会に申請し，受理された場合や，都道府県教育委員会が行う教育職員検定（書類審査のみで，筆記試験なし）に合格した場合には，新たに特別支援教育領域が追加されます（同法第5条の2第3項）。

　さらに詳しく言えば，特別支援学校教諭免許状は，専修免許状，一種免許状，二種免許状に

コラム1　特別支援学校教員免許状

表 C1.1　教職課程認可大学で所定の単位を修得して免許状取得を目指す場合に必要な基礎資格と単位数

免許状の種類	基礎資格	大学で修得が必要な最低単位数
特別支援学校専修免許状	修士の学位を有すること及び小学校，中学校，高等学校又は幼稚園の教諭の普通免許状を有すること。	特別支援教育に関する科目 50単位
特別支援学校一種免許状	学士の学位を有すること及び小学校，中学校，高等学校又は幼稚園の教諭の普通免許状を有すること。	特別支援教育に関する科目 26単位
特別支援学校二種免許状	小学校，中学校，高等学校又は幼稚園の教諭の普通免許状を有すること。	特別支援教育に関する科目 16単位

(注)　教育職員免許法　別表第一（第5条，第5条の2関係）をもとに作成。
　　普通免許状：特殊な方法で取得される特別免許状や臨時免許状に対して，大学で単位を修得する一般的方法で取得される免許状のこと。

表 C1.2　教育職員検定で免許状取得を目指す場合に必要な受験資格要件

取得希望免許状の種類	すでに取得している免許状	左記免許状取得後の在職年数	左記免許状取得後に大学等で修得が必要な最低単位数
特別支援学校専修免許状	特別支援学校一種免許状	特別支援学校で3年 ※	特別支援教育に関する科目 15単位
特別支援学校一種免許状	特別支援学校二種免許状	特別支援学校で3年 ※	特別支援教育に関する科目 6単位
特別支援学校二種免許状	幼稚園，小学校，中学校又は高等学校の教諭の普通免許状	特別支援学校，幼稚園，小学校，中学校，義務教育学校，高等学校，中等教育学校又は幼保連携型認定こども園で3年	特別支援教育に関する科目 6単位

(注)　教育職員免許法　別表第七（第6条関係）をもとに作成。
　　普通免許状：特殊な方法で取得される特別免許状や臨時免許状に対して，大学で単位を修得する一般的方法で取得される免許状のこと。
　　※ただし，取得を目指す免許状に定められる特別支援教育領域を担任する教員としての在職年数に限る。

区分されます（同法第4条第2項）。したがって，たとえば，「特別支援学校教諭一種免許状（視覚障害者に関する教育の領域）」や「特別支援学校教諭専修免許状（知的障害者に関する教育の領域・肢体不自由者に関する教育の領域・病弱者（身体虚弱者を含む。）に関する教育の領域）」のように上述の領域とともに一種等の区別も表記されます。それぞれの取得に必要な基礎資格，単位数等は表C1.1および表C1.2のとおりです。

3　その他の免許状

　特別支援学校には自立活動という授業があります。これに関連するのが特別支援学校自立活動教諭免許状です。また，特別支援学校の高等部や専攻科には職業的自立をめざす自立教科の授業があります。たとえば，視覚障害者を対象とする特別支援学校に，理療（あん摩マッサージ指圧，はり，きゅう等）の専攻科があります。職業的専門性の高い自立教科を教えることに関連するのが特別支援学校自立教科教諭免許状です。なお，専ら自立教科や自立活動の授業を担任する教員は，特別支援学校自立教科教諭免許状や特別支援学校自立活動教諭免許状を有していればよいとされています（同法第3条第3項）。

第2章　子どもとの関係をつくる

1　子どもとのよりよい関係をつくる

1　子どもと保護者へのかかわり方

　特別支援学校で，小学部4年生のクラスを担任した内田先生は，6人の知的障害の子どもを鈴木先生と2人で担任することになりました。内田先生は，特別支援学校での経験10年目の中堅の教師，鈴木先生は，今年就職したての新任教師です。

　内田先生もこのクラスを担任するのは，はじめてなので，まずは子どもとの関係をつくることを大切にしようと考えました。内田先生には，新人のころ，多動傾向のある壮平くんを教室に定着させようとして，離席のたびに注意をして，座らせようとしたところ，注意に対して抗議するように内田先生を見ながら自傷行為を引き起こすという悪循環に陥ったという苦い経験があったからです。

　内田先生が，壮平くんとのこの指導場面を，スーパーバイザーの先生にみてもらったところ，「まずは，この子がどういう目的で離席しようとしているのかをさぐること，またどんな場面で離席しているのかを探ってみたらどうか」という助言をもらい，離席する子どもに注意をするのではなく，まずは壮平くんが，離席してどこに行こうとするのか，どこまで行くのかを見守ることにしました。すると，以前担任していた山本先生がいるかどうかを確認していたり，トイレに行こうとしたりしていることがわかりました。そこで，「山本先生，いたね。教室に戻ろうか」「トイレが終わったら戻ろうか」とやさしく声をかけると，思いの外素直にいっしょに戻ってきてくれることがわかったのです。

　また，離席するきっかけをよく観察してみると，主担任の先生が他の子に話しかけているときや，次の見通しがもちにくく，何をしていいかわかりにくいときが多いことに気づきました。そこで，主担任の先生が他の子の方に向かっているときや，壮平くんの見通しがもちにくいときに意識して働きかけるよう心がけていきました。また，離席のときにすぐに注意するのではなく，子どもに寄り添いながら見守り，行動の目的を見極めた上で，気持ちの切り替えを促す声かけを行い，自分から戻って来られるよう働きかけ，戻ってき

たときに「よく戻ってきたね」と賞賛の声かけを行うことを心がけていきました。すると子どもも内田先生を信頼してくれるようになったのか，指示をよく聞いてくれるようになったのでした。

　内田先生は，鈴木先生にこの新人のころの体験を伝えるとともに，鈴木先生と6人の子ども一人一人とのかかわり方について話し合いました。まずは，6人の子どもの好きなこと，苦手なことを把握すること，そして，安心できる環境をつくって，2人の担任との関係をつくっていくことから始めようということを話し合いました。

　また内田先生には，保護者との関係においても新人のころ，苦い思い出がありました。離席の多い壮平くんを何とか教室に定着させようと思っていたころ，保護者に「まずは，壮平くんが教室ですわっていられることを目標に指導します。」と何気なく言った言葉に対し，保護者から，「小さいころは，もっと多動で家から出てしまい，行方不明になって警察に捜索してもらうほど大変だった」こと，「買い物にでかけても，いなくならないか心配で片時も目を離せなかった」こと，「親子通園で子どもとのかかわり方を学んで，今ではかなり落ち着いてきたこと」などを涙ながらに訴えられたのでした。内田先生は，現在の壮平くんの行動のみに目を向け，壮平くんの生い立ちや保護者の苦労や思いに目を向けていなかったことをそのとき，思い知らされたのでした。

　そこで，保護者との懇談の前に，入学からの指導記録やケース記録を確認した上で，これまでの一人一人の生い立ちを把握してから，保護者の子どもへの思いを聴くことを心がけようと打ち合わせをしました。まずは保護者との関係をつくっていかないと，その子との関係をうまくつくってはいけないと考えたからでした。

2　安心できる関係をつくる

　内田先生の特別支援学校の研究課題は，「わかりやすい授業づくり」というテーマでした。そのためには，どのような授業づくりが必要なのか鈴木先生と話し合いました。このクラスには，様々な障害特性，発達段階の子どもがいるので，まずは，一人一人の子どもの障害特性，発達段階を把握する必要があるだろうということになりました。

　このクラスは知的障害児のみの単一障害の学級です。俊樹くんは，ダウン症で2語文程度で要求は伝えられるが，発語に不明瞭なところがあり，身振り，手振りも交えてコミュニケーションをはかっています。麻美さんは，2語文程度の言葉は話しますが，おとなしく，自分から話すことが少なく，見通しが持てないとき，じっと固まってしまう傾向があります。優斗くんは，自閉症スペクトラムの診断を受けており，2語文で「○○は，いや」など否定的な訴えはしますが，不安傾向が強く，見通しの持てない場面でパニックになる傾向があります。雅人くんも自閉症スペクトラムの診断を受けており，ひらがなや簡単な漢字の読み書き，簡単な言葉でのやりとりができ，標識や記号，乗り物への強い興味

があります。難治性のてんかんがある洋子さんは、言葉は、1語文程度ですが、友達が大好きで、「○○さん」と声をかけてケラケラと笑う、明るい子どもです。そして、歩行は可能ですが、左側に片マヒのある、浩二くんは、手先は不器用で言葉は話せませんが、友達のお世話が大好きで、友達に連絡帳などを配ってくれます。

　このような6人の子どもたちは、コミュニケーション能力の状態から、おおよそ1歳から5、6歳程度の発達段階にあるのではないかと思われました。そこで、まずは子どもたちにとって一番楽しい活動をいっしょにすることでクラスで安心できる関係をつくっていこうという話になり、朝の時間帯を使って、それぞれの子どもが一番好きな遊びを取り入れた活動を行い、担任との安心できる関係をつくっていくことにしました。

　スクールバスに長時間乗って通学する子どもも多く、朝の時間は、先生といっしょに走ったり、音楽に合わせたリズム運動をしたり、追いかけ遊びをしたり、ゲーム的な要素を取り入れた競争をしたり、それぞれの子どもの興味に合わせた活動を用意して毎日取り組みました。

　最初は、不安そうにして固まっていた麻美さんも、無理強いすることなく、様子を見守り、みんなの楽しそうな様子を見せるようにしていると、少しずついっしょにできるようになり、笑顔が見えるようになっていきました。

　みんなの活動に自分の行動を合わせることが苦手で、みんなといっしょに走ったり、リズム運動をすることに抵抗のあった優斗くんは、内田先生が、1対1での追いかけ遊びや好きな言葉遊びに丁寧に付き合うことで、内田先生を大好きになり、内田先生と一緒だったら走ったり、からだを動かしたりできるようになっていきました。

　標識や乗り物に興味のある雅人くんには、道路標識をつくり、道路に見立てたコースにして、スポーツカーなどの絵のボードを首にかけたりすることで、レーサーになりきって走ることができるようになりました。

　こうして、一人一人の楽しいと思える活動内容を工夫し、先生といっしょに楽しむ取り組みを毎日行うことにより、先生との安心できる関係が形成され、教室自体を安心できる場所にしていくことができました。

3　友達との関係をつなぐことで自己意識を育てる

　朝、先生と楽しくからだを動かしたら、教室に入って1日の見通しを立てるため、内田先生は朝の会を大切にしています。教室の前には、クラスの子どもの写真が貼ってあるパネルが貼られていて、当番にあたった子どもが司会をして、名前を呼び、写真入りの「元気カード」をその子どもに渡します。渡された子どもは、元気カードをみんなに見せて「元気です」と答えるのです。すると当番にあたった子どもが、写真パネルの隣にニコニコマークを貼っていきます（パネルは鉄製のものを使い、カードはマグネットシートで貼って

いきます)。

　この取り組みは，当番にあたった子どもが，相手のことを考えて手渡すことにより，友達を意識すること，受け取った子どもは，名前を呼ばれ，元気カードを渡されることで自分を意識し，元気カードをみんなに見せることで，友達の視線を意識することができるようになることをねらっています。

　呼名の取り組みの後，当番の子どもは，今日の日付と曜日を尋ねます。日付は，わかっている雅人くんが主に答えて，ホワイトボードに書いてくれますが，わかる子がいないときは，先生がサポートしながら，他の子どもに書いてもらいます。この取り組みは，みんなに時間の認識を獲得してもらいたいと先生が考えているからです。

　次に，1日のスケジュールのパネルに今日の予定を書いていきます。先生の援助のもとで，書ける子どもは文字で，書けない子どもは，スケジュールを描いた絵の中から選択したカードを，スケジュールボードに貼っていきます。また，その日の給食の献立についても文字の書ける雅人くんを中心に，書いて発表してもらっています。

　このような，1日の見通しが視覚的にわかることが，子どもたちにとっての学校生活の安心につながると考え，内田先生は，大切に取り組んできました。

　日々の呼名活動を行っていると子どもたちが友達を意識することができるようになってくるにつれて，あまり友達に関心のなかった優斗くんが，大好きになった洋子さんのものを使いたがってトラブルになるといった「問題」も生じてきましたが，内田先生は，トラブルの中で相手をより意識するようになり，どうしても駄目なことを先生の仲介の中で葛藤しながらも自分でおさめる経験を重ねることが，子どもたちの社会性を育てることになるのだと考えて，指導してきました。

　また，生活場面においても授業場面においても，渡す，受け取る，一緒に運ぶ，協力して作業するなど，子どもたち同士の関係をつなぐ取り組みを意識して行ってきました。こうした友達同士の関係をつなぐことは，自閉症スペクトラムの子どもたちや重度の知的障害の子どもたちにとっては，なかなか難しいところがあり，渡す場面でも投げ渡してしまったり，渡そうとしているのに受け取る側がよそ見をしてしまったり，いっしょに運んでいくはずが，途中でものを手放してしまったりと，指導にはとても手間がかかりました。

　しかし，この難しい取り組みの中でこそ，子どもたちは，相手を意識し，自分の行動を調整することを学んでいくのではないかと内田先生は考えて実践してきました。あまり友達に関心のなかった優斗くんが，気になりはじめた洋子さんを気遣いながら牛乳をいっしょに運んでくれ，内田先生が，「よくできたね」と心からほめて，「できた」と満面の笑顔を向けてくれたとき，この取り組みは，「まちがっていなかった」と確信したのでした。

4 教師との信頼関係ができてこそ豊かなコミュニケーションが育つ

　内田先生は，新人のころ，壮平くんから多くのことを学びました。当初，ときには厳しく指導することが，子どもの生活習慣を身に付けるために大切なことだと考えていましたが，スーパーバイザーの先生から，壮平くんが自分で切り替えるのを見守る声かけをするよう助言を受け，実践したところ，壮平くんが自分で気持ちを切り替えて教室に戻ってくるようになりました。また，休憩時間などに壮平くんについて行き，壮平くんの興味や遊びに寄り添ったかかわり方をしたところ，壮平くんが内田先生に自分から近づいてくるようになったのでした。そしていっしょに砂遊びをした翌日，壮平くんが「砂のお山」といって内田先生の手をひいて「いっしょに砂場に行って遊んでほしい」と要求してくれたのでした。

　それまでの壮平くんは，意に沿わない指示があったとき「いやっ」といって拒否するような言葉ばかりが目立っていました。内田先生との安心できる関係ができてはじめて，自分から先生に自分のプラスの要求の言葉を使って，相手とのコミュニケーションをはかる力が育ってきたのでした。

　この体験をきっかけに内田先生は，子どもとの安心できる関係を築いてこそ，子どもの豊かなコミュニケーションを育てることができるのだということを学んだのでした。

2　見通しのもてる教育環境・状況をつくる

1　障害のある子どもと学習活動の見通し

　一般に授業における学習活動は，事前に教師によって構想され，実際の授業の中で展開されます。子どもは，構想された学習活動に関連して，何をどのようにするのか，ゴールは何かなどの説明を教師から受けて活動に取り組みます。通常の教育では，説明は主として口頭でなされますが，障害のある子どもの場合，とくに知的障害のある子どもの場合には，たんなる口頭説明では理解に至らず，活動につながらないことが多々あり，工夫が必要です。これからやることがわからなければ，子どもは適切には動けないでしょう。しかし，やることがわかったとしても，やろうとする気持ちが伴わないと動けないことがあります。また，子どもがやろうとしても支援が不足すると主体的にゴールをめざせないこともあります。したがって，教師には，子どもたちが，これから何をするのか「わかる状況」と，それを「やろうとする状況」（積極的にやりたいという場合，自分がやらなければな

らないとして引き受ける場合の両方を含む），そして，やろうとすることを「実現できる状況」（子どもが活用可能な手がかりや補助具などがある状況）の三つの面に配慮し，子どもが学習活動の見通しをもてるように環境づくり・状況づくりに努めることが求められます。

2 子どもたちが活動の見通しをもてる工夫

①子どもたちに伝わっていますか？

　あなたの説明や指示は，子どもたちにしっかりと受け止められる状況でなされているでしょうか。子どもたちが，あなたの声や提示する物にしっかりと注意を向け，聞いたり見たりする準備ができていることを確認してから説明等を始めたいものです。説明等の前に，姿勢を整わせたり簡単な動作を模倣させたりして注意を集中させ，子どもたちに聞く準備を促すことが必要な場合もあるでしょう。また，関係のないことに注意が奪われないように，子どもの視野に入る物理的な環境の調整（子どもの気を散らしそうなものを撤去したりカーテンで覆ったりするなど）やあなたの立ち位置の調整にも配慮が必要です。

　説明等には，子どもが理解できる言葉を用いる必要があります。知的障害のある子どもの場合は，複雑な事柄や抽象的な事柄を言葉で理解することが概して苦手です。用いる言葉に留意するとともに，関連する具体物，写真，絵などを併せて視覚的に提示すると理解が促される場合があります。また，説明には，要点を押さえた簡潔さと筋道立てられた効果的な順序が求められます。丁寧さを心がけるあまりに冗長な説明になると，逆効果になるので留意が必要です。見本として教師が実際にやるのを見る，友だちがやるのを見る，映像で見るということも子どもに見通しを促します。

②言わなくても子どもたちはわかるのでしょうか？

　会話が上手にできる子どもの中にも，物事を推測して理解することが苦手な子どももいます。「言わなくてもわかるだろう」ではなく，「言わないとわからないかもしれない」と考え，必要に応じて明確に伝えるようにしましょう。

　たとえば，子どもがうまくやれていないときの指示や声かけには留意が必要です。「それじゃダメ。もう一度やり直そう」と言われたときに，何がダメで，どうやり直せばよいのかという見通しが子どもにあれば問題はありませんが，そうでなければ，子どもは戸惑うでしょう。何がどうダメで，やり直しの際に具体的にどうすればよいのかということを子どもにわかるように示す必要があります。その際，「どうすればいいかな？」と考えるように問いかけてから，どうすればよいかを示すようにし，子どもが自ら見通しをもとうとする意識に配慮することも大切です。

　また，次のような場合にも留意が必要です。「机の位置をそろえてください」「ゴミを集めてください」などと言われて，どこにそろえればよいのか，どこに集めればよいのか，見通しをもてない子どももいます。位置が特定できるように言語化したり，カラーテープ

第2章 子どもとの関係をつくる

等で位置をはっきりと示したりするとよいでしょう。

③障害が重い子どもの場合

想像してください。あなたは外国にいます。現地の人が何か話しかけてきました。しかし、あなたは言葉がほとんどわかりません。それでも相手は熱心に話してきます。そのうちあなたの手を引いてどこかに連れて行こうとしました。相手は悪い人ではなく、親切で何かをあなたに伝えようとして

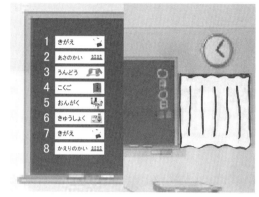

図2.2.1　活動に見通しのもてる工夫の例

いますが、あなたは見通しがもてず不安になりました。

教師として、障害の重い子どもに活動の見通しがもてるように工夫するあなたは、活動の見通しがもてない事態がいかに不安であるかを自覚し、子どもたちがそのような事態に陥らないようにする必要があります。しかし、障害が重い子どもの場合には、他者から提案される活動に対して見通しをもつことは容易ではありません。実際にその活動を何度か経験していく中でようやく見通しがもてるということも少なくありません。はじめは見通しが不十分な中「させられる」ということで不安を高めたりパニックになったりすることがあります。そのようなときに支えになるのが、教師との信頼関係です。「させられる」場合であっても、「不安だけれど、やろうと誘っているのが信頼できる○○先生だから、やってもいいかな」などと子どもが思うような関係づくりに日頃より努めたいところです。子どもの視点を大切にした子どもに寄り添った理解とかかわりが鍵を握ります。

④視覚情報の活用支援

活動の手順の説明などで教師が示す視覚情報が、子どもに活動の見通しを促す場合があります。それは口頭説明と比べるとみえてきます。説明等の声は、刺激としては継次的で一過的であるため、子どもは説明等が終わるまで、その声に注意を持続させるとともに情報を記憶に留めながら処理する必要があります。知的障害のある子どもの場合は、そのような認知的処理が概して苦手ですが、視覚刺激には比較的注意を向けやすく、1回の注意の持続が仮に短くても、ある程度の理解が見込めます。断片的にならないような工夫（例：あるまとまりをもった空間配置のしかた）をしつつ、視覚情報をいくつか組み合わせて提示することで子どもたちの見通しの理解が支えられます。

知的障害のある子どもの場合には、一連の手順を完了するのに必要な認知的な力、とくに記憶力の弱さのために、活動しているうちに手順が不確かになり、途中で停滞してしまったり脱線してしまったりすることが少なくありません。説明の声は説明後には消えてなくなりますが、説明のための視覚的な情報は提示されたままであれば、説明後も消えずに残っています。なお、教師が視覚情報を提示さえすれば、かならず子どもが適切に活用す

図2.2.2 手順の見通しを維持できる工夫

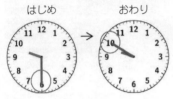

図2.2.3 時間の見通しをもたせる工夫

るというわけではありません。したがって，子どもが途中で手順を忘れてしまった場合にかぎらず，子どもが自分の活動の遂行状況と，視覚的に提示されている手順などの情報とを適宜対応づけて確認することを促し，自ら視覚的な情報を活用して活動の見通しを維持できるように促したいところです。教師は，学習活動への取り組みを促す効果的な視覚情報を子どもに提示するに留まらず，それらの情報を子どもたちが効果的に活用する支援まで視野に入れる必要があります。

⑤手がかりとしてのパターン化

活動の流れや手順

「この次には，あれがある」という子どもの予測を支えます。この例は，いわゆる「帯状の時間割」にみられます。同様の原理は，授業においても適用できます。たとえば，一時間の音楽の授業で，歌唱→身体表現→楽器演奏→鑑賞という流れを一貫させ，流れはそのままに順次題材を入れ替えるなどです。

特定の場所，物，活動などと特定の活動との対応

ある特定の場所，物，声かけ，音・曲，活動が，後続のある特定の活動の予告信号になります。たとえば，プレイルームでの遊びの授業で，片づけの時間になると特定の曲が流れ，それを手がかりに子どもたちが片づけを開始する例や，障害が重い子どもの例ですが，着替えをする場所が決められていて，着替えの時間にその場所に誘導すると着替えを自ら開始する例などが当てはまります。

⑥動機づけへの配慮

「これが終わったら，次はあれ（子どもにとって魅力的な活動）がある」というように活動の配列を工夫し，魅力的な活動の予告を，子どもにわかる形（必要に応じて写真や絵など）で行うことは，子どもの動機づけを高めるとともに，子どもに活動の見通しをもたせます。また，何をどこまでやればよいのか，いつまでやればよいのかという情報が不足しないように，はっきりとわかる具体的な形（たとえば，個数や時計の長針のさす数字，タイマーの活用など）で，子どもに伝える工夫も，動機づけへの配慮として重要です。

⑦活動に合った物理的環境の調整

教師には，子どもにもたせたい活動の見通しと，物理的環境とが一致するように，環境

第2章 子どもとの関係をつくる

図2.2.4 動線に配慮した空間の調整

を調整することが求められます。たとえば、各自が集中して個別に課題に取り組むという見通しと、互いが視野に入るような席配置は一致しません。この場合は、互いが視野に入らない席配置の方が一致し、その席配置の方が子どもたちはその活動の見通しを維持しやすいでしょう。また、移動や大きな動作を伴う活動の場合には、子どもたちの動線に配慮した空間の調整や動作に必要な空間の調整が大切です。

⑧活動に対する物理的環境からのメッセージの調整

さらに工夫するならば、物理的環境が、子どもたちの活動に対してメッセージをもっているというように考え、適宜調整するとよいでしょう。

うえで述べた、各自が集中して個別に課題に取り組むという例で言えば、互いが視野に入るような席配置は「互いにおしゃべりをしてもいいですよ」というメッセージをもちます。一方、互いが視野に入らない席配置は「互いを気にせず取り組もう」というメッセージをもち、個別に課題に取り組むことに一致します。別の例で説明します。子どもが、口頭による言葉だけで選択肢が二つ示され、やりたい方を選ぶように求められる場合と、写真カードで選択肢が二つ対提示され、選ぶように求められる場合とでは、後者の場合の方が子どもは選択肢を選びやすいです。なぜならば写真カードの対提示が「どちらかを選んでください」というメッセージをもつからです。また、別の例ですが、子どもが、学級の友達全員の机の上に、粘土の塊を一つずつ配るように言われたときに、その塊が程よく入る大きさの器が各机に置かれていると、器が「ここに入れてください」というメッセージをもち、適切に配ることを促します。

この節では、子どもたちが活動の見通しをもてる工夫について、主に「わかる状況」を生み出すことを中心に、大切だと思われる観点といくつかの例を挙げて述べました。目の前にいるお子さんに合わせて創意工夫される際の参考になればと思います。

3 保護者の期待に応える

特別な支援を要する子どもに効果的な教育を進めていくためには、学校と保護者が日常的に情報を交換し合い、協力して子どもに対応していくことが大切です。特別な支援を要すると判断された子どもには、学校だけで支援に取り組むのではなく、保護者にも十分な説明を行い、学校と保護者が共通の理解と認識をもって連携をはかりながら対応することが重要です。学校の担任は、普段から保護者と連絡を取り合い、信頼関係を築き、学校と保護者が一緒になって子どもを育てていくという姿勢をもつことが大切です。

1 保護者の気持ちを聞く

特別な支援が必要な子どもの保護者は、わが子の育ちに強い悩みや大きな不安を抱えながら子育てをしていることが多いといわれています。このような保護者に対しては、担任が子どもの気になる行動や学習の遅れについてだけを一方的に伝えるのではなく、まずは保護者の子育てについての様子や不安などの話を聞くことが大切です。その際には、保護者が子どもの発達や学習について、どのような考えをもっているのか、希望は何なのか、家庭で心配なこと、悩んでいること、気になることはあるかなどを確認します。子育ての悩みや学校に対する要望など保護者の考えや気持ちを理解し、共感的に受け止めるようにします。このような保護者の気持ちを大切にする担任の態度は、協力関係の基盤をつくる上でとても重要になります。

2 保護者に伝える

保護者に話をする際には、子どもの学校での様子について、困難なところや気になるところだけを伝えるのではなく、得意なところ、努力しているところ、成長についての今後の見通しなども合わせて説明するようにします。学校で取り組んでいる教育内容や、かかわり方、理解を助けるための工夫や配慮についても、具体的な場面と子どもの様子とを合わせて伝えることで保護者がイメージしやすくなります。

保護者がわが子の発達の状態や学習面で配慮が必要であることを十分に理解していない場合は、焦らず、慌てず時間をかけて丁寧に説明します。その際には、まず、子どもが成長したところから伝えます。次に、学習面での具体的な子どもの様子を伝え、学校で担任が配慮や工夫をしている点を説明します。保護者には具体的にノートやプリント、作品を見せて、子どもが努力し課題に取り組んでいる様子を話した上で、難しいところ、苦手な

ところがあること，困っている子どもの気持ちを保護者が理解できるようにします。さらには，難しさの背景にあるつまずきの原因として考えられることを説明します。

3 保護者の理解を得るには

学校として，現時点での子どもの様子や指導方法について，個別の指導計画を活用しながら説明し，保護者の理解を得るように努めます。学校で取り組む内容の中で，家庭でも実施できるホームプログラムがあれば家庭の状況を確認した上で提案します。ホームプログラムを通して，学校と家庭が協力することで一貫性のある支援が実現します。なお，ホームプログラムの実施による子どもの成長をともに確認したり，家庭での新たな保護者の悩みや不安を確認したりするために定期的な情報交換を行うことが必要です。学校や家庭の取り組みだけでは対応が困難な場合は，医療や福祉の機関への相談や専門的な検査も含めて話し合うようにし，個別の教育支援計画にも反映させます。

4 保護者の心理状態

特別な支援を要する子どもの保護者の中には，子どもの現状を特別な支援が必要な状態だと気づいていない保護者や，気づいているものの現状を受け入れることが難しい保護者もいます。このような場合，保護者が複雑な心理状態にあることを理解し，まずは保護者の気持ちを受け止めること，子どもの成長のために協力し合えることを伝えます。担任の姿勢としては，保護者が抱える悩み，苦労，願い，希望など様々な思いを丁寧にじっくり聞き取りながら，保護者の気持ちの揺れを理解した上で慎重に対応することが必要です。

保護者によるわが子の障害の認識や受容の過程は個々に違います。それは保護者の価値観や子どもの障害の種類や程度，障害の告知をされた状況，子どもの成長の状態など家族によって違いがあるためです。特別支援教育では，障害児の理解・対応と同時に保護者へのかかわりが重要になります。障害児を支援するときには，保護者の障害の認識，受容など保護者の心理状態について考慮した対応が望まれます。

5 保護者が障害を認識する過程

生まれてくる子どもに対して，保護者が抱くイメージは，健康で元気な可愛い子どもの姿です。健康な子どもを期待していた保護者にとって，わが子に障害があることを知らされたときには大きなショックを受けることになります。そこから障害を認識し，受け止めていく過程に関しては，ドローターら（Drotar et al., 1975）の障害受容の段階的モデルが知られています。図2.3.1では先天性奇形のある子どもの誕生に対してその親の反応を，

第Ⅰ部　子どもの理解とかかわり方の基本と実際

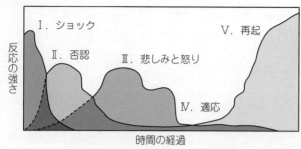

図2.3.1　先天奇形をもつ子どもの誕生に対する正常な親の反応の継起を示す仮説的な図
（出所）Drotar et al. (1975)

ショック，否認，悲しみと怒り，適応，再起の5段階に分類しています。これは障害の事実に対する衝撃とその心理的防衛としての否認から，悲しみ，怒りなどの情緒的混乱を経て前向きに適応への努力が行われ，障害の受容に至るというものです。

この段階モデルに対して，保護者が子どもの障害を告知されてから生涯を通して悲しみが癒えないという慢性的悲哀の概念があります。保護者の障害受容が段階モデルのように進み，表面上は落ち着いているように見えても，何かのきっかけや学校の入学や卒業といったライフステージの変化で崩れ，子どもの障害に対して否定的になるという考え方です。

教育の現場では，子どもの障害を知ったときの保護者の混乱，現実の否認ややり場のない憤り，自分では子どもの障害についてどうすることもできない絶望感にさいなまれるといった，それぞれの段階にある保護者や，障害を肯定する気持ちと否定する気持ちを示される保護者に出会うことがあります。

中田（1995）は障害受容の段階モデルと慢性的悲哀の双方を，障害がある子どもの保護者の自然な反応としてとらえ，それらを統合した螺旋モデルを提案しました。これは障害を肯定する気持ち（適応）と否定する気持ち（落胆）が，コインの表裏のように存在し螺旋状に進み徐々に受容が進んでいくことを示しています。

6　保護者への支援

特別な支援を要する子どもの保護者への支援において，障害告知を受けてショックを受けている保護者の気持ちを考慮せずに対応すると，保護者を傷つけてしまい保護者との関係が築きにくくなることがあります。保護者の気持ちに十分に配慮した上で保護者と協働して教育を行うことが，子どもの効果的な支援につながります。保護者が障害のあるわが子と向き合うことで親としての自分を見つめ，自己を受け入れることによって，わが子の障害受容につながります。

障害があるわが子を受け入れるには困難が伴います。それにかかわるストレスにさらされる保護者に対して丁寧にかかわることは障害がある子どもを支援する上で重要な点であるといえます。保護者に丁寧にかかわる際に心がけておきたい姿勢の一つとしてカウンセリングマインドがあります。カウンセリングマインドは，カウンセリングの諸理論に共通する人間関係を大切にする姿勢を，保護者の理解とその対応に生かそうとするものです。

カウンセリングマインドは次の三つの態度で説明することができます。

一つ目は「傾聴」です。傾聴とは，相談者の語りに耳を傾けることをいいます。話を聴く中で，担任の心の中には様々な疑問や批判等が浮かんできますが，そうした考えは後回しにして，まず保護者の語りをじっくりと聴くことに集中することを優先します。

二つ目は「共感」です。可能な限り保護者の語りを「共感的（あたかもその人が感じているよう）」に聴き，保護者の様々な心情を共有することです。

三つ目は「受容」です。これまでのがんばりを「肯定的に認める」態度のことです。こうした親身な態度を通して，保護者は自分が認められたという感覚が生じます。これら三つのステップを通して，保護者は自分自身を受容します。つまり，自分の弱さや不安だけでなく今までの努力の成果を認めることで，自分自身の受容が可能になり，自己解決能力の発揮につなげることができるのです。

これら三つの態度は，相手への信頼が基本になります。カウンセリングマインドでは，相手の気持ちや考えに耳を傾け理解しようとする意識をもって対応することが望まれています。カウンセリングマインドで保護者に対応することは難しいかもしれませんが，この姿勢をもとうとすることが重要なのです。

7　保護者の期待

保護者が担任の先生のことを次のように話していました。「先生がうちの子どもと楽しそうに接している姿や，真剣な表情で教えてくれる姿に励まされます。」という内容でした。このことからもわかるように，保護者が学校や担任に期待していることは，障害のある子どもの存在を否定することなく純粋に受け入れ，子どものやりたい気持ちを大切にする教師の姿です。

また，保護者は障害や子どもの状態に関する情報を得ることも期待しています。障害がどのようなもので，どのような経過をたどるかが理解できないと，発達の可能性や将来の見通しをもつことができずに不安や焦燥感に駆られてしまうからです。家庭生活を過ごす上で支障となる子どもの特異的行動への具体的な助言も求めています。

保護者が期待することは，障害があっても，わが子のことを一人の子どもとして肯定的な眼差しのもとに，その子どもの行動特徴と課題を明確にして，子どもの発達ニーズに応えようとする教師の姿です。

4　一人一人の子どもの特性や行動の背景を知る

教師は毎日子どもたちに会い，多くの時間を子どもたちとともに過ごすので，おのずと

第Ⅰ部　子どもの理解とかかわり方の基本と実際

一人一人の子どものことを知っていくことになります。年度初め時点と年度末時点とでは雲泥の差でしょう。教育実習生の場合は，期間は短いですが，実習初日と最終日とではやはり大きな差になるでしょう。

1　ある大学生が教育実習で担当したケンくん

　大学3年生の佐藤さんは，特別支援学校での2週間の教育実習を，小学部3年の男子4人，女子1人，計5人の子どもが在籍する学級でさせてもらいました。担任の本山先生によると5人はいずれも知的障害があるということでした。佐藤さんは大学で知的障害について勉強し，理解しているつもりでしたが，5人に出会い，知的障害といっても子どもによってまったく異なるということを痛感しました。

　5人の中に，ケンくんという自閉症スペクトラムの子がいました。彼は他の子どもたちとは違って，実習初日の登校直後から，積極的に佐藤さんに「どこから来たの？」と話しかけてきました。子どもとの関係づくりがまずは大切だと考えていた佐藤さんは，ケンくんのこの質問に「私は○○から来ました。今日から2週間一緒に勉強します。よろしくお願いします。」としっかり答えましたが，ケンくんはその答えをほとんど聞くことなく，どこかへ行ってしまいました。しばらくすると彼は再び佐藤さんのところに来て，同じ質問をしました。しかし，佐藤さんが答え始めると，またもや彼は答えを聞くことなくどこかへ行ってしまいました。この日，このようなことが5回あり，翌日以降も何度か同じことがありました。

　実習4日目から佐藤さんは，朝の会を任されました。日直のケンくんが順調に会の前半を進めた後，佐藤さんは昨夜考えたある活動を行うために，ケンくんに2種類のプリントを1枚ずつみんなに配るよう頼み，それらを渡しました。後で佐藤さんは1種類ずつ分けて頼めばよかったと反省することになったのですが，そのときは何も考えずに彼に同時に2種類を渡したために，彼は混乱してうまく配ることができず，パニックを起こしてしまいました。大学の授業を通して概念的に理解していた知的障害のイメージからすると，「ふつうに会話のできるケンくんのどこが知的障害なのだろうか」と思っていた佐藤さんでしたが，このような彼の様子を目の当たりにし，彼の知的障害の一面を実感しました。

　放課後，佐藤さんがこのことを本山先生に話すと，先生はケンくんについて次のことを話してくださいました。

- 2歳半までは，ほとんど発語はなく，その後発語が急速に増えた。
- お医者さんに4歳のときに自閉症スペクトラムと診断された。
- 4歳から就学するまで療育機関に通っていた。
- 入学当初は，新しい環境に馴染めず，大声をあげたり，先生にかみついたり，パニックになることが頻繁にみられたが，1年生の2学期以降はたまにみられる程度になった。

第 2 章　子どもとの関係をつくる

・身の周りのことはほとんどできるし，会話もできるので，つい「わかっているだろう」と思ってしまうが，意外に支援が必要である。
・実習前の先月は，いつになくパニックになり大声を出すことがしばしばあった。理由が本山先生にはよくわからなかった。そこで，ケンくんがいつそのような行動をするのか連続する5日間記録してみた。すると，午後に比べて午前に多く起きていることがわかった。本山先生が，そのことをお母さんに伝えたところ，先週からケンくんの2歳になる弟が体調を崩していて，その看病にお母さんは忙しく，また，家庭のごたごたとも重なり，ケンくんに普段のようには接することができていないこと，朝もばたばたしていて朝食をきちんとは食べていない日が多いことがわかった。朝食を量的にしっかり食べるよう配慮してもらったところ，学校でのパニック等が減り，今に至っている。
・ケンくんは鉄道が好きであり，路線名や駅名にとても詳しい。実習初日からケンくんが何度もしていた「どこから来たの？」という質問は，おそらく，どこから来たのか知りたいわけではなく，彼なりの新しい人への関心の表現の仕方なのではないかと本山先生は考えている。

　佐藤さんは，先生の話を聞いて，「氷山に例えるならば，この4日間，自分が見て考えてきたケンくんのことは，水面上の部分のようなものであり，十分な理解とは言えない。先生が話してくださったことは，表面からはみえないが，氷山の大半を占める水面下の部分に当たる。この部分に当たることをもっと知るようにして，表面にみえることをその背景も含めて理解するようにしないといけない。」と思いました。

　ケンくんは，月1回，大学の教育相談に通っています。佐藤さんは本山先生から，4月に検査をしたということでお母さんを介して，「言語理解は1年生水準で抽象度の高い言葉の理解は難しい，継次処理(1)が苦手で同時処理(2)が得意である，言葉による説明だけでは理解が十分にはできないことが予想されるので，目で見てわかるような伝え方の工夫が必要かもしれない」という報告を受けたという話も聞きました。

　意外にケンくんには，難しいことやできないこともあるということを知った佐藤さんは，彼が何ができて，何ができないのか，もっと具体的に知りたいと思い，翌日の放課後，先生に聞いてみました。すると，「1学期の終わりに評価したものだけど」と言われ，ケンくんの適応機能検査の結果（具体的な行動項目について「できる」「できない」が評価されたもの）を見せてくださいました。それによって，佐藤さんは，言語理解や言語表出，日常生活の技能，対人的なやりとりや集団参加など，広くにわたってケンくんの実態を理解することができました。

（1）一つ一つの情報の構成要素を連続的な系列として統合し，構成要素を順番に活性化することによってはじめて要素を取り出すことができる処理の形式である（中山・岡崎，2013）。
（2）複数の構成要素を概観可能な一つの全体にまとめたり，全体から要素を自由に取り出したりといった機能をさす（中山・岡崎，2013）。

2 教師に期待される二つの役割と子ども理解

特別支援学校の子どもにとって,教師は,発達や成長を支え導いてくれる先生であるとともに,学校生活をともにおくるよき先生であることが期待されます。したがって,教師には,一人一人の子どもに合った授業や指導をするために子どものことを意図的に体系的に理解することと,あまり授業のためにとか思わないで,「あのときケンくんはどうしてそうしたんだろう?」などのように,ふと教師が気になったことを日々の学校生活を通してじっくりと子どもに寄り添って理解していくことの両方が必要です。

3 障害特性からの理解

経験豊富な教師ならば,「以前担任した○○くんと似た感じかな」などのようにイメージ化したりもするかもしれませんが,実習生や新米教師にはそれはできないため,はじめのうちは,教科書にあるような障害特性の知識を手がかりに,子どもを理解したり対応したりすることになるでしょう(表2.4.1参照)。ただし,そのような特性は,一般化,抽象化,典型化されたものなので,全部がそのまま,当てはまるわけではありません。実際にその子どもを知っていく中で,実態にそって理解を深めていくことになります。

4 発達的視点からの理解

子どもの発達や能力の水準に合った授業や指導が求められます。また,子どもの発達や成長を促す教師には,その子どもの発達の道筋を理解しようとすることが求められます。したがって,特別支援学校での子ども理解では,幼児期を含むより広範な時期,より広範な発達領域にわたる知識が必要です。その知識は,担当するその子どもの行動,生育歴や発達歴,検査の結果などを解釈するのに役立ちます。

表2.4.1 知的障害の障害特性

〈知的障害のある児童生徒の学習上の特性等〉
知的障害のある児童生徒の特性としては,学習によって得た知識や技能が断片的になりやすく,実際の生活の場で応用されにくいことや,成功経験が少ないことなどにより,主体的に活動に取り組む意欲が十分に育っていないことなどが挙げられる。また,実際的な生活経験が不足しがちであることから,実際的・具体的な内容の指導が必要であり,抽象的な内容の指導よりも効果的である。

(出所) 文部科学省『特別支援学校学習指導要領解説総則等編』

表 2.4.2　検査の例

発達検査	遠城寺式乳幼児分析的発達検査 PVT-R 絵画語い発達検査
知能検査	WISC-Ⅳ知能検査 田中ビネー知能検査Ⅴ 日本版 K-ABC Ⅱ
適応機能検査	Vineland-Ⅱ適応行動検査 S-M 社会生活能力検査第3版 ASA 旭出式社会適応スキル検査

①**生育歴や発達歴**

　保護者やこれまでの担任からの聞き取りによります。その子どもの発達の道筋の理解につながります。

②**検査の活用**

　表2.4.2のようなものがあります。体系的に子どもの発達の状態をとらえることができます。

5　子どもに対する「気づき」とその掘り下げからの理解

　漫然と子どもを見ていても理解は深まりません。「ちょっと難しいのかな？」など何でもよいので子どもに対するあなたの「気づき」を大切にしましょう。その積み重ねの中で、その子どもに関する自分の問題意識を明らかにしていきます。そして、その問題意識を踏まえて、意識的に関連することの観察に力を注ぎ、実態把握に努めます。

　たとえば、うえで述べたように、ケンくんは佐藤さんに「どこから来たの？」とたずね、答えを聞く間もなく、どこかに行ってしまうわけですが、これに対して、「なんなんだろう？何か変だぞ」という「気づき」をもつということです。そして、その「気づき」を踏まえて、さらに注意深く観察し、理解しようとするということです。この場合は、自閉症スペクトラムである彼の障害特性が多分に関係しています。しかし、丁寧に、かつ、彼に寄り添い考えながら、観察していくと、彼に社会性の問題はたしかにあるけれども、他者に無関心なわけではなく、むしろ関心があり、彼なりの方法で他者にアプローチしているという理解になったりするということです。また、ケンくんは、佐藤さんから2種類のプリントを配るように頼まれ、混乱してしまったのですが、この例で言えば、それに対して「なぜだろう？」と思いながら、日々彼に接するわけです。そして、たとえば、彼がどんなときに混乱し、どんなときに混乱しないのか分析的に考えるということです。

　このような「気づき」の掘り下げでは、必要に応じて、保護者等に聞いたり、検査を活用したりもします。検査で個人内の認知的な力に相対的な強さ、弱さが確認される場合があります。その場合には、強い力を生かすような指導につなげたりします。

また,「気づき」には,「へえ,これは得意なんだ」などのようなその子どものよさの発見もあります。できないことを伸ばすことも大切ですが,得意なこと,できることをさらに伸ばすことも大切です。また,自分ができないことや苦手なことに取り組むことは誰にとってもしんどいことです。子どもの動機づけに配慮し,得意なこと,できることを生かして,指導を展開することも大切です。したがって,教師には,その子どもの「できること」や「よさ」を把握することも求められます。

6 「気になる行動・問題行動」の原因を考える

「気になる行動」をやめさせたいのだけれども,なかなか思うように対応できない,という場合には,その行動の前後に誰が何をしているのか,何が起きているのかなどの記録をとってみると,その行動の理由がみえてくる場合があります。とくに会話が難しい子どもの場合には,教師がその子どもの示す「問題行動」をなくしたいということに気をうばわれて,子どもがその「問題行動」で「ぼくの方を見て」「それが欲しいよ,やりたいよ」「それは嫌だよ,やりたくないよ」というような発信をしているにもかかわらず,結果的に教師がそれにしたがう格好になっていることに教師自身が気づけなくなっている場合があります。

また,朝食をしっかり食べていなかったことが「気になる行動」の原因であったケンくんの場合のように,「気になる行動」の原因が,その行動の出現から時間的に離れていたり学校外にあったりして教師が把握しにくい場合もあります。特定の「気になる行動」について記録をとって検討することで,原因をさぐる手がかりが得られるときもあります。

コラム2　ノンバーバルコミュニケーション

　ノンバーバル（非言語）コミュニケーション（non-verbal communication）とは，言語以外の手段によって交わされるコミュニケーション（情報伝達や意思疎通）を意味します。人がコミュニケーションをとる際には，かならずしも言語のみを使用する訳ではありません。一般にコミュニケーションといえば，言葉を使用した意思伝達機能としてとらえられています。しかし，言葉で意思を伝え合う場面でも，相手に対する口調や声の強弱，相手を見る視線や表情，身振りや手振り，相手との距離の置き方など，私たちは様々な手法を同時に使用しながら，自分の考えや意見，情報などを伝えていきます。言葉以外の表情や身振り，手振りといった要素は，言葉では表現しにくい感情や微妙なニュアンスなどを伝える手段として，ときには，言葉以上に効果的な場合もあります。

1　ノンバーバルコミュニケーションの種類とその発達

①視線の理解と共有

　乳幼児期の子どもたちは，母親や親しい人が見ているものに関心を示し，その人が見ている物や方向に視線を向けます（受動的ジョイント・アテンション）。その後，子どもの側から視線や指さし，発声などを通した意図的なジョイント・アテンションが見られていきます。これは，子どもが他者や物とかかわり，意図的なコミュニケーションを進めていくことの芽生え的反応としてとらえられています。

②指さし行為の発達

　周囲の物事に対する理解が進んでいくと，他者が示す指さし行為が何を意味するのかが理解できます。こうした指さし行為の意味が理解できると，次の段階として，自らが意図的に指さしの行為を始めていきます。この際の指さし行為は，何か（欲しいものなど）を要求する，見たものに共感する，声かけ，指示に応答するなど，多種多様な機能が含まれています。

③理解言語の発達

　理解言語（受容言語）の発達は，指さし行為が獲得されるのとほぼ同時期に芽生えていきます。言葉の意味や内容が理解できることと合わせて，その場の状況などが理解でき，適切な行動が取れるようになっていきます。

2　ノンバーバルコミュニケーションの実際

①マカトンサイン法について

　マカトンサイン法は，言語やコミュニケーションに課題のある子どものために英国で開発された言語指導法です。この方法では，音声言語・動作によるサイン・線画シンボル（図C2.1）の三つのコミュニケーション様式を同時に用いることを基本としています。理解言語に比べ表出言語に課題のある場合には，とくに効果的とされています。日本では旭出学園教育研究所や聖坂養護学校などの機関や学校，地域の特別支援学校などで活用されています。

②PECSについて

　PECS（Picture Exchange Communication System）とは，「絵カード交換式コミュニケーションシステム」と呼ばれ，自閉症スペクトラムをはじめ，話し言葉によるコミュニケーション

図C2.1 マカトンサインの線画シンボル　　図C2.2 様々な絵カードのシンボル

に困難を示す子どもたちを中心に，自発的なコミュニケーションの力を育てるための拡大・代替コミュニケーションとして発展してきました。1985年にアメリカのデラウェア州で開発されて以降，世界10か国以上で使用されています。自分が欲しい物と絵カードとを交換することから始めるフェイズⅠの段階から，「何がほしい？」などの質問に対し，カードを提示して応答したり，色や形，大きさなどの様々な属性の使用について教えたりするフェイズⅥの段階まで，幅広い形での応用が可能です。

③拡大・代替コミュニケーション（AAC）について

　音声言語以外の表出手段によって他者とコミュニケーションをとるシステムを総称して拡大・代替コミュニケーション（AAC：Augmentative & Alternative Communication）と呼びます。一般には，写真や絵カード（図C2.2），図やシンボルなどを，言葉と合わせて利用することで，言葉の意味や内容の理解を深めていきます。前述のPECSなども拡大・代替コミュニケーションの一つですが，近年，障害のある子どものコミュニケーション支援として，ICT機器などを活用した取り組みが奨励されています。

3　ノンバーバルコミュニケーションの支援の留意点

　言語および非言語を含めたコミュニケーションの力は，生後間もないころから，親子，とくに母子関係の中で発達していきます。乳児期であれば，母親の肌のぬくもり（触覚）や臭い（嗅覚），身近な人の声（聴覚），母親の顔を見たり身近な人と視線を合わせたりする（視覚）などのノンバーバルな要素を含んだ"五感"を活用することで，コミュニケーションの発達が図られていきます。障害のある子どもの支援に際しては，言語，非言語として区別することなく，総合的にコミュニケーションの支援の内容を検討することが大切です。ノンバーバルなコミュニケーションの力は，サインなどの非言語的な内容を理解する知的な力や情緒，社会性など，多様な領域の力や育ちが必要となるため，日々の学習の中で，トータルなコミュニケーションの力を支援していくことが望まれます。

第3章 子どもの行動上の問題の発達的理解とその支援

1 子どもの行動上の問題をどう理解するのか

　特別支援学校に通う子どもには，自傷行為やパニック，こだわり行動，極度の偏食など，通常の子どもには，見られたとしても一時的であるか，あまりみられない行動が，持続的にみられることがしばしばあります。

　こうした行動は，ともすれば障害ゆえの行動とみなされ，機械的にやめさせるような指導がなされることがあります。しかし，このような行動は，乳幼児期の発達を学べば，ほとんどの子どもに一時的にみられる行動であり，その発達的理解があれば，子どもが止むにやまれず行う行動の理由を理解することができます。

　また，こうした行動が繰り返される原因には，「大人に注目してもらいたい」「いやなことを避けたい」など必ずなんらかの理由があります。

　子どもがなぜ，そのような行動をとらざるを得ないのかについては，①子どもの発達的理解，②障害特性による子どもの困難の理解，③問題とされる行動の果たす機能の分析によってその理由を推測することができます。子どもの行動の理由がわかれば，「問題行動」と考えて，やめさせるのではなく，子どもの気持ちに寄り添い，すこしずつ軽減させることが可能です。しかし，機械的に止めようとすれば，子どもの心の問題がより深刻になって別の行動上の問題となって現れることになります。

　また，性的な問題のように，低年齢の時期には，問題とされないけれども思春期以降になると問題とされるような場合もあります。したがって，行動上の問題は，子どもの認識の発達との関係だけでなく，生活年齢や身体的成長を考慮した社会的関係性の中で生じる状態でもあります。

　そのため，教師は，問題と考える行動をその子が行うのは，どんなことが原因になっているのか，なぜその行動を繰り返すのかについて情報を収集しなければなりません。そのためには，①なぜ，その子はその行動を行ったのか？　②その行動の結果としてその子は，何を得ようとしているのか？　③その行動がおこるきっかけに影響を及ぼしている要因は何なのか？　この三つの観点から，複数の目で子どもの状況を観察し，記録をつけ，検討することが必要となります。また，日々かかわっている教師だけではその原因が見いだせ

ない場合には、第三者であるスーパーバイザー的役割の教師や心理相談員などのような専門家といっしょに原因をさぐる必要があります。そして、将来を見通した視野をもって個別の指導計画、個別の教育支援計画を立てることが望まれます。

いわゆる問題行動は、周囲の大人からみた問題であり、子どもの側からすれば、非常に大きな困難や苦しみに直面した状態であると理解する必要があるでしょう。それでは、考えられる行動上の問題について、その発達の段階に即して、考えていくことにしましょう。

言語によるコミュニケーションの難しい子どもに現れやすい行動上の問題とその対処

1 自傷行為・異食

言語によるコミュニケーションの難しい子どもに現れやすい行動上の問題としては、自傷行為、異食などがあります。自傷行為は、何か不快なことがあったとき、嫌なことを言われたときなどに言葉で訴えることができないが、その不快さを大人に伝えたい場合、頭を壁や床にぶつけたり、自分で傷つけるような行動をとった場合にもっとも効果的にまわりの注目をひけたり、かかわりを引き出せたりすることが、最初のきっかけと言われています。異食も、ものを口に入れて確認する乳児期の発達段階の行動で、食べてはいけないものを口に入れたときに大人がもっとも濃厚にかかわってくれることによって常態化していくと考えられています。したがって、大げさに反応して制止すればするほど、逆に増えていく可能性があります。

しかし、制止しなければ自傷行為によって、頭を傷つけたり、ひどい場合には失明に至ることがあるので、どうしても止めざるを得ない場合もあります。異食も危険なものを口にすることで生命の危機に陥る場合もあります。そのため、大げさな反応はできるだけ控え、やさしい口調で止める必要があることもあります。もっとも、その場で止めることができたとしても、子どもの不快の原因を取り除いたり、かかわりを求める気持ちに適切に応えることができなければ、ますます増加していき、ときには生命の危険に及ぶ場合もあります。

このようなひどい状態に陥っている場合、まず、保護者から、それまでの生育歴を丁寧に聴き、いつごろから、どのようなことがきっかけでその行動がはじまったのか、保護者は、どのような対応をされているのかについて、その大変さに共感しつつ、傾聴します。そして、保護者と子どもとの関係を非言語的な側面を含めて把握するようにします。多くの場合、保護者とその子どもの苦悩は、計り知れないものがあります。その苦労に共感し、ねぎらいの気持ちをもって対応することで、まずは保護者の方と信頼関係をつくっていく

ことが望まれます。

しかし，自傷行為や異食の大変さに同情し，感情移入した対応をすればするほど，自傷行為や異食はより激しくなる場合もあります。保護者や子どもの大変さには，共感しつつも，自傷行動や異食が起きるきっかけ，その行動が維持される要因については，冷静な眼で客観的に把握することがきわめて大切です。

自傷行為や異食に限らず，パニックやこだわり行動の生起に影響を及ぼしている要因として考えられる条件には，次の四つの事柄が考えられます。①見通しのもちにくいスケジュール，授業内容，授業のスピードなどのカリキュラムや教育方法の問題，②不快な気温，騒がしい環境，たくさんの人の存在，苦手な音や嫌いなものや視覚刺激などの環境的な要因，③病気，アレルギー，疲労，寝不足，気分の変調など健康，医療，個人的な要因，④苦手な教師や友人からのかかわり，信頼できる人の不在，転任などの社会的な要因（デムチャック＆ボザート，2004），です。

これらの行動が生起している要因を複数の目で見つけ，その要因を取り除くか，本人にとって不安，不快でない状態に改善していくことをこまめに行っていくことが大切です。そして，これらの要因は，一つであるとは限らず，複数の要因が重なっていることがほとんどです。今回の行動はこれとこれが要因として考えられ，別のときの行動はこれとこれが要因かもしれないと，かならず複数の要因を想定し，考えられる要因を一つずつ取り除いては，その後の効果を測ることを繰り返していくことで，問題となる行動を軽減していくことが可能です。

また，自傷行為や異食は，本人にとっても周囲にとっても痛ましい行動であるので，なんとかやめさせる方法に注意を集中しやすい傾向にあります。しかし，逆に自傷行為をせずに機嫌のよい状態のときの要因をさぐり，子どもが安心して笑顔でいられる場合を多くできるように働きかけ，子どもの安心できる状態，教師との安心できる信頼関係をつくる働きかけを追求した方が，自傷行為の軽減にとっては有効な場合もあります。こうした，子どもにとっての安心できる関係がつくられていけば，それまでは自傷行為の生起する契機になっていた要因が起こっても自傷行為に至らなくなる場合も少なくありません。

さらに，自傷行為は，子どもが就学前から培ってきた保護者や周囲の働きかけとの関係の中で，積み重なって形成されたものです。その歴史性を理解し，温かく粘り強い対応を行うことが望まれるのではないかと思います。

2　感触遊び・特定の物へのこだわり行動

発達の障害の重い子どもの中には，水の感触を楽しんだり，つばを吐いて床を拭いたり，紙をちぎってその感触を楽しんだり，ひもなどのような特定のものをもってひらひらさせる感触を楽しんだり，自分の手をひらひらさせたりして視覚刺激や触覚刺激を楽しんだり

する行為がしばしば見られます。

　これらの行動は，乳児期の子どもが周囲の世界と自分の身体との関係を理解していくためにとる行為と同じような機能をもつ行動であると考えれば，その意味が理解しやすいと思います。障害児の場合，このような行動が周囲との関係の中で定着している状態です。たんに周囲と身体との関係を理解するためではなく，感覚刺激を楽しんだり，周囲の不快な刺激をシャットアウトしたり，快の情動を表現したりと多様な機能を果たすことが知られています。

　したがって，子どもがどのような働きかけの場面でその行動をとっているのか，その行動が子どもにとってどのような役割をはたしているのかについて複数の目で観察し，記録をつけてその機能を明らかにする必要があります。

　学習の妨げになるという理由などで，無理にやめさせようとすると，別の行動でその行動を補おうとしたり，ものすごいエネルギーで感触遊びやこだわっている物に執着する行動がみられる場合もあります。完全にやめさせるのではなく，やってもよい時間や場所を決めて，そのときは，許容するようにしたり，一定の時間行ったら自分で切り替えて，片づけたり，収束させる力を育てていくような指導が求められます。

　そして，その行動の機能を代替するような遊びや行動を提供したり，子どもが，見通しをもって主体的に学習や遊びに参加できる環境を提供することで，このような行動は，相対的に減少していきます。したがって，感触遊びや物へのこだわりを減少させることに重点をおくよりも，その子どもが生き生きと活動に参加できている場面を探し，そうした場面を増やしていくことが，もっとも効果的な対処方法であるといえます。

3　1，2語文でコミュニケーションをはかることのできる子どもの行動上の問題とその対処

1　特定の物を集めたり並べたりする行動

　自閉症スペクトラムと診断された小学部4年生の公平くんは，家でいっしょに買い物に行くと，シリーズもののチョコレートを買わないと気がすまず，買うのをやめようとするとパニックになってしまうので，止む無く買ってしまい，家には食べないままのチョコレート菓子がいっぱい並べておいてあります。そのチョコレートの種類がそろっていなかったり，並び方が異なっていたりするとパニックになってしまうので，母親は，仕方なく買い続けてしまいます。

　こうした収集癖やものの並び方へのこだわりは，通常の2～5歳の子どもでも，きれいな石や貝殻などを集めてきたり，見つけた昆虫を集めて大人に見せたり，大事そうに並べ

たり，虫かごに入れて眺めたりする行動と同様のもので，子どもの発達的理解によって説明が可能です。しかし，自閉症スペクトラム児の収集癖やこだわりは，特定の文字であったり，模様の一部や位置のずれなど，通常の子どもではみられない微妙な部分に対しての限局的な興味の持ち方，興味をもっている対象がいつも同じ位置にないと気が済まないといった同一性の保持に対する強い執着，少しでもずれたり変化したりした場合のパニックのような情動的コントロールの弱さにその特徴があります。

したがって，子どもが興味をもって集めたり，並べて眺めたりする行動について子どもの発達的特性によるものであることを理解しつつ，その子が興味をもっている限定的な対象が何なのかについて，複数の目で確かめておく必要があります。そして，その限定した興味の持ち方や変化に対する不安な気持ちに共感的な理解をもって対応することが必要です。まずは，教師は子どもが興味をもっている対象に対して同じ目線に立ち，その対象を眺めてみたりして，子どもの目線に立った共感的な声かけをしてみるとよいでしょう。こうした声かけが，子どもとの関係を一気に縮め信頼関係を築くきっかけになる場合もあります。逆に，自分なりに興味をもって行っている行動を大人に否定されたり，やめさせようとされることは，子どもにとっては，大変な脅威であると感じられたり，興味の対象のちょっとした変化も，子どもからすれば想像以上に不快な出来事である可能性があるのです。

これまで自分の興味の対象を一方的に否定したり，止めていた大人が，共感を示してくれるようになれば，子どもにとって安心できる関係を築くことができます。公平くんのように食べもしないチョコレートを買い集めることは，家族にとっての生活の妨げになる場合も少なくないので止めてしまいがちですが，生活年齢を重ねて続いているこうした行動は，子どもが生活の不安を自分の世界にこもることで安定させたり，不快な刺激を避けるために行っている場合もあるのです。したがって，子どもの生活全体を見渡し，子どもの不安要素を取り除くことが，こだわり行動を軽減させることにつながることもあります。

また，こうした収集癖や同一性保持のこだわり行動は，永遠に続くものではなく，一定の時間が経過し，認識の発達がすすみ，社会的関係の理解が発達していくとともに興味の対象がかならず変化していきます。公平くんの場合，否定的な言葉かけをやめ，できたことをほめる指導をしたり，学校でも買い物学習をすすめ，必要なものを自分で買い求める手順を学習したり，実際の店に出かけて，必要なもののみを買うことを経験していく中で，徐々に不必要なチョコレートは，買わなくても我慢ができるようになっていきました。

2 わざと人を困らせる行動・ものを壊したりする行動

小学校の障害児学級から特別支援学校中学部に進学した優くんは，小学校の低学年のころには，多動傾向があり，学校から飛び出したりする行動がありましたが，高学年ころか

ら落着きがみられるようになりました。しかし，中学部になってから，お母さんの顔色をうかがいながら，お風呂の水をわざと流しっ放しにしたり，コップのお茶をあふれさせたりするようになりました。さらに，このいたずらはエスカレートして家のテレビを壊してしまうようになってきました。

　このような行動が起こる場面をよく聞いてみるとかならず，お母さんがいるときであることがわかりました。このことから優くんの困った行動は，お母さんの気持ちをひきつけるために行われているのではないかと推測されました。多動傾向があったころは，お母さんも目が離せないのでつねに注目せざるを得なかったのですが，優くんが落ち着いてくるにつれて安心して家事に専念できるようになってきた矢先の出来事でした。優くんも成長するにしたがって，自分のことは自分でできるようになってきたのですが，コップのお茶をすれすれまでついで，その感覚を楽しんだり，その際，お茶がテーブルにこぼれたりすると，お母さんがそれを見てくれて注意することに気付いたようでした。

　このような行動は，3歳前後の通常の子どもにもよくみられる行動でもあります。3歳前後の子どもは，身辺のことはだんだん自分でできるようになってきて，自分で何でもやりたいという自立心が育っていきますが，まだまだ大人に依存したいという気持ちも抜けきれず，自立心と依存心との葛藤の中で，親の言うことに反抗したり，わざと指示と違うことをしようとする行動がみられることがあります。

　優くんの場合，こうした自立心と依存心との葛藤が中学部という思春期になって出てきたものと考えられます。優くんのわざとお母さんが困ることをする行動は，優くんがサマーキャンプに単独で参加したことを契機に急速に減少していきました。サマーキャンプでは，みんなの食器を洗う役割を任され，それをこなすことをみんなから評価してもらえたことで，家でも食器洗いのお手伝いをしてお母さんから「ありがとう」と評価してもらえることがとてもうれしくなったからのようでした（白石，1996）。

　1，2語文でコミュニケーションが図れるようになった障害のある子どもの場合，小学校から中学校，高校の年齢にかけて対象としての自己認識が明確になり，友達や教師からの評価を意識できる社会的な関係の認識が育ってくるようです（高橋，2010）。そうした中で自分ができる役割を与えられ，その役割を果たすことを自他ともに評価できるような関係を築くことが，自己肯定感を育て，わざと困ったことをするような行動上の問題を軽減させることにつながる場合があります。

4 書き言葉を獲得している子どもの行動上の問題とその対処

1 盗癖などの問題

　中学部2年の幸男くんは，他児や担任のものを隠したり，金銭を盗んだりすることがあることが発覚し，問題となりました。幼児期に両親が離婚し，母親の手で育てられてきました。小学校は，家庭から地域の小学校の特別支援学級に通っていましたが，母子関係が悪化し，母が幸男くんに手をあげてしまうことが多くなったことにより，中学校からは，障害児入所施設に入所し，特別支援学校中学部に通うことになりました。小学校6年生，12歳時点での児童相談所による知能テストでは，IQ48で中度精神発達遅滞と判定されていました。言葉でのコミュニケーションや簡単な漢字まじりの読み書きは可能で，母親に対しては非常に従順で，おとなしい性格であることが，障害児入所施設を通じて知らされました。

　特別支援学校では，担任に対しては依存的だが，機嫌のよいときはおしゃべりをよくする子どもで，他児ともふざけたりちょっかいをだしたりして活発にかかわれる子どもでした。2学期になって学校になれてくると興奮しすぎて他児とトラブルになることも見られるようになり，気持ちのコントロールが課題となりました。2年生になると女性の担任に対して，繰り返し質問したりあいさつしたりして依存的な側面が見えてきたため，担任から離し，単独での役割行動を増やしていったところ，他児や担任の物を隠したり，持ち帰ったりしたことが発覚しました。みんなを集めてミーティングを行い，なくなった物を知らないか確認したところ，幸男くんが担任の視線を避けるような動揺が確認されたため個別に話を聞く中で発覚しました。最初は，物を隠したことについて「知らない」の一点張りでしたが，なくなった物が幸男くんの机の中から出てきたことを示して質したことによりはじめて認めたのでした。

　幸男くんは，精神発達年齢が5歳台の知的障害児であると考えられます。通常の5歳の子どもは，昨日，今日，明日という時間概念が理解でき，集団のルールを意識した行動ができるようになります。しかし，自分の左右の区別ができる反面，対面の相手の左右は，同側を示す子どもが多く，視点を転換して相手の立場で物ごとを判断することは難しい段階にあります。

　幸男くんの場合も人の物をとったり隠したりすることの善悪はよくわかっていると思われますが，物を隠された人が困るであろうことをリアルに想像することが困難であるため，担任の注目をひきたいという気持ちが優先してしまい，物を隠すような行動にはしってし

まったとも考えられます。また、幸男くんの場合、幼児期に両親が離婚し、母親からも体罰を受けて育ったため、愛情を求める欲求が人一倍強く、担任の注目を独占したいという欲求が高まって担任がかかわっている友達の物まで隠してしまうことになったのかもしれません。

知的障害児の盗癖に対する対処を考える場合、認識の発達段階における視点の転換ができる段階にあるのかどうか、生育歴の中での愛情関係の発達の視点、ストレスがたまったときの対処方法の三つの観点で検討してみることが有効です。

幸男くんの場合は、障害児入所施設の心理職の職員と連携してケース検討を行い、①役割交替を行うようなロールプレイを行うことにより、物を隠された人の立場に立ったときの心情を想像できるような取り組みを行うこと、②担任や施設の担当職員が、幸男くんに対して可能な時間に意図的にかかわり、幸男くんを大切に思っていることを伝えること、③母親との面談を行い、母親が可能な範囲で、母子関係の再構築をはかる取り組みを行うこと、などを話し、実践していきました。実践当初は、幸男くんが担任や担当職員に過度に依存的になり、少し離れようとすると盗癖が再発し、物の物理的な管理体制を再検討したり、母親が体調を崩してしばらくこられなくなったり、担任や担当職員の交替で関係の再構築が必要になったりと紆余曲折はありましたが、盗癖の頻度は次第に減少していきました。

近年の福祉型障害児入所施設では、家庭での養育が困難となった重度の知的障害児と虐待等により保護された中軽度の知的障害児との二極化がすすんでいるといわれています。幸男くんの場合も知的障害の側面と愛着の形成の問題の側面との両面の視点での対応が求められています。

2　性的問題や教職員への攻撃などの問題への対処

軽度の知的障害のある特別支援学校高等部１年の陽子さんは、親の虐待によって小学校２年のときに児童養護施設に入園し、小学校の特別支援学級を経て、中学校からは特別支援学校に通っていました。特別支援学校の中学部に通いはじめたころから、自分の存在価値を確認したいためなのか、複数の男子と付き合っていたり、他児への暴力を注意した女性職員に蹴りをいれて、攻撃したりと乱暴な側面も目立ってきました。そこで、特別支援学校でも施設でもその都度注意し、指導を行ってきましたが、なかなか改善されていきませんでした。そんなとき、男子生徒から性的暴行を受けるという事件がおこってしまいました。

この事件を契機に特別支援学校、児童相談所、児童養護施設の教職員が集まって、話し合い、組織的な対応が開始されました。児童相談所では、男子生徒を呼び出して厳重に指導するとともに、陽子さんに対しては児童心理司によるカウンセリングと心のケアがなさ

れました。特別支援学校においては，断片的な性の指導だったものを改めて，生活単元学習の時間を用いた系統的な性の学習と指導が行われることとなりました。児童養護施設では，暴力を全面的になくすため地域の学校長や児童委員，児童相談所職員，施設長などで構成された委員が陽子さんの暴力に対して組織的に注意を促し，担当職員は陽子さんとともに暴力防止のための安全委員会に出席して陽子さんの気持ちを代弁していっしょに謝ることを繰り返す中で，陽子さんとの信頼関係，愛着関係の絆が深まっていき，陽子さんも情緒的に落ち着いてきました。また，陽子さんの自己肯定感を高める取り組みとして，陽子さんの運動神経を活かして，障害者スポーツ大会に参加を促し，全国大会に出場できるまでになりました。

　このような特別支援学校，児童相談所，児童養護施設が連携した組織的で継続的な取り組みにより，陽子さんはみごと立ち直り，明るくまじめな女性として高等部を卒業し，グループホームでの生活支援を受けつつ，企業就労を果たすことができました。

　近年，特別支援学校の高等部には，軽度の知的障害児が急増し，通常の高等学校と同様の不登校，不健全な異性との交遊，対教師暴力，飲酒，喫煙など（秋元，2012）の生徒指導上の問題をかかえた生徒が増えてきていると言われています。したがって，文部科学省の「生徒指導提要」(2010) にあるような①児童生徒に自己存在感を与えること，②共感的な人間関係を育成すること，③自己決定の場を与え，自己の可能性の開発を援助することという留意点を考慮した指導が求められています（阿部・阿部，2014）。それに加えて，特別支援学校ならではの障害特性，発達特性に配慮した生徒指導および家庭養育の困難からくる愛着形成の問題にも配慮した指導も求められています。

　陽子さんの場合，障害者スポーツで得意な才能を活かした自己存在感を与える指導，地域と連携した暴力防止の取り組み，担当職員との信頼関係を促す活動，特別支援学校による進路指導により将来の進路を自己決定して可能性を切りひらく指導が，学校，児童相談所，児童養護施設の密接な連携により行われてきたことが，効果を発揮したと思われます。

コラム3　自閉症スペクトラムと愛着形成の問題

1　自閉症スペクトラムの原因論の変遷と子どもの養育論の転回

　自閉症スペクトラムは，1943年アメリカの児童精神科医カナー（Kanner, L.）が11人の症例を「情動的交流の自閉的障害（Autistic Disturbance of Affective Contact）」として報告し，その研究がはじまりました。この当時カナーは，自閉症を他者との情動的交流の発達を司る生物学的システムに何らかの機能障害があって，人々との情動的交流や社会性の発達に遅れや歪みが生じるためにおこる症状ではないかと考えていました。

　しかし，1940年代から50年代にかけては，アメリカで一世を風靡していた精神分析学などの影響もあり，自閉症スペクトラムが不適切な養育環境に対する心理的な防衛反応であると考える理論家が目立ってきました。日本でもこの心因説が紹介（ベッテルハイム，1973）されたこともあり，1970年代には，母親の不適切な養育の問題が指摘されるようになりました。

　一方1968年，イギリスの児童精神科医ラター（Rutter, M）[1]は，自閉症スペクトラムの原因は，何らかの生物学的な原因によっておこる，言語－認知機能の障害が一次的なものであるという言語－認知障害説を提起し，自閉症スペクトラムの原因論は，心因論から脳の機能論へと大きな転換期を迎えました。しかし，日本では，依然として環境要因を指摘する翻訳書[2]なども出版され，1980年代の日本では，脳障害説と養育論説が拮抗していたという歴史的経緯があります。

　自閉症スペクトラムの治療教育の分野では，1980年代には日本でも言語－認知的な障害の特性に配慮した教育・療育が行われるようになり，文字の読み書きや計算，身辺自立などに関する教育効果は急速に上がっていきました。しかし，そうした自閉症スペクトラム児が思春期・青年期に達し，社会的自立の課題に直面したとき，対人関係の問題やパニックなどの社会的・情動的な問題があまり改善されていないか，場合によってはますます深刻になっている場合が多いこともわかってきました。

　こうした事実が明らかになってきた1980年代後半ころから自閉症スペクトラム児の社会・情動的発達の障害に直接視点をあてた研究が増えてきました。自閉症スペクトラム児の認知障害が，社会情動的手がかりを処理する必要に直面したとき，もっとも顕著に浮き彫りにされることを説明しようとした研究です。かくして，1990年代には，自閉症スペクトラムの社会・情動的発達の障害は，自閉症スペクトラム独特の神経学的な異常による一次性の障害であり，それは，言語－認知機能の障害による二次的な障害ではないとする研究（ホブソン，2000）が増えてきました。

　すなわち，自閉症スペクトラム児の社会性の発達の困難の原因として，脳の神経学的な機能の障害により，乳児期からの視線の交換，顔の表情の認知，姿勢・身振りによるコミュニケーション等の非言語的な社会的スキルがうまく使えないことが，幼児期以降の社会的コミュニケーションを中核とした発達に影響を及ぼしていることがわかってきたのです。

（1）ラター（1978）で日本にも紹介された。
（2）ティンバーゲン＆ティンバーゲン（1987）等が翻訳紹介され，自閉症の環境要因論が，主張された。

2　自閉症スペクトラムの急増と養育環境

　自閉症の有病率の比率は，次々に書き換えられ，2006年，イギリスの小児科医ジリアン・バード（Baird et al., 2006）が自閉症スペクトラム障害の有病率を人口の1.16％であると報告しました。1966年にビクター・ロッター（Lotter, V., 1966）は，自閉症スペクトラムの出現率を1万人に4.5人の割合であると報告していたので，この40年間で約26倍に増加したことになります。
　自閉症スペクトラム急増の原因は，これまで見逃されていた知的障害をともなわないアスペルガー症候群などの存在が知られるようになったこととともに，自閉症の診断基準をすべてみたさない症例もサブグループに加えられ，範囲が拡大されたことが考えられます。さらに，専門家の理解がすすみ，アセスメントのできる専門家が増えたことも一因と考えられています。
　そして，これまでの研究から自閉症スペクトラムは，遺伝的な要因が関係していることは明らかになりましたが，その多くは，単一遺伝子の疾患ではなく，複数のリスク遺伝子が関係しており，遺伝的素因の上に不利な環境要因（妊娠中の喫煙など胎児期も含む）が重なったとき，はじめて症状があらわれる，多因子疾患であることがわかってきました。すなわち，近年の生活スタイルや養育環境の大きな変化が，自閉症スペクトラムの症状を引き出すという不利な環境要因も急増の一因と考えられるようになってきました（杉山，2011；岡田，2012）。

3　反応性愛着障害と自閉症スペクトラム

　ラターら（Rutter et al., 1999）は，1989年のルーマニア政権崩壊時に育児放棄され，イギリスに里子として引き取られた111人の4歳児を調べたところ，6％に常同行動，行動の切り替えの困難，言語能力の乏しさ，他者の気持ちの理解困難などの自閉症スペクトラムに類似した症状がみられたことを報告しました。そして，2年後に再調査したところ，2歳前に養父母に引き取られた子どもの症状に改善が見られたことを報告しました。
　すなわち育児放棄などの養育環境によっても自閉症スペクトラムと同様な症状がみられることが見出されたのです。このことから，養育環境の問題によって引き起こされる反応性愛着障害の症状が自閉症スペクトラムと混同されている可能性もあるのではないかという指摘（岡田，2012）もなされています。

4　自閉症スペクトラムが原因でおこる愛着形成の問題と反応性愛着障害

　乳幼児期の自閉症スペクトラム児は，親の養育的働きかけの社会的意味が理解できず，不安な状態におかれています。また，様々な感覚刺激に対する過敏性により，親の声かけや身体接触でさえ，想像以上に不快な体験として感じられる場合があることがわかってきました。その結果，二次的に親との愛着形成に困難が生じやすく，不適切な養育を引き出しやすいことがわかってきました。一方，不適切な養育環境によって生じる反応性愛着障害の子どもにも自閉症スペクトラムと同様の症状があらわれることがわかってきました。しかし，両者は似て非なるものであり，適切な鑑別診断がなされての対応が必要です。一方で，両者の発症機序には相互関係があるので，乳幼児期からの丁寧な養育支援が，きわめて重要であることがわかってきたのです。

第Ⅱ部
特別支援学校・特別支援学級における授業づくり

第4章　授業づくりの基礎

1　特別支援学校の教育課程とその実際

1　特別支援学校の教育課程の法的規定

①特別支援学校の教育課程

　教育課程とは，学校教育の目的や目標を達成するため，教育の内容を，児童生徒の心身の発達に応じ，授業時数との関連において，総合的に組織した学校の教育計画です。「各学校においては，教育基本法及び学校教育法その他の法令並びにこの章以下（引用者注：特別支援学校学習指導要領）に示すところに従い，児童又は生徒の人間として調和のとれた育成を目指し，その障害の状態及び発達の段階や特性等並びに地域や学校の実態を十分考慮して，適切な教育課程を編成する」（特別支援学校小学部・中学部学習指導要領　第1章総則）ことになっています。

　学校教育が，すべての子どもの全人的発達を図り，その可能性を最大限に伸ばす営為であることは言うまでもありません。特別支援学校は，学校教育法第72条において，「視覚障害者，聴覚障害者，知的障害者，肢体不自由者又は病弱者（身体虚弱者を含む）に対して，幼稚園，小学校，中学校又は高等学校に準ずる教育を施すとともに，障害による学習上又は生活上の困難を克服し自立を図るために必要な知識技能を授けることを目的とする」と規定されています。この教育目的に対応して，特別支援学校には，通常学校に準じて編成される領域（各教科，特別活動，総合的な学習の時間等）と独自に編成される領域（自立活動）とがあります。特別支援学校の教育課程に関しては，学校教育法施行規則で次のように規定されています。「特別支援学校の小学部の教育課程は，国語，社会，算数，理科，生活，音楽，図画工作，家庭及び体育の各教科，道徳，外国語活動，総合的な学習の時間，特別活動並びに自立活動によって編成するものとする。」（第126条第1項）。「特別支援学校の中学部の教育課程は，国語，社会，数学，理科，音楽，美術，保健体育，技術・家庭及び外国語の各教科，道徳，総合的な学習の時間，特別活動並びに自立活動によって編成するものとする。」（同第127条）。通常学校に準じて編成される各教科等に関して，そ

の目標，各学年の目標及び内容や指導計画の作成と内容の取扱いについては，小学校・中学校学習指導要領に示すものに準ずるとされ，基本的に同等であることが明示されています。

②知的障害児の教育課程

しかしながら，知的障害の児童を教育する場合（小学部）は，生活，国語，算数，音楽，図画工作及び体育の各教科，道徳，特別活動並びに自立活動によって教育課程を編成すること（同第126条第2項），そして知的障害の生徒を教育する場合（中学部）は，国語，社会，数学，理科，音楽，美術，保健体育，職業・家庭及び外国語の各教科，道徳，総合的な学習の時間，特別活動並びに自立活動によって教育課程を編成すること（同第127条第2項）と規定されており，他の障害種の子どもとは異なる独自の教育課程の編成となっています。そのときに問われるのは，どのような人間を育てるのかという基本理念で，望ましい人間としてどのような人間観を想定するかによって教育課程は大きく異なります。代表的な人間観には，知性人と工作人とがありますが，前者の知性人の人間観に立てば，知識・認識など知的面に重きを置いた，いわば主知主義の教育となります。他方，後者の工作人の人間観では，行動・創造など意志的側面を重視した主意主義の教育となります。伝統的に学校教育は，人類の文化遺産から教育的観点に立ち選択・組織された教科の内容を，講義を通して系統的に子どもに伝達する教科教育に中心がありました。これに対して，子どもを学習の主体とみなし興味・関心に即応しその主体性・能動性への援助を重視した教育は，経験主義に立つ生活教育に発展しました。知的障害児教育では，教科教育よりも生活教育を重視し，生活に即した具体的な経験を選択・組織化し，社会生活に必要な知識・技能を習得させることをねらいとする総合的な学習を行うことが継承されています。生活単元学習，日常生活の指導など，生活教育が知的障害児教育の指導形態として今日まで継承されてきた背景にはこうした人間観や教育観の違いもありますが，もちろん知的障害の発達特性が深くかかわっています。

知的障害児は，知的発達が全体に未分化であり，認知機能の働きが弱いこと，学習によって得た知識・技能は断片的になりやすく，実生活に応用されにくいことなどの特性が指摘されています。そのため，各教科の目標や内容は知的障害児教育に独自なものが示されています。各教科の内容は，知的障害児の教育実践の蓄積に基づき生活での行動発達から設定されたものです。さらに，1979年には生活科が教科として新設されました。生活科は教科の概念を拡大し，合わせた指導の中核をなす教科と位置づけられました。このように知的障害の状態や個々の障害特性を考慮して，独自の内容が学年別ではなく，段階別に，たとえば小学部では3段階，中学部では1段階，高等部では2段階で示されています。しかし，独自の内容は，通常学校の各教科の内容の学習が困難であるとして，定型の認知発達に基づき選択・組織化したものとはいえず，それが妥当か否かは検証の必要があるといえます。

③各教科の内容を合わせた授業

特別支援学校の教育課程に関しては，通常学校のそれに付加して，「特に必要がある場合

は，各教科又は各教科に属する科目の全部又は一部について，合わせて授業を行うことができる」(同第130条第1項)，そして知的障害又は複数の障害を併せ有する者を教育する場合，「特に必要があるときは，各教科，道徳，外国語活動，特別活動及び自立活動の全部又は一部について，合わせて授業を行うことができる」(同条第2項)といった規定があります。

この規定の成立には，1960年代の知的障害児教育において通常学校の学習指導要領に準じた教科としての分類を主張する立場とこれまでの教育実践の集大成として領域を主張する立場の論争がありました。当時は知的発達が未分化な知的障害児には内容を教科で分類するのではなく，生活経験を基礎に総合的に領域として分類する方向が志向されていました。精神薄弱教育の養護学校学習指導要領の作成当時に教育内容の分類をめぐって起きた，この教科か領域かという論争は，結局教育内容の分類は教科で行うが，その指導の形態として各教科(領域を含む)の内容を合わせることを認めることで決着しました。つまり，総合的に学習させる指導の形態は，統合された内容をもつ生活経験を教科として分類し提示したことの問題を解消するための手段でありました。

④重複障害者の教育・訪問教育の場合

さらに，特別支援学校において，複数の種類の障害を併せ有する者(重複障害者)を教育する場合又は教員を派遣して教育を行う場合(訪問教育)において，「特に必要があるときは，第126条から第129条までの規定にかかわらず，特別の教育課程によることができる」という規定(同第131条第1項)があります。この規定の具体的な内容は，後述する特別支援学校学習指導要領の重複障害者等に関する教育課程の取扱いに示されています。

2 特別支援学校の教育課程の多様性と弾力性

①教育課程の五つの類型

今日は，障害の重度・重複化，さらに多様化にともない特別支援学校に就学する子どもの実態はきわめて個人差が大きく，その教育的なニーズも複雑かつ多様化しています。それに対応して，特別支援学校で編成される教育課程の類型も，図4.1.1のように，多様化しています。それについては，現行特別支援学校小学部・中学部学習指導要領の第1章総則の中で重複障害者等に関する教育課程の取扱いにおいて，①各教科及び外国語活動の目標及び内容に関する事項の一部を取り扱わないことができること(標準教育型)，②各教科の各学年の目標及び内容の全部又は一部を，当該学年の前各学年の目標及び内容の全部又は一部によって，替えることができること(下学年型)，③中学部の各教科の目標及び内容に関する事項の全部又は一部を，当該各教科に相当する小学部の各教科の目標及び内容に関する事項の全部又は一部によって，替えることができること(下学部型)，④知的障害以外の特別支援学校の児童生徒のうち，知的障害を併せ有する者については，各教科又は各教科の目標及び内容に関する事項の一部を，当該各教科に相当する知的障害特別支

第Ⅱ部　特別支援学校・特別支援学級における授業づくり

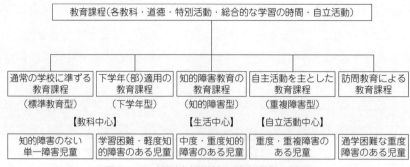

図 4.1.1　特別支援学校の教育課程の類型
（出所）石部・柳本（2011）171頁

援学校の各教科又は各教科の目標及び内容の一部によって，替えることができること（知的障害型），⑤重複障害者のうち，障害の状態により特に必要がある場合には，各教科，道徳，外国語活動若しくは特別活動の目標及び内容に関する事項の一部又は各教科，外国語活動若しくは総合的な学習の時間に替えて，自立活動を主として指導することができること（重複障害型），⑥障害のため通学して教育を受けることが困難な児童生徒で教員を派遣して教育を行う場合の取扱い（訪問教育型）が規定されています。

　通常学校の教育課程に準ずる標準教育型の類型では，原則としてそれぞれの部に該当する通常学校の各教科の目標および内容に準じた教育が行われますが，ただ指導計画の作成と内容の取扱いにあたっては，障害の状態や特性等を考慮して，障害種ごとに配慮すべき事項が示されています。たとえば，肢体不自由の特別支援学校については，①体験的な活動を通して表現する意欲を高めること，②運動障害の状態や生活経験の程度等を考慮して内容を精選し，基礎的・基本的な事項に重点を置くこと，③身体の動きやコミュニケーションの指導にあたっては自立活動における指導との密接な関連を保ち，学習効果を高めることなどが示されています（特別支援学校小学部・中学部学習指導要領の第2章各教科）。

　知的障害教育代替型の教育課程では，教科・領域別の指導だけでなく，教科や領域を合わせた指導が行われ，その際に体験的な学習を通して子どもの興味・関心を引き出し，自発的な学習への動機づけを図ること，指導内容を分析して見通しのもてるスモールステップによる主体的な態度の形成を促すことが求められます。職業教育においても，専門的な職業能力の習得というよりも作業への知識理解や態度の養成に力点が置かれることになります。

　自立活動中心型の教育課程では，一人一人の子どもの重度・重複障害の状態や発達段階に合わせて自立活動の内容に示された分野・項目から必要な内容を選択・組織し，生命の維持・健康の増進，人や物とのかかわりの向上，情緒的な安定，身体的運動・動作の向上等を中心とした指導として具体的にかつ総合的に展開されることになります。

　訪問教育型では，上述の重複障害者等に関する教育課程の取扱いの中から個に応じて適切な教育課程の類型を選択し，とくに必要があるときは，実情に応じた授業時数を適切に定めることができます。

第4章 授業づくりの基礎

②特別支援学校の教育課程の編成に求められるもの

　教育課程の編成は，通常学校の場合には教育基本法をはじめとする各種法令や学習指導要領で示された各教科・領域の目標および内容を学年の次元で選択・組織し，標準総授業時数に照らして授業時数を配分するトップダウン方式が基本です。しかし，特別支援学校では個別の実態の把握に基づき，一人一人の子どもにもっとも必要かつ適切とされる教育目標が設定され，内容が選択・組織されるボトムアップ方式により個別の指導計画が作成されています。この個別の指導計画は，ある意味で個人レベルの教育課程といえます。

　このように特別支援学校の教育課程の編成は，通常学校と比較して各学校の独自性がきわめて高く，通常学校に準ずる標準教育型だけではなく，知的障害教育代替型や自立活動中心型では独自性が顕著になっています。多くは担当者が各自の教育観や経験に依拠して仮説的に子どもに適切な目標と内容を選択・設定することになります。それだけに，担当教師には個別の指導計画の作成に自由裁量の余地が大きく，独創性と客観性とが要求され，大きな責任の自覚も求められます。それゆえ個人の主観性をチェックするために複数教師が協働する体制を構築したり，教師の不安感を解消するために研修の充実を図ったりする方策が課題といえます。

2　特別支援学校学習指導要領とその活かし方

1　特別支援学校学習指導要領の役割

　学習指導要領は，学校において子どもが学習すべき各領域と各教科の目標や大まかな内容を定めたもので，小学校，中学校，高等学校，特別支援学校について作成・告示されています。幼稚園は教育要領という名前になっています（以下，学習指導要領というときは教育要領を含みます）。特別支援学校の学習指導要領は，正確には特別支援学校幼稚部教育要領，特別支援学校小学部・中学部学習指導要領，特別支援学校高等部学習指導要領で構成されています。これらの学習指導要領は，学校における教育課程編成の国家基準とされています。しかし，学習指導要領に示される目標や内容は中核的・大綱的であるため，文部科学省は学習指導要領解説を刊行し，目標や内容について具体的・詳細な解説をしています。

　図4.2.1は通常の学校と特別支援学校の学習指導要領と学習指導要領解説を量的に比較したものです。上図の左は幼稚園から高等学校までの学習指導要領を積み上げたものです。右は特別支援学校の幼稚部から高等部までの学習指導要領です。下図の左は小学校だけの各領域・各教科の解説を積み上げたもので，右は特別支援学校の幼稚部から中学部までの各領域・各教科の解説です。特別支援学校には自立活動という独自の学習領域がありますが，

第Ⅱ部 特別支援学校・特別支援学級における授業づくり

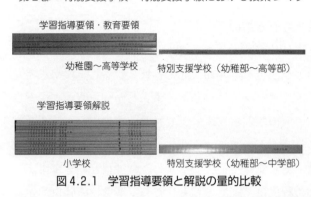

図4.2.1 学習指導要領と解説の量的比較

上の図にはそれが含まれ，下の図には含まれていません。自立活動の解説は別に1冊が刊行されています。

小学校の解説だけで13冊刊行されているのに対し，特別支援学校の解説は幼稚部から中学部までの各領域・各教科（自立活動を除く）を対象にしているのにもかかわらずきわめて少なくなっています。しかし，この図から特別支援学校における学習内容がきわめて少ないと判断するのは正しくありません。障害があっても障害のない子どもと同じことを学習するのは子どもの権利です。特別支援学校に在籍するからといって学習内容が少なくてよい訳がありません。特別支援学校の学習指導要領は，小学校等と共通する部分は小学校等の学習指導要領を準用することとし，特別支援学校のみに適用されること（主として自立活動）や指導上の留意事項を記述しています。つまり，たとえば，特別支援学校小学部の教育課程や授業を考える際は，小学校の学習指導要領やその解説と特別支援学校の学習指導要領やその解説の両方をもとにすることになっているのです。

特別支援学校学習指導要領には，障害の状態によっては，履修が困難な内容は履修させなくてもよい，前の学年の教科を学習することができる，というような例外規定もありますが，原則として，特別支援学校では，小学校等と同じことを学びつつ，自立活動のような独自の内容も学ばなければなりません。授業時間数を増やせばそれは可能かもしれません。しかし，総授業時間数は，原則として小学校等と特別支援学校は同じとされています。特別支援学校では，少ない時間で同じことを学習できるようにすることが求められているのです。特別支援学校教師にはそれだけの能力が求められているとも言えます。

2 学習指導要領に記述された教科内容の具体化

少ない時間で同じことを学べるようにするには，子どもが何を学ぶべきなのか，教師側からいうと教科内容を明確にすることが必要です。教科内容を明確にするには，学習指導要領とその解説のほかに教科書解説を参考にすることもできます。

小学校から高等学校までは文部科学省検定済教科書や文部科学省著作教科書の使用が義務づけられています。文部科学省検定済教科書とは，学習指導要領や解説にもとづいて教科書会社が編集し，文部科学省の検定を受けて発行されるものです。文部科学省著作教科書とは，需要が少なく，教科書会社の編集が期待できないため文部科学省が自ら編集し，販売を民間に委託して発行されるものです。特別支援学校用の文部科学省著作教科書には，視覚障害者用の点字版教科書（国語，社会，算数・数学，理科，英語），聴覚障害者用の国

語の一部（小学部は言語指導，中学部は言語）と音楽（小学部のみ）の教科書，知的障害者用の国語，算数・数学，音楽の教科書があります。他の教科は，特別支援学校でも原則的には文部科学省検定済教科書を使用することになります。適切な教科書がない場合は，絵本などの一般図書を教科書とすることも認められています。

　一般に，これらの教科書には同時に教科書解説も刊行されています。教科書は子どもが使用するものですが，教科書解説は教師が使用するもので，教材や留意事項とともに教科内容が示されています。学習指導要領に示される目標や内容は，学習指導要領解説や教科書解説に具体化されています。教師からみると，そこには教科内容のスモールステップ化の一例がうかがえます。

　さらには，教科内容をどのように教材化するのかその一例もみることができます。教科内容と教材の違いについて，柴田（2000）は，教科内容とは各教科における教授－学習の目標ないし内容であり，生徒が身につけるべき知識（概念・原理・法則など）や技能，教材とは教科内容の習得のために授業において使用され，教授－学習の直接の対象となるもの，と説明しています。つまり，教科内容は見たり，聞いたり，触ったり，経験したりすることができないため，見たり経験したりすることができる物，現象，できごとを通して教科内容を学習できるように工夫されたものが教材ということです。教科書は教材の一例ですが，それらを参考にして授業の工夫をすることが教師に求められます。

　ただ，文部科学省著作教科書の場合は事情が異なります。学習指導要領は，視覚障害特別支援学校，聴覚障害特別支援学校における各教科の目標や内容についてとくに示していませんので，それらは小学校等と同じということです。視覚障害の場合は，文部科学省検定済教科書から1社を選び，その内容に加除修正を加えて発行されているため，解説はとくにありません。教科内容の具体化には選定された教科書の解説を使用することになります。教科内容の例外規定の適用や指導上の留意事項については文部科学省が示す「特別支援学校（視覚障害）小学部点字教科書編集資料」などが参考になります。聴覚障害の場合は，国語（言語）の解説（名称は指導書となっている）はありますが，音楽の解説はありません。学習指導要領に目標や内容が示されていないのに何を基準にしたのかという問題はありますが，小学校の国語科以前の言語指導の教科内容の例として参考になります。

　知的障害の場合は，少し事情が異なります。

3　知的障害特別支援学校における教科内容

　特別支援学校の学習指導要領において，知的障害のみについては各教科の目標と内容が明示され，文部科学省著作教科書の解説も刊行されています。知的障害という障害の性質上，小学校等と同じ教科内容という訳にはいかないからです。

　図4.2.2は学習指導要領における算数の教科内容を，小学校の第1学年・第2学年と知

第Ⅱ部　特別支援学校・特別支援学級における授業づくり

小学校第1,第2学年における算数

	A 数と計算	B 量と測定	C 図形	D 数量関係
第1学年	(1)ものの個数を数えることなどの活動を通して,数の意味について理解し,数を用いることができるようにする。 ア ものとものとを対応させることによって,ものの個数を比べること。 イ～キ 省略 (2)加法及び減法の意味について理解し,それらを用いることができるようにする。 ア～ウ 省略	(1)大きさを比較するなどの活動を通して,量とその測定についての理解の基礎となる経験を豊かにする。 ア 長さ,面積,体積を直接比べること。 イ 省略 (2)日常生活の中で時刻を読むことができるようにする。	(1)身の回りにあるものの形についての観察や構成などの活動を通して,図形についての理解の基礎となる経験を豊かにする。 ア ものの形を認めたり,形の特徴をとらえたりすること。 イ 省略	(1)加法及び減法が用いられる場面を式に表したり,式を読み取ったりすることができるようにする。 (2)ものの個数を絵や図などを用いて表したり読み取ったりすることができるようにする。
第2学年	(1)数の意味や表し方について理解し,数を用いる能力を伸ばす。 ア～オ 省略 (2)加法及び減法についての理解を深め,それらを用いる能力を伸ばす。 ア～ウ 省略 (3)乗法の意味について,理解し,それを用いることができるようにする。 ア～エ 省略	(1)長さについて単位と測定の意味を理解し,長さの測定ができるようにする。 ア 省略 (2)体積について単位と測定の意味を理解し,体積の測定ができるようにする。 ア 省略 (3)時間について理解し,それを用いることができるようにする。 ア 省略	(1)ものの形についての観察や構成などの活動を通して,図形を構成する要素に着目し,図形について理解できるようにする。 ア～ウ 省略	(1)加法と減法の相互関係について理解し,式を用いて説明できるようにする。 (2)乗法が用いられる場面を式に表したり,式を読み取ったりすることができるようにする。 (3)身の回りにある数量を分類整理し,簡単な表やグラフを用いて表したり読み取ったりすることができるようにする。

知的障害特別支援学校小学部算数

1段階	(1)具体物があることが分かり,見分けたり,分類したりする。	(2)身近にあるものの大小や多少などに関心をもつ。	(3)身近にあるものの形の違いに気付く。	
2段階	(1)身近にある具体物を数える。	(2)身近にあるものの長さやかさなどを比較する。	(3)基本的な図形や簡単な図表に関心をもつ。	(4)一日の時の移り変わりに気付く。
3段階	(1)初歩的な数の概念を理解し,簡単な計算をする。	(2)身近にあるものの重さや広さなどが分かり,比較する。	(3)基本的な図形が分かり,その図形を描いたり,簡単な図表を作ったりする。	(4)時計や暦に関心をもつ。

図4.2.2　学習指導要領における教科内容の記述

的障害特別支援学校の小学部について比較したものです。

　小学校の各教科等の目標や内容は学年別に示されます（複数学年で示すことも含む）が,知的障害特別支援学校の場合は,学年別ではなく段階別に示されています（小学部は3段階,中学部は1段階,高等部は2段階）。

　小学校の場合,各学年共通に「数と計算」など四つの教科内容の領域が設定され,内容の系統性・発展性を示すようになっています。知的障害特別支援学校の場合,内容領域は設定されず,(1)……(2)……等と記されるのみです。しかし,学習指導要領解説には,(1)(2)

第4章　授業づくりの基礎

	生活												国語				算数				音楽			
	1	2	3	4	5	6	7	8	9	10	11	12	1	2	3	4	1	2	3	4	1	2	3	4
1段階		○						○	○		○		○											
2段階	○		○	○		○				○				○	○	○		○			○	○		○
3段階					○		○										○		○	○	○			
4段階																								
5段階																								
6段階																								

図4.2.3　知的障害特別支援学校小学3年生A君の履修内容の一部

という数字が数と計算，量と測定等の内容を構成する観点に対応することが示されています。たとえば，数と計算の観点から示された内容はどの段階においても(1)……と表記することで系統性・発展性を図っています。

　小学校のように学年別に示される場合，その学年の教科内容として示されたすべてについて，その学年に属するすべての子どもが学習しなければならないことを意味します。それゆえ，小学校と同じ内容を学習する特別支援学校においては，障害の状態によっては一部履修しないことができる等の例外規定が必要となります。知的障害特別支援学校のように段階別に示す場合は，すべての教科，すべての観点について学習しなければなりませんが，どの段階の内容を学習するかは個々の子どもによって違ってよいということです。図4.2.3はある子どもの履修内容の一部を示したものです。学年別の場合は，○が横一列に並びますので違いがわかると思います。加えて，これら各教科の内容は，かならずしも教科別の時間を設定して履修するのではなく，各領域，各教科を合わせた時間を設定して履修することが認められています。ほとんどの知的障害特別支援学校は，何らかの形でこの指導形態を使用しているようです。なお，知的障害以外の特別支援学校に在籍する知的障害を併せもつ子どもの場合も，この指導形態を採用することが可能となっています。

　知的障害の場合，小学校等と同様に，学習指導要領，その解説，教科書解説へと教科内容が具体化されていますが，それに加えて全国特別支援学校知的障害教育校長会編著（2010）の図書に掲載されている「資料」があります。図4.2.4はそれらによる教科内容の具体化を示す一例です。しかし，厳密にいえばここには教科内容はありません。「教師が〜する」「子どもが〜する」というものしかありません。「教師が何をねらって〜する」の「何」が教科内容です。たとえば，「音には音源があることを知ってほしい」という教科内容の場合，無音の物と有音の物があり，有音のものに振り向いたとき，子どもが学習したことになります。「言語音と生活音を区別してほしい」では二つの音源のうち言語音を出しているものに振り向いたとき学習したことになります。学習の初歩的な段階における教科内容を考えることはかなり困難ですが，何をねらって教師が何をし，子どもが何をしたとき学習が成立したといえるのか，をつねに意識することが求められます。

学習指導要領	学習指導要領解説	教科書解説	全国特別支援学校知的障害教育校長会
・教師の話を聞いたり，絵本などを読んでもらったりする。	・教師から名前を呼ばれたり，言葉を掛けられたときなどに応じる。 ・絵本のほか，紙芝居やまんがなどを読んでもらったり，写真や絵画などの中のものの名前などを読んでもらったりする。	・教師の言葉に，振り向いたり，耳を傾けたりする。 ・簡単な指示を聞いて，物をよく見るなどする。 ・家庭生活の中での言葉掛けに応じて，耳を傾けたり，よく見ようとしたりする。 ・わらべ歌に興味をもち，単純な言葉の繰り返しを楽しむ。 ・身近な事物の登場する絵に興味をもち，教師の言葉掛けに耳を傾けて，よく見ようとする。	・声や音のする方に，振り向いたり，耳を傾けたりする。 ・教師の話しかけに表情や身振りで応じる。 ・教師や友達と一緒に，紙芝居やテレビなど視覚教材を見て楽しむ。 ・テレビや絵本など視覚教材に知っているものが出てくると，それを認めて反応する。 ・好きな絵本など視覚教材を読んでもらって楽しむ。 ・立つ，腰かける，集まる，歩くなど簡単な指示がわかる。 ・「いけない」と言われることがわかる。

図 4.2.4　知的障害特別支援学校における国語科「聞く」の教科内容の具体化

健康の保持				心理的な安定			人間関係の形成				環境の把握					身体の動き					コミュニケーション				
生活のリズムや生活習慣の形成に関すること	病気の状態の理解と生活管理に関すること	身体各部の状態の維持・改善に関すること	健康状態の維持・改善に関すること	情緒の安定に関すること	状況の理解と変化への対応に関すること	意欲に関すること	障害による学習上又は生活上の困難を改善・克服する	他者とのかかわりの基礎に関すること	他者の意図や感情の理解に関すること	自己の理解と行動の調整に関すること	集団への参加の基礎に関すること	保有する感覚の活用に関すること	感覚や認知の特性への対応に関すること	感覚の補助及び代行手段の活用に関すること	認知や行動の手掛かりとなる概念の形成に関すること	姿勢と運動・動作の基本的技能に関すること	姿勢保持と運動・動作の補助的手段の活用に関すること	日常生活に必要な基本動作に関すること	身体の移動能力に関すること	作業に必要な動作と円滑な遂行に関すること	コミュニケーションの基礎的能力に関すること	言語の受容と表出に関すること	言語の形成と活用に関すること	コミュニケーション手段の選択と活用に関すること	状況に応じたコミュニケーションに関すること
				○	○	○		○			○		○	○							○	○	○		

図 4.2.5　自立活動の履修例

4　知的障害特別支援学校における自立活動と教科の関係

　自立活動は内容を六つの区分に分類し，それぞれの区分ごとに 3～5 項目，計26項目の内容が設定されています（コラム 6 参照）。個々の課題に対応する趣旨から学年も段階も設定されていません。したがって，自立活動はいわば個別性といえるような履修となります。すべての区分について学習することが求められるのではなく，子どもに必要な内容だけを履修するのです。図 4.2.5 はある子どもの自立活動の履修の一例です。知的障害特別支援

学校小学部の生活科に排泄にかかわる内容がありますが，自立活動の区分「健康の保持」にも排泄にかかわる内容があげられています。知的障害の場合，どちらに位置づけるのか迷うことがありますが，履修の原則に着目すると整理できるでしょう。生活科は子どもたち皆に共通する課題であり，自立活動は個人にかかわる課題です。個々のケースで違いますが，一般論としては，小学部では生活科，中学部ですが下学部履修で生活科を必要とする子どもの場合は生活科，中学部の履修をしている場合は自立活動という位置づけになります。

3　個別の指導計画を生かした授業づくり

1　個別の指導計画

　学習指導要領では，「自立活動」の指導にあたって個別の指導計画を作成することを定めています。障害が重複している子どもには，自立活動に加えて教科指導等を含めて個別の指導計画を作成して指導することとされています。全ての児童生徒に個別の指導計画を作成すると定められてはいませんが，特別支援学校学習小学部・中学部指導要領第1章総則第2節に「学校の教育活動全体を通じて，個に応じた指導を充実するため，個別の指導計画に基づき指導方法や指導体制の工夫改善に努めること。」とあります。私は，この文から，個別の指導計画は特別支援学校の全ての児童生徒に作成されるべきものと理解しています。

①個別の指導計画の重要性

　小学校の学習指導要領「第2章各教科」と特別支援学校小学部・中学部学習指導要領「第2章各教科　第1節小学部　第2款知的障害者である児童に対する教育を行う特別支援学校」の記載内容を比べてみます。

　前者は，学年毎にその学年で習得すべき内容が詳細に示されています。後者は，学年毎ではなく，三つの段階で各2～4の内容が大まかに示されているのみです。一人一人の子どもの指導内容は，学校と教師に任され，自立と社会参加の力のための個に応じた指導を系統的に進めていくことが求められています。

　個別の指導計画は，成長の記録でもあります。個別の指導計画は，3年分，6年分，9年分と並べると，目標と評価から子どもの成長が読み取れるものでなければなりません。担任は変わっても，指導内容は，引き継がれていく必要があります。

　個別の指導計画は，一人一人の子どもが，自身のよさを伸ばし，障害による困難を軽減，克服し，幸せな人生を歩んでいく力を育てていくために欠かせないツールです。ツールであるということは，個別の指導計画を日々の授業，指導に活用するということです。授業

内容が，個別の指導計画の目標の達成につながるものになり得ているか等を日常的に確認することが必要です。

　授業内容は個別の指導計画の目標達成の手立てという位置にあります。したがって，手立てと目標には整合性が必要です。目標の内容によっては，個別の指導計画の評価をするときに大変困る事態になります。

　また，個別の指導計画の内容は，保護者との約束です。「△△ができるようにしていきます。□□という理由で，△△は適切な目標です。◇◇の授業等で……のように指導していきます。」といったような内容を保護者に説明できることが必要です。個別の指導計画の目標は大変重いものです。授業は，個別の指導計画の目標を念頭に置いて実施することが肝心です。個別の指導計画は，最重要クラスの個人情報ですので，管理には万全を期する必要があります。

例　個別指導計画の年間サイクル　3学期制　個別指導計画は前期後期

月	3	4	5〜7	9	10〜2	3
	年間／後期評価 改善 次年度計画	前期計画の 再確認		前期評価 改善 後期計画		年間／後期評価 改善 次年度計画
		前期計画実行			後期計画実行	
	保護者面談 3学期通知表	保護者面談	1学期通知表	保護者面談	2学期通知表	保護者面談 3学期通知表

②適切な目標を設定するポイント

❖ポイント1：詳細で丁寧な実態把握をする

　実態把握の方法は三つです。標準的な発達検査，行動観察，保護者面談です。

　標準的な発達検査はいろいろな検査法があります。検査に特別な資格を必要としないものもあります。私は，特別支援学校の担任をしていたころ太田ステージ発達検査(1)とNCプログラム(2)を活用していました。資格のある同僚に，新版K式発達検査2001(3)を実施してもらい合わせて活用したこともあります。

　行動観察は，観察の観点をもって行います。たとえば，『視線を合わせないで名前を呼ぶ。子どもが，応答したら，自分の名前がわかっていると判断する』という具合です。最初は大変ですが，AならばBと判断し，CならばDと判断するという規準をもって観察す

（1）太田ステージ発達検査：東京大学医学部附属病院精神科小児部で太田昌孝らが開発した自閉症スペクトラム児者の認知発達段階を評価し，治療教育を行うための評価法。

（2）NCプログラム：のぞみ発達クリニックにおいて開発された発達障害児のための認知・言語促進プログラム。

（3）新版K式発達検査2001：京都市児童院（現・京都市児童福祉センター）で開発された，「姿勢─運動」「認知─適応」「言語─社会」の領域から発達をみる検査法。

る習慣をつける努力をすることを勧めます。

　また，一人でできていること，支援があればできること，必要な支援の内容を具体的に観ていくことも重要です。

　保護者面談から得られる情報は重要です。保護者は子どものことを一番知っている支援者です。教えていただく気持ちが大切です。子どもへの期待や願い，学校でどういった力をつけてほしいと考えているかを十分に聞き取ります。医療情報等も保護者から教えていただきます。障害や障害特性に伴う困難等は，面談の前に，確かな情報を得て，保護者の気持ちや考えを十分に受け止めます。保護者から聞き取る内容は，あくまで学校での指導に必要なことに限ります。

❖ポイント２：実態把握で得た情報を整理し分析する

　私が勤務する特別支援学校では，個別の指導計画を作成する準備資料として，実態把握票を作成しています。実態把握票では，できないことではなく，できていることを記入していくことにしています。できないことができるようになる，わからなかったことがわかるようになることも大切なことですが，できていることが「している力」になっていくこともとても大切なことです。できていることを学校生活で，家庭で，地域で使っていくことで，「している力」になっていきます。「している力」は，認められる状況をつくります。認められることは自己有用感を育てます。自己有用感は生きる力を育む大切な感情です。

　このことを前提にして，できないことの中にあるできていること，できていることの中にある困難，そして，できるようになることを妨げている困難は何かといった視点で整理していくと具体的な目標と手立てが見えてきます。

例１　具体的な目標

客観性に欠ける実態の記入例	客観的な実態の記入
排泄後，教師に知らせるような発声をすることが増えた。 **コメント**：「発声が知らせていると評価する根拠は何か，増えたとはどのくらいか」がわからない。	排泄したときに，声を出すことを，今月９割確認した。先月は６割であった。
３の概念がわかってきた。 **コメント**：何を根拠に評価しているのかわからない。	七つのドットを示し「さん　ください」という。一度に三つのドットをとって渡す。
指先を分離させて動かすようになってきた。 **コメント**：「分離とはどういう状態か，どうかわってきたか」がわからない。	スティックを提示すると，利き手の右手を伸ばしてきて，親指を10度ほど開こうとする。

第Ⅱ部　特別支援学校・特別支援学級における授業づくり

例2　情報の整理と分析

本人，保護者の願い	できていること	教材ではできるのに，着用状態ではできない理由	できるようになるために必要なこと
・ブレザーのボタンを一人でかけられるようになりたい。	・練習用教材ではできる。 ・左右の指で同時に違う動きができる。 ・手元を見続けている。 ・着ている状態でボタンをはずせる。	・教材は穴が見える。着用では見えにくい。	・穴にボタンをいれることが穴を見なくてもできるようになる。

目標	手立て
ブレザーのボタンを一人でかける。	見えない状態でボタンかけ教材を練習する。

　個別の指導計画の書式は，自治体や学校によって様々ですが，どんな書式であっても，二つのポイントを踏まえて，目標と手立てを導くとよい個別の指導計画を作成できます。

③自立活動の指導目標と手立ての導き方

　目標，手立ての設定には根拠が必要です。自立活動の目標と手立ては次のように考えます（特別支援学校学習指導要領解説自立活動編第2章を参照）。

実態把握
認知の発達状態としては，家族や担任と他の人の区別がついている。聞き分けられる言葉はない。 脳性まひのため，四肢体幹のほとんどを随意で動かすことができない。緊張が入りやすく拘縮が強い。音楽が好きであり，気管切開をしているが，声を出すことはできる。視力は不明。顔の判別はできている。

健康の保持	心理的な安定	人間関係の形成	環境の把握	身体の動き	コミュニケーション
呼吸が浅い。痰が絡みやすい。分泌物が多い。	知っている人の気配がある場所では落ち着いていることができる。	面識がない者からでも話かけられると嬉しそうにする。	音に過敏である。音楽を聴くことを好む。大人と子どもの違いがわかる。	仰向けの状態で，正中線から左右に15度程度首を動かすことができる。	嫌なときには泣き，話しかけられたとき，快のときには明るい声を出す。

第4章　授業づくりの基礎

指導目標	・声を出すことで音楽をかけてもらえることがわかる。

指導目標を達成するために，選定した項目の設定					
健康の保持	心理的な安定	人間関係の形成	環境の把握	身体の動き	コミュニケーション
健康の状況の維持・改善に関すること	状況の理解と変化への対応	他者とのかかわりの基礎に関すること	保有する感覚の活用に関すること	姿勢保持と運動・動作の補助手段の活用に関すること	コミュニケーションに関すること

具体的な指導内容		
左右交互から聞こえる音源を探る。	音楽が止まる。声を出す。音楽が始まる。	体幹，首，肩の弛緩。

④実態把握とその分析は特別支援教育の基本

「三つの壺があります。形は全て違います。それぞれの壺の8割に正確に水を入れてください。」という指示があったと仮定します。与えられているのは，升目のない升と物差しのみです。

この壺の容量を物差しだけで正確に測ることは至難の業です。なるべく正確に近づけるためには，高さと直径をできるだけ細分化して合計する作業が必要です。

計測の結果，三つの壺の容量の8割は，650 cc，920 cc，450 cc だったとします。次の作業は，650 cc，920 cc，450 cc の水を升目のない升で量ることです。こちらも物差しで底面の辺の長さと高さを測定し，650 cc，920 cc，450 cc になる高さをはじきだし，その高さまで水を入れます。

実態把握はこの壺の容量の測定，授業内容は水量の測定と考えてみてください。壺の大きさがわからないと，入れる水の量がわからないように，実態が把握できていないと，その子に応じた授業内容を用意できません。このとき，一つの壺の大きさを測定し，その量の8割の水の量を三つの壺に入れることをすれば，一つは8割にはるかに満たず，一つは溢れます。個々の子どもそれぞれに，適した授業内容が用意されることが必要です。

たくさんの壺を丁寧に計測しつづけていると，壺を見るだけで，おおよその容量がわかるようになってきます。升目がなくても，何度も，図っていると，壺の大きさがわかれば，その8割は升のどの位置までかが目測でわかるようになってきます。これが経験です。教師も経験を積むことで，子どもの教育ニーズを比較的容易にわかるようになってきます。

しかし，経験値で仕事をするようになってはいけませ

図4.3.1　3つの壺

ん。私たちの仕事に必要なのは，根拠に裏付けられている経験値です。根拠を添えて目標と手立てを説明できることです。根拠は実態把握とその分析です。

　一人一人の子どものニーズを把握し，用意しようとしている教育内容が，一人一人の子どものニーズに対応する教育内容として適切かを吟味することが，特別支援学校の教員の重要な専門性です。ベテランになっても，根拠を明確にする努力を続ける教員でいてください。

　また，子どものことをどれだけよく知ろうとしても完璧はあり得ません。細かく計測しても壺の容量を物差しだけで正解するのに限界があるのと似ています。子どものことをわかる努力をしている，しかし，間違っていることがあるかもしれないという謙虚さも大切です。

② 学習指導案の作り方

①学習指導案を作成する目的と心構え

　学習指導案は，よい授業を実施するためのいわば設計図です。建築家はイメージで家を建てません。依頼主の希望，環境等あらゆる角度から吟味して綿密に設計図を作ります。少しの手抜きでも安全な家は建ちません。授業も同じと考えてください。ただし，建築物と異なり，子どもはそのときの状況により予想外の行動をとることがあるので，状況による臨機応変な調整が必要となる場合があることも想定して計画を立てる必要があります。

　授業で一人一人に何を教えたいかが明確で適切であること，子ども一人一人にどのような状態が確認できたら，よくできたと褒めるのか，子どもがわかった喜びを感じ，自分を誉められるような展開をどのように組み立てるのかを緻密に考えることが学習指導案作成の仕事です。教師の責務です。できあがった学習指導案を見て，第三者が，どんな目的で授業がされるのか，工夫や授業での子どもの状態がわかり，授業を観るのが楽しみになる指導案がよい指導案の要件でもあります。

　授業の進め方は経験でうまくなっていきます。授業づくりの中核は，その授業をする根拠がしっかりしていることです。大切な子どもたちです。どんな力を育てていくか，そのために，どのような順番で，どんな工夫をしてわかるように教えるか，しっかり考え，吟味できる教師になってほしいと思います。学習指導案の作成は，よい授業ができる教師になるためのツールであると考えてください。

②指導案を書きはじめる前に行うこと

　指導案作成に取りかかる前に行うことは次の2点です。
・授業を行う児童生徒の該当教科の実態把握
・学習指導要領の該当教科の目標と内容の把握
　なぜ，先に実態把握をするのかについて説明します。
　教材や題材を先に決めて授業を考えようとすると，よい授業にならない場合が多いから

第4章　授業づくりの基礎

です。意図していなくても，教材や題材がうまく使えるように単元の目標を考えてしまうことになりやすいからです。素晴らしい教材や題材であっても，児童生徒の学習課題に整合していないと，児童生徒がお客様の授業になります。

研究授業を控えて学習指導案を作成するときには，早く仕上げたい気持ちになります。題材や教材が見つかると，続けて授業展開も浮かんできて，指導案が完成しそうな気持ちになります。そんなときも，まず，実態把握と学習指導要領の確認を行ってください。

授業展開が先にできてしまうと，児童生徒の学習課題と課題達成を導く手立てをつなぐ根拠がわからなくなり，結果として指導観を記述する際に苦しい思いをすることになります。場合によっては，指導していただく教師から題材や教材を変えてみなさいという助言を受けることもあります。

③**実態把握の方法**

実態と言っても様々です。把握するべき実態は一人一人の児童生徒の認知発達の状態とその教科の学習の習得状態です。発達の状態の把握のために，私は太田ステージとNCプログラムを使ってきました。教師でも評価が可能で，比較的容易にできます。この二つの検査や他の検査項目を参考に，評価項目と，どのような状態であれば◎，○，△にするかの基準を決め，個別学習の時間等を利用して，評価を行っていきます。

どの教科の授業を行うときも，利き手，児童生徒が聞き取れる語彙，記憶の容量の実態を把握しておくことが必要です。

実態把握の例

	小学部4年　氏名	A	E
	太田ステージの評価	Ⅱ	Ⅲ-1
	担任作成の評価項目　例		
聞いて理解できる語彙（名詞）が20以上ある		○	◎
聞いて理解できる語彙（動詞，用途を示す言葉）が10以上ある		△	◎
色が名称と一致して3種類以上わかる		△	
二つの言葉を聞いて復唱する		△	◎
絵カードで実物がわかる		×	△
簡単なやり取りができる（言葉でも絵カードでも可）		△	○
見本と同じ順番に並べることができる		×	△
見本と同じに並べることができる（マッチング）		×	○
利き手		左	右

◎習慣化している　○一人でできる　△どちらかと言えばできない　×できない

このように，表にして表すと△や○の多い学習課題がわかります。（×に抵抗がある方もいると思いますが，子どもにバッテンを付けているのではありません。）

このようにして評価をすると，担当する子どもの学習習得状況がまちまちであることがはっきりします。学習課題を同じにはできないことがわかります。ここに気づくことが一番重要なことです。

授業では同じ題材を扱うことになりますが，同じ題材であっても，子どもの学習課題に合うように授業内容を考えていくことが重要です。個々に応じていくことが，子どもたちが，眼をキラキラさせる授業を作ることになります。

④指導案の書式と作成手順

指導案の書式は，各自治体の教育委員会がモデルを示していると思います。その書式に従って作成します。書式に多少の違いがあっても，指導案の作成のポイントは同じです。授業者が実施しようとしている授業が，全ての子どもにとって満足できる授業になると確信をもつことがポイントのコアです。

(1)学習指導要領を確認する

子どもの当該教科の実態を把握できたら，学習指導要領の当該教科の目標と内容をよく読み，どの段階の内容を取り扱うのかを考えます。

(2)単元（題材）の目標を考える

目標は，その単元全体の授業が終わったら，獲得できている状況です。よって，『……を楽しむ』とか『……の巧緻性を高める』というものでは不十分です。楽しい○○という活動をとおして，さて，どんなことに，気づいてほしいのか，できるようになってほしいのか，わかってほしいのかを具体的に書きます。目標は，二つから三つ立てます。

(3)評価規準を考える

規準は『きじゅん』ですが，のりじゅんと表現する場合があります。基準（もとじゅんと表現）と区別するためです。授業における子どもの達成状況の評価を質的に把握する場合に規準，量的に評価する場合は基準を使います。

特別支援学校の知的障害者である児童生徒に対する授業の場合は，どの教科でも，「関心・意欲・態度」「思考・判断・表現」「技能」「知識・理解」の4観点で考えるのがよいです。各観点はおおむね達成できる状況を設定します。基本的に，一つの観点に対して規準は一つです。

授業者にとっては，考える要素，考えを伝える要素，覚える要素等が含まれる，学習の密度が高くバランスのとれた単元にするための指針ともいえます。評価規準は，単元の目標と関連します。表現の仕方では語尾がポイントです。

観点	関心・意欲・態度	思考・判断・表現	技能	知識・理解
単元の評価規準（例）	自分から○○しようとしている	工夫して○○している	○○ができる	○○がわかる

(4)指導観を考える

単元観，児童（生徒）観，教材観の三つの観点で整理します。

○単元観

当該の学習集団にとってこの単元の学習内容が必要である理由を書きます。学習指導要領のどの段階の内容を扱うかについても含めて書きます。実態と学習内容の整合性を吟味するところでもあります。

○児童（生徒）観（※小学部であれば児童観，中学部か高等部であれば生徒観）

直近の児童（生徒）の学習習得の状況，題材に関する興味や関心などについて書きます。

表を載せると第三者にわかりやすいです。子どもの学習ニーズを明確に絞り込むことがポイントです。

全般的な実態も記します。差が大きい集団であるという内容は不要です。特別支援学校では当たり前のことだからです。

○教材観

どうして，当教材を選んだか，教材に期待するところ，有効性について書きます。

箇条書きにすると思考の整理になりますし，第三者にも理解されやすいです。

単元観，児童観（生徒観），教材観は，それぞれ45文字×10行程度に留めます。長く書いて，絞り込んでいくとよいです。

さて，目標，評価規準，指導観は，学習指導案作成でもっとも重要です。この単元での「子どもの学び」は適切かどうかを明確にするところです。授業展開の根拠となる部分です。学習指導案の指導を受けるときは，この段階で一度指導を受けるとよいと思います。

(5)年間指導計画における位置づけ

年間指導計画を簡単な表で示し，系統性を押さえなおします。

年間指導計画には，教科書（学校教育法附則第9条の規定による教科用図書を含む）も書きます。

(6)単元の指導計画

単元の目標達成まで何単位時間を必要とするかを考えます。知的障害者である児童生徒にとっては，繰り返しが必要です。数回の授業では単元の目標の達成には至らない場合が多いです。かといって，同じ目標のためにたとえば20単位時間以上もかけることには疑問があります。それだけの時間が必要なのであれば，目標自体が難しいのではないかと根本を振り返ってみる必要があります。

指導計画ですので，同じことを繰り返すのではあっても，指導の重点は変わっていってしかるべきです。20時間にわたる単元であるにもかかわらず，同じ学習内容の繰り返しになっている指導計画は適切ではありません。

(7)単元に関する個々の児童（生徒）の実態と目標

実態は，包括的な実態を書くのではありません。

一人一人の子どものその単元における学習の習得状況を書きます。単元の目標，そして評価規準を作成します。評価規準はできるだけ具体的に設定します。

　授業終了後には，子どもの状態を評価規準に則り評価します。なぜできなかったのか，できたのは何が功を奏したのかについて冷静に分析します。分析をしないと，毎回，まったく同じ授業を繰り返すことにもなります。授業には改善がつきものです。子どもに期待した理解が進まない原因を分析して，手立てを改善する場合もあります。すぐにできるようになり，次の目標を立てることが必要になる場合もあります。どのような状態になったら，達成と判断するのかこの規準を個別に設定することがとても重要です。教材を作り変えたり，課題の順番を入れ替えたりする必要がでてくる場合もあります。

(8)本時の授業展開

○本時のねらい

　単元の目標を達成するための手立てが本時の授業です。単元の目標と本時のねらいが同じであることはありません。目標を達成するための手立ては下位目標でもあります。

○本時の展開

　以下のように記述します。

時間	学習活動／学習内容	指導上の留意点	評価規準／評価方法
導入○分			・子どものどのような状況を確認したら「達成」と判断するのか具体的な状況を記す。 ・どのような方法で確認するのかについて記す。 　（例）観察　プリント　発言 ・本時のねらいに対応させる。
展開○分			
まとめ○分			

〈導入〉

　導入は，これから始まる授業に「子どもたちが期待を抱く」時間です。呼名，歌，課題の順番の提示をするだけの時間ではありません。

　使う教材をちらりと見せる，興味を持っている教具を別のブースに設置し，○○をしたら，△△をしますと，教具の場所を示すなどの方法も効果があります。今日の目標を視覚的に示すことも重要です。目標が子どもたちにわかりやすく掲示されていると，授業のまとめに使うことができます。授業の途中で，脱線しかけたら，目標を示して，気持ちの切り替えを促すこともできます。授業者にとってはぶれない授業をするツールになります。

〈展開〉

　子どもの実態によって，展開は様々に設定できます。いろいろな授業を参観して，真似てみると勉強になります。よい授業展開では，子どもが自分から動きます。待っている時間が少ない，もしくはありません。教師の指示言葉が少なく，授業の雰囲気は静かです。緩急のメリハリがあります。

「教材は1セット。6人の子どもが、同じ課題を順番に前にでてする。あとの5名は見ている。その都度、授業者が『これでいいですか』というと、一人二人の子どもが『いいです』という。よくできましたと評価を受けて、席に戻る。2回り繰り返して授業は終わり。」という授業は残念な展開の見本です。

対して、「個別に教材が用意されている。教材は、同じようで、選択カードの枚数等が個々に違っている。個別の教材を使って同時に課題に取り組む。1名を指名し、子どもはその場で答える。授業者は正解を視覚的に示す。各子どもが、それぞれ自分の選んだものと比較し、子どもが自分で判断する。違っていたら、その場で考えるように促し、正解を引き出し、褒める。」このような授業であれば、前出の授業と同じ時間で、一人あたり4回はできます。この授業展開は太田ステージ評価でステージⅡであれば可能です。

〈まとめ〉

まとめでは、授業の評価を行いますが、言葉で、順番に授業者が解説する必要はありません。「今日の勉強はこれ（掲示された目標を指す）でした。できた人は手を挙げてください」と言って6名を笑顔で見まわして、「よくできました」「こんどは○○をしますよ」と予定を告げる。これで十分です。

授業のプロセスでは、失敗や不正解があっても大丈夫ですが、できなかった子どもにはできている力を発揮させて達成感で授業を終えられるように段取りをつけておく必要があります。

〈評価規準に対する評価方法〉

なお、前出の表にある「評価方法」とは、評価規準の状況を見極める手段のことです。知的障害者である児童生徒の場合は、状況の観察、二択の選択課題の正解率（例：5回実施のうち4回以上の正解でわかったと判断する）というものが考えられます。

さて、授業展開の作成では、子どもの様々な状況を想定し、臨機応変に対応できるようにします。授業は、課題が全部終わったからといって設定の時間の前に終了することはありえないことですので、45（50）分きっちりで終わるように、調整をしながら授業を進めます。

調整するとは、雑談を入れてといった類ではなく、授業密度を保つということです。そのためには、ちょっと難しい課題、一つ前の課題も準備しておくことも必要です。「早くできた人は絵本を見ていてよいです」という場面をつくり、ゆっくりな子どもに手をかける時間をつくる方法もあります。

・子どもが何を学ぶのか見ただけでわかる設定を工夫すること
・学びの手順と順番が視覚的にわかるようになっていること
・どれだけすればOKなのかわかるようになっていること
・個別の教材が用意されていること

この4点が考えられ準備されていれば、よい授業になります。

第Ⅱ部　特別支援学校・特別支援学級における授業づくり

(9)授業参観の視点

　参観者に見てほしいことを箇条書きで書きます。全体を掌握できていたか，指示や共感の言葉は適切であったか，ねらいの達成に教材は適していたか等の視点を記しておきます。校内での授業研究の場合は，見に来てくださった上司や同僚には，自分から講評を受けたい旨を伝え，助言指導をもらってください。上司からの助言や指導は，次の授業に生かし，その結果を報告するとよいと思います。学校ごとのルールがあれば，従ってください。

4　教材・教具の工夫と作り方

1　教材・教具とは

　一般的に，教材とは子どもに教えたい内容や素材であり，教えるときに必要な道具を教具といいます。私は，知的障害の重い子どもたちの在籍割合の多い特別支援学校では教材と教具を明確に分けきれないことも多いと感じています。

　教材・教具には，「こういうことか。わかった。」という感動と達成感を子どもにもたらす力があります。とくに教具は，話し言葉を聴いてその意味を理解することに困難のある子どもにとっては，言葉に代わるものです。また，教具の操作を終えたときに教師が「よくできたね」といった言葉を伝えることで，共感関係を育む機会にもなります。

2　教材・教具作成のポイント

①何を気づいてほしいかが明確であること

　次郎君は，はさみで紙を切ることができるようになりました。縦に横に紙を切って得意げです。線に沿って切れるようになると，何かの形を切り抜いて楽しむことも可能になると期待できますが，線の上を切ることができても，線の終わりで切ることを止めることができません。

　そこで，簡単な網飾りを作成する内容と次のような装置を用意しました。

　用意した装置…16×20cmの紙に15cmの線を1cm間隔で15本引きます。三つに折って間に20cmの細い棒を入れ，5cmの線の終点5mmほどの位置に挟みます。これを4セット用意します（図4.4.1）。

　線の終わりまで切り進むと，その先を切ろうとしても，棒が邪魔をして切ることができません。すると次郎君は，次の線を切りにかかります。再び，切ろうとして途中で切れなくなって次の線に移るという体験を続けて30回ほど行いました。3枚目に差し掛かったと

第4章　授業づくりの基礎

きには，線が切れるところで，自分から切り進むことを止めるようになりました。

　なんでもない紙に線を引いて確認しました。線の途切れているところを指して，「カクン」「おわり」と伝え，ハサミを渡しました。線の終わりで切ることを止めることができました。

　この事例では，課題と教材・教具の関係は次のように整理できます。

図4.4.1　網飾りつくりの教具

課題（気づいてほしいこと）	教材	教具
線の終わりで切ることを止める	網飾りつくり	図4.4.1

②**課題の系統性が考えられていること**

事例1

課題（気づいてほしいこと）	教材	教具
連続している点を順番に見ていく	ペグ差し	図4.4.2〜図4.4.4

　市販のスポンジに切れ目を入れ，ペグを8本さします。すぐ下に，8個の穴が開いた台を置きます。左からペグをとって，左からさします。すぐ隣にペグをさすことが連続してできるように支援します。台は，お菓子の缶の蓋です。ペグに注目しやすいように黒くしてあります（図4.4.2）。

　子どもは，図4.4.2では，飛ばしてしまったときは自分で気づけるようになり，順番に飛ばすことなくペグをさせるようになりました。次は図4.4.3に挑戦です。方向が変わることに慣れていきます。続いて図4.4.4のタイプです。交差点を突き抜けられると達成です。取り組んだ子どもは，最初は，左からさしてきて交差点にさしかかると下方に向かってしまいました。しかし，繰り返していると交差点を通過できるようになりました。

　ペグも穴も小さく，つまむ，いれる作業に指先の巧緻性が求められます。子どもは真剣に課題に取り組みます。絵や文字等を含め，教材・教具は大きいほうがわかりやすい，見やすいと教師は思いがちですが，大きいことがわかり難いことも少なくありません。

　この学習の目的は書字につなげていくことです。文字は一筆の間に方向が変わり，多様な線で構成されています。点の連続が線であること，終わりでしっかり線を止められるようになることを，この『ペグさし』の学習で学ぶことができます。

　図4.4.5は，始点終点の連続を感覚として意識することを目的にした教具です。100円ショップで販売されているバナナスタンドを使っています。

　直線の終点で方向を変えるという感覚は，書字の学習に至ったときに役立ちます。5円玉状のマグネットを外していきます。マグネットは反発しあう向きに入っているため隙間ができます。子どもの指がちょうど入り，つまみやすくなっています。[4]

第Ⅱ部 特別支援学校・特別支援学級における授業づくり

図4.4.2 ペグ差しの教具①

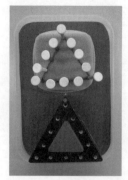

図4.4.3 ペグ差しの教具②

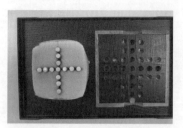

図4.4.4 ペグ差しの教具③

図4.4.5 マグネット外しの教具

表4.4.1 課題設定の根拠

課題	評価
絵と絵のマッチング	◎
基本的な形のマッチング（3形）	◎
色と色のマッチング（3色）	◎
トマト／イチゴ／ダイコン／　を色で分ける	○
トマト／みかん／きゅうり／　を形で分ける	○

（出所）　太田・永井（1992）をもとに作成

事例2

課題（気づいてほしいこと）	教材	教具
色と形を合わせる（赤い丸，青い三角）		図4.4.6〜図4.4.10

　花子さんの表4.4.1の学習状況を確認したとき，私は物には色と形の二つの要素があることへの気づきを課題にすることにしました。

　教材・教具は，色カードと形カードを用意し，形カードに色カードをさし入れることができるようにしました。形は丸，三角，四角，色は赤，黄色，緑の3色です。27通りの組み合わせができます。

　素材は，形は木製，ニスで塗装しました。色はアクリル板です。

　三つの形を入れられる枠も用意しました。形カードを出しやすいように指が入るカーブを作ってあります。木枠は全ての角を落としてあります。すべりがよく，色も鮮やかで，意欲も達成感も向上します。

〈使い方〉

　ステップ１：『赤□』のモデルを見て，3種類の形カードと3種類の色カードから同じ

（4）図4.4.2〜4.4.5の教具は，東京都立南花畑特別支援学校教諭の宝田美佐子による。

第4章　授業づくりの基礎

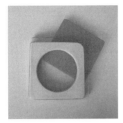

図4.4.6　色と形を合わせる教具①

図4.4.7　色と形を合わせる教具②

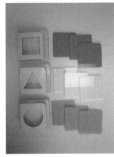

図4.4.8　色と形を合わせる教具③　　図4.4.9　色と形を合わせる教具④　　図4.4.10　色と形を合わせる教具⑤　　図4.4.11　神経衰弱風のゲーム用の教具

ものをつくります。9通りのモデル全てできると達成です。

　ステップ2：左の見本『赤△黄□緑○』と同じように色と形を合成し並べる課題です。『赤○緑□黄△』『緑○黄△赤○』など10程度の組み合わせができれば達成です。

　ステップ3：3×3のマトリックス。ステップ2を達成すると3色3形のマトリックスはすぐに理解できるようになります。

　ステップ4：友達と神経衰弱風のゲームで遊びます。図4.4.11の教具は、カードの位置が固定されるように穴のあいた台にカードを置くように作られています。位置が覚えやすくなります。カードは、3cmの厚みのある木にマジックテープを取り付けてカードを取り替えられるようになっています。絵と絵、絵と平仮名、平仮名と平仮名、平仮名と漢字というように、様々なマッチングの内容を用意することができます。厚みがあるのでひっくり返しやすいです。

　カードの位置が決まっているので、記憶の学習にもなります。緑の3というような位置関係の学習にもなります。(5)

（5）図4.4.6～4.4.11の教具は、筆者（木村泰子）と東京都立南花畑特別支援学校技能主任（当時）の田中秀幸による。

3 作成と活用の留意点

- 教材・教具は，安全であれば，素材を選びませんが，出来栄えが美しいことが大切です。惣菜のパックでも，菓子箱でも，段ボールでも，100円ショップの物を使っても，丁寧に作成してほしいと思います。たくさん作っているうちにうまくなっていきます。
- 子どもの興味関心を生かして，好きなキャラクターなどを使っていくことも必要ですが，教材・教具の目的（子どもの学び）が明確であると，シンプルなもので十分に子どもは興味を示します。子どもの好きなものを取り入れるのは，導入段階だけで十分です。一方で，子どもが進んで取り組もうとしない教材・教具は，どれだけ時間をかけて作成したものであっても，高価なものであっても，撤収することが必要です。
- 子どもがわかりやすいようにと大きな教材をつくる場合がありますが，大きいことがわかりやすいということではありません。機能障害がない限りにおいてですが，手の巧緻性が低いから，小さなものはできないと思うことも先入観です。教材・教具の目的が，子どもの実態にあっていれば，小さなものでも一生懸命につまもうとしますし，見ようとします。
- 教材には細かなものもあります。使用前と使用後には，数を確認することが重要です。口に入れたり鼻に入れたりすることが心配される場合は，使用しません。
- 機能障害があり，操作性に困難がある子どもには，課題を置く位置や高さを十分に検討します。肘を伸ばして届くくらい，離れていた方が操作しやすい場合もあります。その場合はテーブルの面（とくに奥行）を大きくする必要があります。見やすさにおいても同じです。平面に置いたときはできなくても，60度の傾斜をつけた面に置いたら，すぐにできたという場合もあります。
- どれだけよい教材・教具であっても，子どもの学習姿勢が整っていないと，子どもの集中力は下がります。その場合，姿勢を正しなさいという指示ではなく，姿勢を正せる物理的な配慮が必要です。学習机と椅子のサイズが適していないことがあります。座面に臀部が収まりやすい工夫があることで，姿勢が整う場合もあります。

コラム4　個別の指導計画と個別の教育支援計画

1　個別の指導計画について

　個別の指導計画は1999年の盲学校・聾学校及び養護学校学習指導要領において，自立活動の指導と重複障害者の指導にあたって作成することが義務づけられました。その後，2009年の特別支援学校学習指導要領の改訂で，領域や教科に限定せず，特別支援学校に在籍する全ての幼児児童生徒に対して作成することが義務づけられています。

　個別の指導計画の様式は様々ですが，一般に都道府県や学校単位で統一した書式に基づいて作成されます。三浦・川村（2003）は個別の指導計画の様式として，①領域タイプ（基本的生活習慣，認知，運動など），②指導の形態タイプ（国語，算数・数学，生活単元学習など），③自立活動タイプ（健康の保持，人間関係の形成，心理的安定，コミュニケーションなど），④混合タイプ（①～③を組み合わせたもの）に区分しています。

　また，具体的な指導計画の作成から実施，評価などの手続きは，一般に以下のような流れで進めます。

　①実態把握：保護者や前担任（新入生の場合は前籍校の担任など），前年度の指導記録などから，学習面，生活面，医療面，アセスメントの結果などの情報を収集します。

　②目標の設定：本人のニーズや指導内容の優先順位などを考慮しながら，長期目標（半年または1年），短期目標（学期または単元ごとなど）を設定します。

　③指導計画の作成：具体的な指導に必要な内容や方法を検討します。日課表と関連づけながら，授業の形態（個別またはグループ指導など）や場の設定（特別教室の使用など）などを検討していきます。

　④指導の展開：個別の指導計画は日々の授業や学習指導案の作成などに生かしていくことが大切です。近年では，電子ファイルで作成して管理するなど，様々な形で活用されています。

　⑤PDCAサイクルに基づいた評価：評価に関しては，学年末に振り返りを行うのが通例ですが，学期ごとや単元ごとに計画が着実に実行できたか，年度初めに設定した長期・短期目標は妥当であったか，達成できた目標以外に新たな目標を設定すべきかなど，P（Plan：計画）—D（Do：実践）—C（Check：評価）—A（Action：改善）サイクルに基づいた形成的評価を進めていくことが大切です。

　⑥保護者への説明と同意：個別の指導計画は基本的に学級担任が中心となって計画を立てていきます。一般に，立案した計画書は年度初めの段階で保護者に説明し，内容を確認してもらった上で指導を進めていきます。学期末または年度末の評価に関しても，必ず保護者に報告し，説明責任を果たすことが求められています。

2　個別の教育支援計画について

　個別の教育支援計画は2004年に公表された「小中学校におけるLD（学習障害），ADHD（注意欠陥／多動性障害），高機能自閉症の児童生徒への教育支援体制の整備のためのガイドライン（試案）」（文部科学省）の中で，「障害のある子どもにかかわるさまざまな関係者（教育，医療，福祉等の関係機関の関係者，保護者など）が子どもの障害の状態等にかかわる情報を共有化し，教育的支援の目標や内容，関係者の役割分担などについて計画を策定するもの」

と定義されています。個別の教育支援計画は乳幼児期から学校卒業後までの長期的な視点で，教育関係者のみでなく，医療・福祉・労働等の関係機関などが相互に連携して，一貫した支援を行うための中核的なツールとして位置づけられています。個別の教育支援計画も個別の指導計画と同様に，子どもに直接かかわる学級担任が作成するのが通例です。ただし，個別の指導計画と比べ，関係機関の密な連携や情報の共有がより必要となります。個別の教育支援計画は通常の学級に在籍する特別な教育的ニーズを有する子どもの支援にも活用されるため，様式についても支援シートなどを準備し，関係者が話し合い，それぞれが書き込む形で作成していく場合もあります。

3　その他の関連する支援計画
①個別移行支援計画

　特別支援学校の高等部の生徒を主な対象に，卒業後の社会参加に向けて，個々の生徒の移行支援のために作成する計画書を意味します。在学時の個別の指導計画に加え，進路指導計画や家庭および地域での生活，医療や福祉関係の内容など，個別の教育支援計画の内容などを加味して作成されます。就学前段階の幼稚園や保育所などから小学校へ入学する際の情報伝達として作成されることもあります。一般には，幼稚園や保育所などで活用されている個別の保育計画をベースに作成されます。

②個別家族支援計画

　個別家族支援計画（IFSP：Individualized Family Support Plan）は1986年のアメリカの全障害児教育法（P.L.99-457）において成立したもので，0歳～2歳までの障害のある乳幼児を対象に作成が義務づけられています。この支援計画の特徴は，子ども本人と合わせて，生活の基盤となる家庭や家族を支援することにあります。障害のある子どもの家族が安定した養育者となれるように支援し，子どもの発達に大きな影響を及ぼす両親の能力を最大限に広げることを目的としています。

*

　個別の指導計画や個別の教育支援計画は，アメリカのIEP（Individualized Education Program）とは性格的に多少異なりますが，いずれにしても保護者の願いや希望を計画書の中に反映させていくことが大切です。子どもの得意な面や苦手な面を簡潔に示せる書式を，学校の実情に合わせて整えていくことも必要です。とくに個別の指導計画は通知表とは主旨が異なることから，子どもの実態について否定的に示しがちな面があります。しかし，保護者がそれを見たときに，子どもの将来について少しでも期待や希望が持てるような内容であるべきです。

コラム5　生活単元学習の現代的意義

1　生活単元学習

　生活単元学習は領域・教科を合わせた指導の代表的な指導形態です。特別支援学校学習指導要領解説（文部科学省，2009）には以下のように記載されています。

　「各教科等を合わせて指導を行う場合とは，各教科，道徳，特別活動及び自立活動の一部又は全部を合わせて指導を行うことをいう。知的障害者である児童生徒に対する教育を行う特別支援学校においては，この各教科等を合わせて指導を行うことが効果的であることから，従前，日常生活の指導，遊びの指導，生活単元学習，作業学習などとして実践されてきており，それらは『領域・教科を合わせた指導』と呼ばれている。」

　領域・教科を合わせた指導を学校生活に大きく位置づけることにより，子どもが学校生活で，その子なりに自立的・主体的に取り組み，自らの力を発揮しやすい状況をつくることができる（名古屋，2010）という長所があります。

2　生活単元学習（教科・領域を合わせた指導）の今日的な課題

　木村（2015）は，授業参観の経験から「『生活単元学習の現状』とは，実に様々である」としたうえで，生活単元学習を取り巻く今日的課題として次の3点をあげています。

①生活単元学習について学ぶ機会の見直し

　教師集団の世代による生活単元学習の学習機会，経験の違いが大きいこと，多様な教育課題に対応するために生活単元学習について学習する機会が減少していることを指摘しています。そして，学習機会の「量的」問題だけでなく，様々な機会を活用した生活単元学習，知的障害教育の本質を学ぶ機会がどのように確保されているかについて，各学校および各地域における現状をとらえ直してみることが必要であると述べています。

②教育課程における「合わせた指導」と「教科別の指導」の位置づけ

　「合わせた指導」と「教科別の指導」の両方を設ける場合であっても，「各教科」の理念・趣旨が変わるものではないことから，ともに「各教科」の内容を目標に即して学ぶための「指導の形態」であるとしています。そして，「合わせた指導」と「教科別の指導」の相互補完的・相補的関係に着眼し，「合わせた指導」か「教科別の指導」か，ではなく，その関係性（テーマ・課題に基づいた関連づけ）が重要であると主張しています。

③年齢にふさわしい内容，活動環境への十分な配慮の必要性

　学校は，子どもの年齢・学年に即した教育環境を用意すべきであり，子どもの知的発達・認知発達を基盤として選択する指導内容とは，違う次元で考慮すべき点であると指摘しています。とくに気を付けたいのは，教職員による「言語環境」であること。ふさわしくない言語環境は，子どもの「尊厳」，「人格」に影響をもたらすものであり，あらためて内省が必要であることを強調しています。

　以上のように今日的課題を把握したうえで，これからの生活単元学習の展望として，次の2点を挙げています。

①社会の変化に応じた「単元」の見直し

　これからの社会は「知識基盤社会」と言い表され，著しく変化するであろうといわれていま

す。教師は子どもの生活する「地域社会の変況」により高い感度をもち，たえず「単元」の見直し・改善に反映しようとする姿勢を持つ必要があるとして，学校としての単元設定のための「カテゴリー」や「フレーム」を見直すことを提案しています。

② 「できる状況づくり」と能力観

「遊ぶ力をつけて，遊べるようにするよりは，遊べる状況を作って遊べるようにする。」という「できる状況づくり」が知的障害のある子どもの「学び」の本質であり，この教育においては，子どもが，まず「為すこと」，「できる状況を設定すること」がもっとも重要であると指摘しています。そして，このような学習論は，今日検討されている「育成すべき資質・能力」と「新たな学び方（アクティブ・ラーニング）」の中心概念にも関連すると述べています。

さらに，学校生活をともにする仲間と生活を豊かにするテーマを共有し，それぞれの持ち味を生かした「できる状況づくり」によって個々の学びを実現する理念は「インクルージョン」にきわめて近いとしています。

3　現代的価値を明らかにする取り組み

千葉大学教育学部附属特別支援学校では，2015年度から全校研究テーマ『今日的な課題に応える「領域・教科を合わせた指導」の授業づくり』を設定し，研究に取り組んでいます（千葉大学教育学部附属特別支援学校，2016）。

小学部では，遊びの指導では何をポイントとして授業を計画し，実施しているか，どのように授業の改善を行っているかなど不明瞭な部分が多かったことから，授業づくり全体の流れをPDCAサイクルの枠組みにそって整理しながら可視化することを試みています。

中学部では，生活単元学習と他の教科などとの関連づけを明らかにしようとしています。生活単元学習を中心に学習の目標や内容の整理を行い，「育てたい力」を作成して，それを柱とした教育課程の再編に取り組んでいます。

高等部では，個々の目標・活動内容に沿った学習評価が必要とされる中，作業学習における学習評価への取り組みが少ないことから，卒後をとらえた目標設定を課題として，チェックリストや評価シートなどのツールを活用した授業づくりの可視化や卒業後を意識した目標の吟味に取り組んでいます。

知的障害教育の学習評価については，各教科の目標・内容と関連づけて，育成すべき資質・能力を明確にし，体系的な学習評価のPDCAサイクルの中で学習評価を進めることが今後一層重要になるとの指摘があります（尾崎，2015）。この点からも，同校の今後の研究成果が注目されます。

コラム6　領域「自立活動」

1　領域「養護・訓練」の誕生

　盲・聾・養護学校学習指導要領の改訂（1971年）において，これまでの盲学校での「点字指導」や「歩行訓練」，聾学校での「聴能訓練」や「発語指導」，肢体不自由養護学校での「体育・機能訓練」，病弱養護学校での「養護・体育」といった教科の中での指導が，精神薄弱養護学校も足並みを揃える形で，特殊教育諸学校に共通した指導の一領域として整備され，ここに「養護・訓練」という「領域」の指導が新設されました（表C6.1参照）。したがって，「養護・訓練」は特殊教育諸学校の各障害にそれぞれ対応した教育的訓練指導の総称といえます。

2　「養護・訓練」から「自立活動」への改称

　これまで「養護」と「訓練」という用語の折衷語であった「養護・訓練」に代えて，この学習活動が本来自立を目指して，幼児児童生徒が自ら主体的に学習に取り組む時間であることを明確にするため，これを「自立活動」と改称しました。この「自立活動」の名称については，1993年制定の「障害者基本法」において，障害者個人の尊厳が重んぜられ，「自立」とあらゆる分野の「活動」への参加が目的として掲げられたことも影響していると考えられます（傍点筆者）。これまで「養護」にしても，「訓練」にしても，その語感からどうしても児童生徒が受け身の立場に立つイメージを抱きやすかったことから，この指導本来の特色が表れるように用語を整理しました。今後，学校の指導では，児童生徒の主体的な活動，いいかえれば，児童生徒が興味や関心をもって，自ら精一杯取り組む活動を一層重視する観点を強調しました。

3　自立活動の指導と「個別の指導計画」の作成義務

　今日，自立活動の指導の目標は，「個々の児童又は生徒が自立を目指し，障害による学習上又は生活上の困難を主体的に改善・克服するために必要な知識，技能，態度及び習慣を養い，もって心身の調和的発達の基盤を培う」ことにあります。また，指導の内容は，今日の重度・重複化の傾向や社会参加の重視といった認識から「健康の保持」，「心理的な安定」，「人間関係の形成」「環境の把握」，「身体の動き」，「コミュニケーション」の6区分，計26の下位項目に整理され，平易な表現に改められました。

　とくに，2009年の学習指導要領の改訂では，自閉症スペクトラムなどの発達障害の児童生徒への対応から，他者とのかかわり，他者の意図や感情の理解，自己理解と行動の調整，集団への参加等に関する内容の区分として，「人間関係の形成」を新設しました。自立活動の指導に際しては，児童生徒一人一人について，教師集団でその実態や教育的ニーズを検討し，指導すべき項目を選択し，相互の関連を整理して，具体的な指導の目標や内容を設定し，個別に指導の計画を作成して指導にあたるのが基本です。

4　「個別の指導計画」を作成する意味

　従来までは「重複障害者の指導」に関してのみ「個別の指導計画」の作成が義務づけられていましたが，2009年の学習指導要領からは，特別支援学校等の障害のあるすべての幼児児童生徒について，あらゆる教科・領域にわたって「個別の指導計画」の作成が義務づけられました。

表C6.1 「自立活動」の目標および内容の変遷

	肢体不自由教育の「教科」	盲学校・聾学校・養護学校教育共通の「領域」			特別支援学校の「領域」
	昭和38年「機能訓練」	昭和46年改訂「養護・訓練」 昭和54年改訂「養護・訓練」	平成元年改訂「養護・訓練」	平成11年改訂「自立活動」	平成21年改訂「自立活動」
第1目標	・個々の児童・生徒のもっている機能の障害を改善させるとともに、みずから進んで障害を克服しようとする態度を養い、健康な生活ができるようにすることにある。	・児童または生徒の心身の障害の状態を改善し、または克服するために必要な知識、技能、態度および習慣を養い、もって心身の調和的発達の基盤をつちかう。	・児童又は生徒の心身の障害の状態を改善し、又は克服するために必要な知識、技能、態度および習慣を養い、もって心身の調和的発達の基盤を培う。	・個々の児童又は生徒が自立を目指し、障害に基づく種々の困難を主体的に改善・克服するために必要な知識、技能、態度および習慣を養い、もって心身の調和的発達の基盤を培う。	・個々の児童又は生徒が自立を目指し、障害による学習上又は生活上の困難を主体的に改善・克服するために必要な知識、技能、態度及び習慣を養い、もって心身の調和的発達の基盤を培う。
第2内容	ア 機能の訓練[3] イ 職能の訓練[2] ウ 言語の訓練[1]	A 心身の適応[3] B 感覚機能の向上[3] C 運動機能の向上[3] D 意思の伝達[3]	1 身体の健康[3] 2 心理的適応[3] 3 環境の認知[3] 4 運動・動作[5] 5 意思の伝達[3]	1 健康の保持[4] 2 心理的な安定[4] 3 環境の把握[4] 4 身体の動き[5] 5 コミュニケーション[4]	1 健康の保持[4] 2 心理的な安定[3] 3 人間関係の形成[4] 4 環境の把握[5] 5 身体の動き[5] 6 コミュニケーション[5]
項目数合計	6	12	18	22	26

(注) 表中、「第2 内容」では内容の柱のみを記した。[ ]数字は下位項目数を表す。
『養護学校小・中学部学習指導要領肢体不自由教育編』(1963年・1964年・1971年)『盲学校, 聾学校及び養護学校小学部・中学部学習指導要領』(1979年・1989年・1999年)『特別支援学校小学部・中学部学習指導要領』(2009年)より作成。
(出所) 姉崎(2011)107頁

「個別の指導計画」を作成するに際しては、児童生徒一人一人の指導の長期目標および短期目標が検討され、指導目標に応じた教材・教具等の指導内容を工夫して用意し、さらに一人一人の合理的配慮を明確に記し、より効果的な学習集団の編成や指導方法、指導体制等を工夫する必要があります。

「個別の指導計画」を作成する長所として、「個々の児童生徒の指導課題が明確になり、共通理解がしやすい」、「一貫した指導や教師間の引継ぎがしやすい」、「教師相互の教育観や障害観を深められる」などをあげることができます。また、指導の方針や指導内容等に関しては、保護者への十分な説明を行い同意を得ること(インフォームドコンセント)、保護者への説明の責任(アカウンタビリティ)は、今日重要です。今日、学校は保護者から確かな信頼を得ていくことが期待されています。

今日、自立活動の指導は、特別支援学校や小・中学校の特別支援学級や通級指導教室での指導に限らず、通常学級においても必要とされている指導といえます。

第5章 授業づくりの実際

　この章では，知的障害，肢体不自由，聴覚障害，視覚障害，病弱，重度・重複障害，自閉症スペクトラム・情緒障害のように障害別に項を分けて，授業づくりの実際について紹介されています。

　各項では，授業づくりのポイントが，障害特性に応じたポイントを含めて述べられています。また，授業づくりの実際として学習指導案の例が示されています。

　指導案については，紙幅の制約がある中，教科や生活単元学習などの教育課程上の位置づけ，対象学部があまり偏らないように配慮しました。なお，指導案の書式については，統一してありません。それは，実際に，各学校によって異なるという実態もあるからです。また，示されている指導案の例の中には，通常，指導案の1ページ目の冒頭に記される指導者氏名，日時，学部・学年，場所等が省略されているものもありますが，紙幅の制約により省略されています。

第Ⅱ部 特別支援学校・特別支援学級における授業づくり

1 知的障害(自閉症スペクトラムを含む)

1 知的障害の特性を踏まえた授業づくり

　知的障害については,認知や言語などにかかわる知的能力や,他人との意思の交換,日常生活や社会生活,安全,仕事,余暇利用などについての適応能力が同年齢の児童生徒に求められるほどまでには至っておらず,特別な支援や配慮が必要な状態(文部科学省,2009c,247頁)とされています。たとえば,小・中学校の特別支援学級および特別支援学校の小・中学部で使用する教科用図書については,子どもの障害の状況等を踏まえ,文部科学大臣の検定を経た教科用図書,文部科学大臣が著作の名義を有する教科用図書および学校教育法附則第9条の規定による教科用図書を使用することができます。また,生活単元学習をはじめとした領域・教科を合わせた指導により,子どもの成長を促すための工夫もなされています。

　さらに,知的障害の場合,他の障害を併せもつこともあり,たとえば,自閉症スペクトラムの場合,指示を視覚的にわかりやすいように紙に書いて示したり,ADHDでは,一つの活動時間を短くしたり,係活動や手伝いを積極的に依頼して授業中に体を動かすことができるように配慮したりするなど,併せもつ障害の特性や特徴についても考慮し,指導・支援方法を複数組み合わせたり,目標や活動内容を絞ったりしながら指導・支援内容を考える必要があります。家庭の協力も重要で,学校と家庭双方の取り組みの相乗効果により,成長を促していく必要もあります。

　また,実際に知的障害のある子どもとのやり取りや指示をする際には,伝えたいことを,子どもの理解度に合わせた言葉を使ったり,言い換えをしたり,文を区切って話したり,主語をはっきりさせながら伝えたりするなどの子どもの発達段階に応じた指導・支援を行います。実年齢に応じた接し方をすることも配慮として行っていく必要はありますが,子どもの発達段階や理解度に応じた接し方を工夫する必要があります。

　なお,知的障害については,環境的・社会的条件で変わり得る可能性があると言われています。発達上の遅れまたは障害の状態は,ある程度持続するものではありますが,教育的対応により,障害の状態が改善されたり,知的発達の遅れがあまり目立たなくなったりする場合もあります。

　知的障害のある子どもへの授業づくりにおいては,第一に,上記の特性および発達段階を丁寧に把握することが必要となります。

2 授業デザインの手順

　実際に学習指導案を作成する際には，子どもの個々の実態と，授業の目標を照らし合わせながら，目標の達成に必要な指導・支援をメインとなる活動の中に組み込んだり，評価指標を考えたりする必要があります。そして，授業を行った際には，子どもの様子から目標達成度や，指導者の指導・支援方法の評価を行い，次時につなげていく必要があります。

　その際には，初めから終わりまで，指導者が見通しをもつことができる授業計画を作成する力や，特性や個性を踏まえ調整修正を行ったり，興味・関心を引いたり，主体的に活動できたりするような色付けをする力が必要となります。

　さらには，実施した授業によってどの程度目標が達成できたのか振り返り，改善，改良を行う必要もあります。このような一連の過程（授業のデザイン）をたどることが，よりよい授業づくりにつながっていきます。

　以下に，実際の授業をデザインしていく手順について，"ふまえる"，"つくる"，"おこなう"，"ふりかえる"の四つの視点から整理しました。

①ふまえる（授業の事前準備）

　授業づくりでは，子どもの実態把握はもちろん行いますが，題材や単元，そして，個別の指導計画等との兼ね合いについても事前に確認し，授業の事前準備をしましょう。

○障害の特性をふまえる

　診断，疾病名の特徴や基本的な指導・支援方法について再度確認することで，具体的な手立てを考える際のヒントになります。また，特性を柱として手立てを考えることで，実際の子どもの様子から考えた手立ての妥当性について，再考することができます。

ふまえる（踏まえる）

○発達段階をふまえる

　発達検査や知能検査の結果は，子どもの発達の状態を視覚的に見ることができたり，系統性のある目標設定や手立てにつなげたりすることができます。

○日々のかかわりや保護者からの聞き取りなどの情報をふまえる

　転入学時のプロフィールシート（保護者聞き取り）や連絡帳は，休憩時間や普段の授業の参加の様子の観察と合わせて，子どもの実態把握に役立てることができます。

○学習指導要領（解説）をふまえる

　学習指導要領からは，実施しようとする各教科，領域，教科を合わせた指導などについて，どのような観点から指導・支援すればよいのか，また解説では，具体的な指導・支援方法についても知ることができます。

○学校教育目標，ビジョン，研究テーマ等をふまえる

　短期間，長期間の違いはありますが，各学校においては，学校教育目標を始めとして，各学校で重点を置いている取り組みがあります。授業づくりを行う前に，一度確認し，学習指導案の中に盛り込むことで，授業後の授業反省や校内協議の柱に沿った協議につながります。

○目標をふまえる

　「個別の教育支援計画→個別の指導計画（長期目標）→個別の指導計画（短期目標）→年間指導計画→単元，題材の目標→本時の目標」といったように，本時の目標は，系統性，関連性を踏まえて立てることが子どもの成長には欠かせません。

○環境をふまえる

　人的環境（ティームティーチングなど）や教室環境（机の配置や掲示物など）等，子どもが学習しようとする内容に沿うものであるのか，調整・変更が必要であるのかについて，再度確認し，必要に応じて調整・変更を行います。

②つくる（授業内容を視覚化する）

　授業づくりでは，学習指導案や教材・教具を作成する他，ルールやパターンを視覚化したり，手本を丁寧に示したりするなど，子どもの授業理解を促すために必要なものがあります。事前に準備しておきましょう。

つくる（作る）

○計画をつくる

　学習指導案をつくる際には，単元設定の理由（子ども観，教材観，指導観）→単元の目標→（年間）指導計画→本時の目標（全体・個別）といった順番に沿って，飛躍なく，違和感なく，具体的な内容に進むようにつながることで，相互の関連性が明確になります。また，細案を作る場合には，はじめから細案をつくるのではなく，略案をつくり，授業の流れをまずは明確にすることで，細案の内容もはじめから最後までつながりのある内容にすることができます。

○活動パターンをつくる

　授業中の活動には，たとえば，はじめのあいさつ，せんせいのはなし，じゅんび，かつどう，かたづけ，ふりかえり，おわりのあいさつなどがありますが，毎回同じ流れで授業を構成することで，子どもにとって見通しがもちやすく，メインの活動への期待感をもたせることにつながります。とくに，参観者がいるような授業の場合では，メインの活動が新しいものであるほど，同じ活動の流れの中で進む方が子どもも活動に集中して取り組むことができます。もちろん，指導者の授業の見通しをもちやすくすることにもつながります。

○人の動きをつくる（動線の想定）

　授業をつくる際には，指導者や子どもの動きの他，教材・教具の動きも含めて動線を想

定します。たとえば、机を移動させたり、グループ活動をしたり、片づけのために道具を廊下のロッカーに取りに行ったりと、授業内容によっては、何度も移動することもあります。必要に応じて、教室配置図に動線を書き込み、想定しておくことで、移動の際の声かけを減らすことができます。

○教材・教具をつくる（板書計画を含む）

　子どもの理解を促すためには、教材・教具の準備は欠かせません。自作教材・教具を用意することもありますが、黒板に写真や短冊などを貼る必要があるときには、まず、板書計画を立て、教材・教具の提示順番やレイアウトを行うことで、必要となる教材・教具を精選することができます。例：黒板掲示（見本、手順）、活動手順（短冊、ボード）、活動教材・教具（ワークシートや、材料、ハサミや糊等の道具の準備）。

③おこなう（授業の実施）

　授業づくりでは、本時の授業の他、前時、次時の授業、そして、本時の直前直後に行う必要があることがあります。それらについても整理しておきましょう。

おこなう（行う）

○授業前におこなう

　授業は1日の中では、その一コマでしかありませんが、一つの授業だけで成り立っているものではありません。とくに子どもにとっては、たとえば、国語のあとの算数であったり、生活単元学習のあとの給食であったりと、連続性の中の一部分であると解釈することもできます。ゆえに、朝の会での1日の流れ、1週間の予定等の事前予告、参観者の予告などは、長いスパンでの見通しをもたせ、本時の授業への意欲と安心を支える重要な役割を果たしていると言えます。

○活動の流れの説明をおこなう

　本時の流れの説明を、はじめに示すことで、子どもは本時の活動への見通しをもち、期待感をもって主体的に活動参加できるようになります。また、苦手な活動が先にある場合も事前に妥協点を一緒に考えることもできますし、子どもが指導者の励ましに応えたり、苦手なことに構えたりすることで、乗り越える勢いを貯めることにもつながります。

○活動の仕方の説明をおこなう

　黒板に手順を掲示したり、口頭で活動方法を説明したりすることも必要ですが、実際に手本を示しながら、活動の仕方を丁寧に説明したり、必要に応じて練習したりすることは子どもの本時の目標達成につながりやすくなります。たとえば、「目玉焼きを一人で焼く」といった目標を立てた際、たとえば、手順では①フライパンを置く、②火をつける（弱火）、③卵を割る、④蓋をする、⑤お皿に移すといった手順になります。しかし、火の調整の仕方や卵の割り方もそれぞれ、一つの活動として習得していなければ、一人で目玉焼きを焼くことはできません。卵の割り方を練習したり、卵が焼けるまで3分待つ練習をしたりして、卵を焼く一連の活動を細かく分け、活動一つずつのスキルの習得を図るほうが、

結果的には目標達成につながりやすくなります。
○指導・支援をおこなう
　授業の中では，適時，必要となる指導・支援を子どもに行います。その指導・支援は，子どもの活動への意欲や理解度等を踏まえ，タイミングよく，指導・支援の量を調整しながら行い，子どもの活動を阻害しないものであることが必要です。また，子どもの思考を想像し，自己解決を助けるよう，ヒントを出したり，静観して待ったりすることも必要です。
○評価をおこなう
　活動終了後，子どもの自己評価，クラスメイトや指導者や参観者による評価を行うことは，本時の授業目標の達成度をはかると同時に子ども自身の達成感や次時への意欲向上につながります。

④ふりかえる（授業の評価と反省）
　授業中の振り返りは，子どもたちに行ってもらいますが，授業後は，指導者が次時の授業をよりよいものにしていくために必要なことになります。

ふりかえる（振り返る）

○活動の様子をふりかえる
　指導者は，授業中は，授業に手一杯で，子どもの細部までの様子を把握することは難しいかもしれません。ビデオを撮り，授業後に確認することもできますが，まずは，T2（ティームティーチングを行う際の授業者以外の指導者）や参観者に子どもの活動への集中や興味・関心，活動時間などの様子を聞き取り，実際の授業の様子と照らし合わせながら，活動展開や子どもの動きなどについての課題を整理していきます。
○目標達成度をふりかえる
　授業の振り返りでの発表やワークシートの評価，活動中の意欲や発言，集中力，授業後の感想等は，子どもの授業目標の達成度を測る重要な尺度となります。活動の様子の振り返りと同様，T2や参観者からの聞き取りを行い，どの程度達成できたのか，次にどのようなことを目標とすればよいのかを整理し，指導者は次時への見通しをもつことが大切です。

⑤かいぜん・かいりょうする（次時につなぐ）
　授業終了後の振り返りが終わると，次時の授業の準備を始めますが，その際に，振り返りを踏まえ，次時の授業に向けて授業内容や目標を改善したり（継続したり），教材・教具を改良したりします。日々の業務に追われてしまい，後回しにしてしまうこともあるのかもしれませんが，新たな授業（活動）を始めることよりも，前時の振り返りをもとに改善，

かいぜん・かいりょうする
（改善・改良する）

改良すればよいため，手立てを見つけやすく，子どもの成長につなげやすいことも多いため，改善，改良に向けて，再検討することが大切です。

○次時の目標をかいぜんする

　授業の改善では，まず，目標の見直しから始まります。知的障害の場合，活動の繰り返しによる理解の促進や定着をはかることは有効な手立ての一つですが，クラスのどの子どもも同じ目標でよいわけではなく，日々の子どもの成長に合わせる必要があります。そのため，学習指導案（略案，細案）を見直し，子どもの次の成長につながる目標設定を再検討する必要があります。

○指導・支援方法をかいぜんする

　つぎに，目標に対して，本時の授業での手立てが有効であったかについて再検討します。手立てについては，複数回繰り返すこともありますが，子どもの実態によっては，手立てを再検討するほうが，子どもの成長の近道になる場合も多くあります。改善した指導・支援方法については，次時の目標に反映させると同時に，次の成長につながる手立てについても検討しておけば，余裕をもって授業を行うことができます。

○教材・教具をかいりょうする

　授業で，教材・教具を自作するとその改良には，多くの労力を伴います。とくに，子どもの実態に合わせて教材・教具を開発した際には，学習指導案を書くよりも時間がかかったりします。そのため，開発した教材・教具を一度使用した後，子どもの変化や成長にかかわらず，改良しないままに，使用しつづけたりしてしまうことも多く見られます。

　しかしながら，子どもの成長や変化に合わせた教材・教具に改良することは，その教材・教具の魅力を引き上げることにつながり，子どもの活動意欲の向上につながることも多いため，指導・支援方法の改善とともに，教材・教具を改良することをお勧めします。

　なお，教材・教具については，たとえば，データファイルでの共有化（単元ごとに分けて整理すると便利です）をはかったり，教材・教具使用後の教材・教具庫保管や，教材・教具一覧による管理等により，できるかぎり共有化したりすることで，授業準備の負担を軽減する工夫をすることが大切です。その他，他クラスの教職員に，アドバイスをもらったり，教材・教具を借りたりする等，周囲のノウハウを吸収しながら，教材・教具を改良し，実際の授業で使用し，子どもの成長変化や授業目標の達成を授業者が実感できるようになることで，徐々に授業が面白くなっていきます。

●指導案の例

生活単元学習指導案

指導者　○○特別支援学校　教諭　○○　○○

1　日　　時　　平成○○年　10月　○○日（　　）第○校時（○○：○○～○○：○○）
2　学部・学年　小学部　第○学年○学級（計3名）
3　場　　所　　小学部　第○学年○学級　教室
4　単元名　　　買い物学習
5　単元設定の理由
（1）児童観
　本学級は，男子2名，女子1名の知的障害単一障害学級である。そのうち2名は，知的障害を併せ有する自閉症スペクトラム（圭一），知的障害を併せ有するADHD（久夫），1名は，知的障害（聡美）である。
　コミュニケーションについては，日常生活で使用する簡単な音声言語によるやり取りができる（圭一，久夫）。音声言語発信はほとんど見られないが，簡単な身振りサイン（要求，否定，承諾等）で意思を伝えることができる（聡美）。児童同士で遊ぶ様子も見られ，協力しながら活動する姿も見られる。一方，自分の言い分を通そうとして癇癪を起こしたり，言い合いになったりすることがあり，収拾がつかず，大人が仲裁することがある（圭一，久夫）。聡美においては，初対面やかかわりの少ない他者に対して，不安や緊張が強く，不意に大声を出したり，萎縮して活動参加を拒絶したりすることがある。その他，どの児童も，活動への見通しがもてない状況では，不安や苛立ちを強く見せることが多い。
　これまでの生活単元学習では，野菜の栽培や調理，お楽しみ会の企画と運営，校外学習の事前事後学習などに取り組んでおり，活動の手順や役割を理解しながら，主体的に活動できることを増やしている。
　「買い物学習」では，お金の学習に取り組み，圭一は金種の弁別ができ，久夫は指定された金額（1000円程度）を揃えることができ，聡美は，硬貨を種類別に分けることができはじめている。これまで，スーパーやバス等であらかじめ指定された金額を財布から取り出して支払うことができた。
　しかしながら，全般的には金種やお金の価値，買い物の仕組みなどの理解は不十分である。また，支払いの前に，商品を選ぶことを躊躇したり，支払いの際に，萎縮して指導者に頼ったりする様子が見られているため課題となっている。
（2）教材観
　本単元は，金種とお金の価値や商店や公共交通機関の役割と内容，買い物の仕組みなどを，お金の学習やごっこ遊び，商店やバスを利用することを通して理解する活動である。
　本授業は，おおよその支払いの金額を選んだり，客役と店員役に分かれて「買い物ごっこ」遊びを行ったりする活動である。おおよその支払いの金額を選ぶ活動では，実際のお金を使用して対象商品を購入するために必要な金額を二択から選ぶゲームを行い，支払いの目安となる金額を選ぶ感覚を養うことが期待できる。また，「買い物ごっこ」では，客役と店員役をローテーションしながら，客役では商品の選択，合計金額の支払い，おつりの受取，店員役は，商品金額のレジへの打ち込み（また商品画像の選択），金額の受取，おつりと商品の受け渡しといった買い物の一連の流れを経験させることで，それぞれの役割を楽しみながら理解することが期待できる。さらに，本時のレジ打ちにおいては，タブレット端末のアプリを使用する。あらかじめ登録した商品写真を選んで合計金額を自動計算したり，支払いに必要な金額を，硬貨や紙幣の見本画像で示したりすることができ，支払いの仕組みや金種の理解を促すとともに，レジ打ちの負担を減らし活動への集中を促すことが期待できる。

（3）指導観
　本時の指導にあたっては，ゲームやごっこ遊びを通して，金種やお金の価値，買い物の仕組みなどを理解できるよう以下の観点をもとに，指導を行う。
①授業内容の理解を促すための指導の工夫
・同様の形式の授業を繰り返し行う。
・活動で使う用語や道具の名前，使用方法については，導入で丁寧に確認するようにする。
・授業の流れや各役割内容，活動手順を黒板に絵や写真を文字と併用して視覚的にわかるように提示する。
・ペアやグループで活動できる場面を設定して相互に助け合って活動できるようにする。
・ごっこ遊びの形態で活動させることで役割を楽しみながら理解できるようにする。
②自分の好きなことややりたいことに気づくことができるための工夫
・繰り返しごっこ遊びに取り組ませて各役割の内容の理解を促すことで，どちらの役をやりたいのか自分で決められるようにする。
・よいことや工夫したことを丁寧に拾い，他の児童にも理解（共感）しやすい言葉や身振りなどの態度に還元することで，やる気や自己評価を高める励みにつなげる。
③目標に向けて自己の役割を理解し活動することができるための工夫
・導入の際に目標を確認してその後のまとめで自己評価させることで，目標を意識しながら活動できるようにする。
・活動に失敗した際には，手本を示したり，活動のポイントを確認したりした後に，再チャレンジできる機会を設けることで活動内容の理解を促す。
④緊張や不安を和らげて安心して活動できるための工夫
・緊張や不安の程度に合わせて，活動の順番を調節する。
・参観者を黒板に描いたり，説明したりして事前に予告しておく。
・参観者の紹介や自己紹介の場面を設定して，両者の関係づくりの時間を設ける。

6　単元の目標
○買い物の仕組みを知り，商品の選択と支払いに慣れる。
○商店や公共交通機関の役割と業務内容に関心を持つ。

7　指導計画（全13時間）
　　第1次　商店の仕事をしろう（調べ物学習）（1時間）
　　第2次　お金のべんきょうをしよう（2時間）
　　第3次　「○○ストアー」をやろう！（5時間　本時3時間目）
　　第4次　買い物に行こう（校外学習）（4時間）
　　第5次　ふりかえろう（1時間）

8　本時の目標
○全体の目標
・店員役でおつりを間違えずにそろえる。
・各役割を理解し，手順を間違えずに活動する。
○個別の目標

	これまでの様子	目標
圭一	・おつりを揃える際に，百の位と十の位を間違えて揃えることがある。 ・緊張のために手順を飛ばしたり間違えたりしやすく，友達の助言を受け入れずに一人で活動をやり続けることがある。	・おつりを間違えずに揃えて客役に伝える。 ・配役になりきり友達と協力しながら店員役をする。

久夫	・50円と100円を間違えることがあり，何百円単位のお金を読むことが難しい。 ・指導者の手本や友達の様子を真似て活動を覚えることが多いが，活動が雑になったり，活動手順を飛ばしたりしやすい。	・実物の硬貨と画像の硬貨の比較を正しく行い，おつりを揃える。 ・配役になりきり，一つ一つの手順を間違えずに丁寧に演じる。
聡美	・50円，100円等の支払いはできるが，257円等の数字を見て硬貨を揃えることは難しい。 ・練習では落ち着いてごっこ遊びができるが，本番になると緊張してしまい，手順を飛ばしたり，指導者を頼ったりすることが増える。	・実物の硬貨と画像の硬貨をマッチングさせながら正しくおつりを揃える。 ・配役になりきり，一つ一つの手順を間違えずに丁寧に演じる。

9 準備物

数字カード，顔写真カード，時刻板（文字盤と針がついたもの），店員役・客役表（格好と役割内容を描いたもの），タブレット端末，レジスター，商品カード（商品見本），買い物かご，財布，レシート，硬貨，紙幣（見本），レジ袋，店員用制服，店舗看板，商品ポスター，料金受け皿，プロジェクター，パソコン，ビデオカメラ，三脚

10 本時の学習過程（別紙）

11 評価の観点

①児童は授業内容を理解することができたか。
②児童は自分の好きなことや，やりたいことに気づくことができたか。
③児童は目標に向けて自己の役割を理解し活動することができたか。
④児童は緊張や不安を和らげて安心して活動することができたか。

12 年間指導計画

4月～5月	「季節・春」	10月	「買い物学習」（本単元）
4月～5月	「新しい学年」	12月～3月	「季節・冬」
6月～8月	「季節・夏」	12月～1月	「ゲームをしよう」
6月～8月	「川について知ろう」	1月～2月	「図書館に行こう」
9月～11月	「季節・秋」	3月	「もうすぐ○年生」
9月	「郵便局について知ろう」	4月～3月	「お楽しみ会をしよう」

13 教室内の配置図

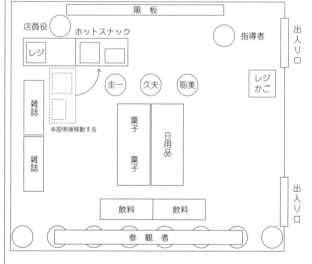

14 その他（ロールプレイの手順）

店員A：①「いらっしゃいませ」を言う。②店員Bから受け取った商品を押す。③預かったお金を打ち込む。④おつりをそろえる。⑤レシートとおつりを渡す。⑥店員Bと一緒に「ありがとうございました」を言う。

店員B：①「いらっしゃいませ」を言う。②商品に「ピッ」を当て，一つずつ店員Aに商品を渡す（打ち込むのを確認してから会計済のかごに入れる）。③商品をレジ袋にいれる。④店員Aと一緒に「ありがとうございました」を言う。

客：①店に入り，レジかごを持つ。②商品を選んでかごに入れて，レジに出す。③お金を支払う。④商品とレシートとおつりを受け取る。⑤店を出る。

第5章　授業づくりの実際

学習活動	指導上の留意点（■課題　○支援　☆評価）			全体における留意点
	圭一	久夫	聡美	
・道具の用意や机の移動をする（休憩時間）。 ・時間までに着席して待つ。 1　はじめのあいさつ（1） ・当番が挨拶をする。 2　せんせいのはなし（9） ・参観者と自己紹介をする。 ・活動と目標「おつりをまちがえずにそろえよう」「きゃくとてんいんになりきろう」を確認する。	■始業時間を時計で確認して着席する。 ○開始時間を示す。 ☆時計を確認して着席できたか。 ■活動の流れがわかる。 ○活動手順を黒板に示して確認する。 ☆手順を復唱できたか。	■始業時間を時計で確認して着席する。 ○時刻板に注目させる。 ☆時刻板と時計を確認して着席できたか。 ■活動の流れがわかる。 ○活動手順を黒板に示して確認する。 ☆手順を復唱できたか。	■始業時間を時計で確認して着席する。 ○時刻板に注目させる。 ☆時刻板と時計を確認して着席できたか。 ■活動の流れがわかる。 ○活動手順を黒板に示して確認する。 ☆手順を復唱できたか。	・準備分担を絵と顔写真カードで黒板に示し、役割を明確にする。 ・時刻板を黒板に貼り、開始時間を示す。 ・緊張緩和のため、自己紹介をさせる。 ・店員と客役の役割表を黒板に貼り、理解の程度に応じて適時表を見るよう声をかける。
3　だいたいのお金ゲーム（5） ・対象商品に支払う金額を二択から選ぶ。	■500円以下の場合は五百円玉、501円以上の場合は千円札を出す。 ○商品の組み合わせと合計金額の関係を示す。 ☆料金に近い金額を選ぶことができたか。	■500円以下の場合は五百円玉、501円以上の場合は千円札を出す。 ○商品の組み合わせと合計金額の関係を示す。 ☆料金に近い金額を選ぶことができたか。	■500円以下の場合は五百円玉、501円以上の場合は千円札を出す。 ○商品の組み合わせと合計金額の関係を示す。 ☆料金に近い金額を選ぶことができたか。	・ゲームでは、二択の中から選ぶ。徐々に難易度を上げていく。
4　○○ストアーごっこ（25） ・ビデオや表を見て役割内容を確認する。 ・店員役・客役を挙手やじゃんけんで決める。 ・買い物ごっこをする。 ・客役は三つまで商品を選んでレジに並ぶ。 ・客役と店員役の役割を交代する。	■指定されたおつりを正しく揃え客役に伝える。 ○おつりを声に出させながら実物と画像の硬貨を比較して揃えさせる。 ☆おつりを正しく揃えて客役に伝えることができたか。 ■手順を飛ばさずに行ったり、友達の助言を受け入れたりする。 ○児童同士で協力させたり、友達の言葉を聞くよう声をかけたりする。 ☆配役になりきり友達と協力しながら店員役を演じることができたか。	■実物と画像の硬貨の比較を間違えず行う。 ○硬貨一枚ずつを画像と比較しながらおつりを揃えさせる。 ☆実物と画像の硬貨を比較しておつりを正しく揃えることができたか。 ■手順を飛ばしたり、役割を間違えたりせずに行う。 ○適時手順表を参照するよう声をかけたり、活動をやり直させたりする。 ☆配役になりきり手順や役割を間違えずに丁寧に演じることができたか。	■実物と画像の硬貨を区別してマッチングする。 ○硬貨一枚ずつを画像に重ねながらマッチングするよう声をかける。 ☆画像に実物の硬貨を重ねながら正しくおつりを揃えることができたか。 ■手順を飛ばさずに落ち着いて行う。 ○落ち着くよう声をかけたり、手順表を示した黒板を確認させ、活動をやり直させたりする。 ☆配役になりきり、手順を間違えずに丁寧に演じることができたか。	・役割内容を理解できるよう、活動前にビデオや表で確認し、児童同士で楽しむことができるように見守る。 ・緊張や不安を感じて活動が停滞したときは、説明し直したり、声をかけたりする。 ・所持金より支払金額が多くなった場合、その場で商品を減らさせて、再挑戦させる。 ・レジの金額を確認できるよう、レジの様子をビデオに映して客役に見えるようにする。
5　ふりかえり（4） ・目標達成の自己評価を言う。 ・本日のチャンピオンを投票で決める（一人1票）。 6　おわりのあいさつ（1） ・当番が挨拶をする。 ・挨拶後に片づけをする。	■目標に沿って自己評価を言う。 ○5点満点で自己評価させ、評価の理由も発表させる。 ☆目標に沿ってよかったこと悪かったことを答えることができたか。	■自分のよかったことを見つけて言う。 ○何がよかったのかを具体的に評価してその是非を問いかけ直して答えさせる。 ☆目標に沿って自己評価を言うことができたか。	■自分のよかったことを見つけて言う。 ○何がよかったのかを具体的に評価してその是非を問いかけ直して答えさせる。 ☆目標に沿って自己評価を言うことができたか。	・どの児童にも理解しやすいよう言い換えて伝え直す。 ・選ばれなかった児童も含め、よかったところや頑張りを褒め、次回の活動への意欲につなげていく。

第Ⅱ部　特別支援学校・特別支援学級における授業づくり

2　肢体不自由

　肢体不自由特別支援学校には，教育課程が三つあります。通常の学校の教育課程に「準ずる教育課程」，知的障害との重複障害がある子どもたちが学ぶ「知的代替の教育課程」，さらに障害が重度重複している子どもたちが学ぶ「自立活動を主とする教育課程」です。教育課程により，時間割や教科書が異なります。教材や補助資料作成の際には，個々の肢体不自由の状況や認知発達の段階に合わせた工夫をしていきましょう。

〈授業づくりで気をつける点〉
・健康状態，身体の動き，見え方，コミュニケーション方法，認知発達段階など
・人とのかかわり，社会性など
・学習経験
・生活年齢

1　自立活動

　三つの教育課程すべてにおいて自立活動の視点が必要です。自立活動は特別支援教育の教育活動全体を通じて指導される領域で，肢体不自由の場合は6項目すべてを考慮する必要があります（コラム6参照）。「自立活動の時間の指導」では主に身体の動きやコミュニケーションに取り組んでいます。時間の指導を行う自立活動室等には姿勢保持や歩行などの練習用具が用意され，週に1〜2時間程度（学校や学部により変動あり），自立活動担当教師と学級担任とが協力して指導を行います。PT（理学療法士），OT（作業療法士），ST（言語聴覚士）が指導にあたったり，助言をしたりする学校もあります。主な取り組み内容は次の通りです。

①身体の取り組み
・マッサージや関節可動域運動などにより，筋緊張を整える
・姿勢変換（寝返り，座位，膝立ち，立位など）
・姿勢保持練習（支持座位，頭を上げる，補助具を使っての膝立ち・立位など）
・手の動作（おもちゃ遊び，キーボード，文字盤，折り紙，粘土など）
・歩行練習（平行棒，クラッチ，松葉づえ，手つなぎ，階段，スロープなど）
・車いす操作練習（自操式車いす，電動車いす）

　自立活動は以前の学習指導要領では「養護・訓練」とされ，訓練的な要素が強いイメージですが，本来は自発的な活動を促す取り組みですので，児童生徒が意欲的に取り組めるよう，活動内容を工夫することが求められます。姿勢変換や姿勢保持練習を単一の活動と

するのではなく，その姿勢をとることにより，好きな活動ができるようにすることで，児童生徒の意欲を高めることができます。

② コミュニケーション

・やりとり（ターンテーキング）を増やす取り組み
・発声，発語の促進
・指文字や手話などの代替手段の獲得
・文字盤，コミュニケーションボード，コミュニケーションブックの活用
・VOCA（Voice Output Communication Aid）の活用

肢体不自由児の指導における自立活動の視点は「特別支援学校学習指導要領解説自立活動編」に例が出ていますので，目を通しておきましょう。自立活動は個々の障害や認知の状態に合わせて指導されますので，担当する子どもたちの実態を把握し，課題を見極めていきましょう。

表5.2.1　自立活動の6項目

健康の保持	(1)生活のリズムや生活習慣の形成に関すること。 (2)病気の状態の理解と生活管理に関すること。 (3)身体各部の状態の理解と養護に関すること。 (4)健康状態の維持・改善に関すること。
心理的な安定	(1)情緒の安定に関すること。 (2)状況の理解と変化への対応に関すること。 (3)障害による学習上又は生活上の困難を改善・克服する意欲に関すること。
人間関係の形成	(1)他者とのかかわりの基礎に関すること。 (2)他者の意図や感情の理解に関すること。 (3)自己の理解と行動の調整に関すること。 (4)集団への参加の基礎に関すること。
環境の把握	(1)保有する感覚の活用に関すること。 (2)感覚や認知の特性への対応に関すること。 (3)感覚の補助及び代行手段の活用に関すること。 (4)感覚を総合的に活用した周囲の状況の把握に関すること。 (5)認知や行動の手掛かりとなる概念の形成に関すること。
身体の動き	(1)姿勢と運動・動作の基本的技能に関すること。 (2)姿勢保持と運動・動作の補助的手段の活用に関すること。 (3)日常生活に必要な基本動作に関すること。 (4)身体の移動能力に関すること。 (5)作業に必要な動作と円滑な遂行に関すること。
コミュニケーション	(1)コミュニケーションの基礎的能力に関すること。 (2)言語の受容と表出に関すること。 (3)言語の形成と活用に関すること。 (4)コミュニケーション手段の選択と活用に関すること。 (5)状況に応じたコミュニケーションに関すること。

（出所）　文部科学省「特別支援学校小学部・中学部学習指導要領」「特別支援学校高等部学習指導要領」

2　共通して心がけること

①実態把握

まずは定型発達，すなわち子どもの運動発達，認知発達，社会性の発達などを理解しておきましょう。定型発達を基に，子どもたちがどのような段階にあるかを知ることで，現在の課題がわかってきます。自立活動の6項目を指導の観点に取り入れ，教科の目標と合わせると，授業の計画，内容，方法，教材などの意図が明確になります。

実態が的確に把握できているかどうかは，子どもの動きを想像して模倣できることが一つの目安となります。手指や腕の動かし方，見るときの首や眼球の動かし方，発声・発語，やりとりのタイミングなど，担当クラスの子どもたちの状態を再現できますか？　もしくは思い浮かべることができますか？

②介助，代弁

肢体不自由があると、一定の介助や代弁が必要になることがあります。一方で介助や代弁が行き過ぎると児童生徒の主体性や自主性を損なうことがあります。車いすとクラッチを併用している卒業生が「休み時間にトイレへの移動を歩行訓練だからと歩いて行かされた。授業に遅れないようにと焦って、転倒したこともある。休み時間の歩行で疲れてしまい、授業に集中できなかった。」と話しているのを聞いたことがあります。また、脳性まひ児は発声、発語に時間がかかります。発音が不明瞭で聞き取りにくい場合もあります。ときには代弁や意図を汲み取って第三者に伝えることも必要ですが、誰かが代弁してくれることや、自分の意図と異なることがしばしばあるなどの場合、児童生徒からの自発的なコミュニケーションが阻害されます。本来、コミュニケーションは自発的なものです。学習と自立活動は一体として取り組まれることですが、どこに力点を置くかにより、児童生徒の学びが変わってきます。実態に応じて、何歳までにどの程度の自立を目指すのかを考えながら、介助、代弁の仕方や頻度、程度を見極めていきましょう。

③ **授業中に待つこと**

授業中に介助が必要であったり、個別課題が異なったりすると、教員が介助したり説明したりするのを待つ場面が出てきます。たとえば、知的代替のクラスでボーリングをしてピンの数を数える活動では、複数の生徒がボールを一度に投球することはできません。ボーリングのセットが人数分あり、1対1の人手があれば待たせずに済みます。この場合、待ち時間をなくすことは有効でしょうか？ 待ち時間は無駄な時間なのでしょうか？

児童生徒には他者の活動を見て、自分がどのように行うか考える時間も必要です。自分のからだの動きを工夫し、思考を働かせてこそ、学びは深まります。活動内容や教材の工夫により、一人でできること、介助を受けて行うことを授業に盛り込めば、待ち時間は学習時間になります。ボーリングの場合、友だちが投球する姿を見て、見通しをもったり、一緒に倒れたピンを数えたりすることができます。児童生徒が待たされるのではなく、待ち時間で何を学ぶかを明確にし、時間を有効に活用する方法を考えてみましょう。

④ **生活年齢に配慮する**

肢体不自由児とあまりかかわったことがないと、身体の小ささや介助が必要な状態などから、生活年齢（実際の年齢）より小さい子に話すような話し方をしてしまうことがあります。また、重複障害の授業で、認知機能に合わせるといって幼児用の絵本を題材に選びがちです。生活年齢に合わせた題材を選ぶようにしましょう。また、話しかける言葉遣い、呼び方など、年齢にふさわしい対応をしましょう。とくに絵本教材の選択では何を目的とするかを明確にし、生活年齢に応じた課題設定をしましょう。

3　準ずる教育課程

準ずる教育課程に在籍する児童生徒は、知的障害は伴いません。通常の学校の学習指導

要領に基づいて指導を進めます。一方で肢体不自由による身体の動きは個々の状態により様々ですので、教材作成時には扱いやすさや書きやすさを考慮し、場合によっては個別の補助具を用意します。

また、準ずる教育課程には進行性の疾患や障害により、特別支援学校に転校してくる児童生徒もいます。障害状況の進行により心理面への配慮が必要になりますので、本人と保護者の意向を尊重し、生活の質を高める工夫を一緒に考えていきましょう。

4　知的代替の教育課程

肢体不自由と知的障害の重複障害の子どもたちの教育課程です。準ずる教育課程とは異なり、知的障害の教育課程を代替して用います。知的障害の教育課程では体験的な活動や生活に即した活動を通して学ぶことが多くあります。一方で肢体不自由があると、身体活動の制限により生活経験を重ねることの難しさがあります。そこで、授業の中で疑似体験を行い、実際の生活に近づけていくよう、指導計画や単元計画を立てることになります。たとえば、自分で品物を選んでレジに持っていったり、決められた金額で買えるものを選んだりする経験が少なく、また、お釣りがある場合にはお釣りを受け取ることを知らない子もいます。学校内での疑似体験と校外での実体験のように、授業と生活を関連づけて構成することで、支援を得ながらも自立的に生きることを目指しましょう。

5　自立活動を主とする教育課程

重度重複障害の子どもたちの教育課程です。障害の状態により必要な場合には、学習の目的および内容を、自立活動を主とした活動にすることができます。身近な大人との関係の中で、心身状態の安定を図り、発達初期の認知課題やコミュニケーションの基礎などを中心に学習していきますので、自立活動の6項目に沿って、課題を設定します。主な課題としては、人とのかかわり、保有する感覚の活用、因果関係の理解や簡単な見通しをもつこと、気持ちや意図の表出、身体の使い方などが挙げられます。授業名としては「みる・きく」「おはなし」「えがく・つくる」「からだ・運動」などの名称が使われることがあります。

この教育課程で大切にすることは、児童生徒がもっている力を引き出すために十分な「間」を取ることです。重度重複障害の子どもたちは表出や表現、身体を動かすことそれぞれに時間がかかります。自分で声を出そう、手を動かそうとしても、かかわり手が待ち切れず、代弁したり、介助したりすると、自発的な動きを遮る場合があります。自発的な表出や動きを引き出せるよう、児童生徒の動きを観察し、必要な「間」と支援を把握しておきましょう。

●指導案の例①高等部（準ずる教育課程）

高等部1年　家庭科指導案

1　単元名　　フードデザイン「栄養バランスの取れた食事」
2　単元設定の理由
（1）生徒観
　本学習グループは1年生2名，2年生3名，3年生2名で構成されている。身体機能としては，脳性麻痺，筋疾患など，様々で，身体状況に応じた補助具等が必要である。食生活に対する実態としては，偏食のある生徒や，間食が多い生徒などがいる。
　家庭科の食生活については，1年生は今回がはじめての学習となる。5大栄養素については言葉は知っていても，食品と結びつきにくい生徒がいる。2，3年生は昨年度に電子レンジを用いた調理を経験しており，調理学習を楽しみにしている。
（2）教材観
　本単元は高等学校学習指導要領家庭科「フードデザイン」内容（1）健康と食生活，ア　食を取り巻く現状，イ　食事の意義と役割に関連して展開する。現代の食生活の傾向，健康な体づくりに必要な栄養の働き，食品に含まれる栄養素とその働きについて学ぶことにより，自己の食生活の課題に気づき，望ましい食習慣形成の重要性を認識させたい。
（3）指導観
　献立を考えたり，自分一人で調理したりする経験がほとんどない生徒が多く，食べることは好きだが，食生活に関する知識は少ない。栄養バランスを考慮した献立を身近な食材で調理することで，調理への興味関心を高めるとともに，自分で調理したものを食べる楽しさを味わわせたい。調理実習に当たっては，カット野菜などの扱いやすい食材や，ホットプレートを使って，調理の手間や時間を短縮することで，調理への抵抗感を減らし，自分で調理して食べられる実感をもたせたい。また，自立した生活に向け，必要な補助具や支援に気づき，安全で効率的な調理方法を選択できる力を身につけさせたい。
3　単元目標
・栄養の基礎を学び，バランスの取れた献立を考えられるようになる
・ホットプレートを用いて安全に調理できるようになる
4　単元の指導計画（本時12時間中5時間目）

第1次 （2時間）	食生活の自己診断と標準体重	・食生活の自己診断を行い，食生活のあり方に興味をもつ ・標準体重を知り，健康との関係に気づく
第2次 （2時間）	5大栄養素とその働きを知ろう	・5大栄養素の種類と働きを知る ・食品に含まれる主な栄養素を知る ・バランスの取れた食生活について考える
第3次 （2時間）	バランスの取れた献立を考えてみよう	・ホットプレートで調理できる料理を組み合わせて1食分の献立を考える
第4次 （6時間）	ホットプレートを用いて作るバランスメニュー	・調理器具の安全な使い方を身につける ・衛生的な調理方法を知る ・料理を一人で作り上げることで，調理器具の使い方や調理にかかる時間を考え，必要な補助具や支援を要望しようとする

5　本　時
（1）本時の目標
・料理に含まれる5大栄養素がわかる
・ホットプレートは「焼く」「炒める」だけでなく，「煮る」「蒸す」などの調理にも使えることを知る

（2）本時に関する生徒の実態と目標

生徒	実態	ねらい
A （1年）	食への関心は高いが，家庭での調理経験がほとんどない。5大栄養素の働きについて，大まかなイメージをもっているが，どの食材に含まれるかは不確かである。	・料理を見て，使用食材に含まれている代表的な栄養素がわかる ・ホットプレートの基本的な使い方を知る
B （1年）	手先が器用で，家庭で家事を手伝うことが多く，調理には自信がある。栄養を考えて様々な食材を食べたほうがよいことは理解している。	・主な栄養素がバランスよく料理に含まれていることに気づく ・食材に適した調理方法を選択できる
C （2年）	姿勢保持が難しいが，手先が器用で，介助を得ながら調理を行うことができる。1年次に取り組んだ電子レンジを用いた調理を覚えていて，ホットプレートでの調理方法を自分なりに調べている。	・主な栄養素がバランスよく料理に含まれていることに気づく ・ホットプレートの新しい使い方を知る
D （2年）	＊略	＊略
E （2年）	＊略	＊略
F （3年）	何事にも関心が高く，調理のアイディアは豊富にもっている。不随意運動があり，上肢のコントロールが難しく，プリント等は代筆を要する。	・料理を見て，使用食材に含まれている代表的な栄養素がわかる ・料理を見て，調理方法を選択できる。
G （3年）	＊略	＊略

（3）本時の流れ

時間	活動内容	配慮事項
導入	・本時の目標，流れの確認 ・調べ学習は2グループに分かれて行い，調べたことを話し合う	・板書が見やすいよう，生徒の配置を工夫する ・姿勢により板書が見にくい場合は，同じ内容のプリントを用意する
展開1	・ホットプレートで作れる料理の写真を見ながら，含まれている食材を調べる ・主な食材の栄養素とその働きをプリントに書き込む	・摂食嚥下の困難な生徒がいることから，様々な調理法や食形態の料理例を用意する ・筆記に時間がかかる生徒には選択式のプリントを用意し，調べたり，考えたりする時間を確保する
展開2	・調べた内容を発表する ・他者の発表を聞き，それに対する自分の考えを発表する	・書画カメラやプロジェクターを活用し，書き込んだプリントやPC画面を全員でみられるようにする ・発表する声が聞き取りにくい場合には，マイクなどを使用する
まとめ	・次時の予告	

●指導案の例②小学部（自立活動を主とする教育課程）

小学部5年　自立活動　集団遊び「みる・きく」学習指導案
指導者：○○○○

1　単元名
『遠足に行こう』

2　単元の指導目標
・遊びの楽しい気持ちを教師と共感する。
・教師からの働きかけに気づき，「なんだろう」という気持ちを視線や身体の動きで表現する。
・積み重ねた活動に期待感をもつ。

3　単元の指導計画　＊本時は10時間中10時間目　＊第1次の後に春の遠足

第1次（2時間）	遠足に行こう	歌や音でストーリーを知る
第2次（4時間）	おにぎりを作ろう	からだ遊びをしながらおにぎりづくり
第3次（4時間）	遠足に行こう～雨がふってきた	

4　指導観（＊紙面の関係で一部省略）
（1）児童観
　自立活動を主とする教育課程の児童，5年生3名の集団である。**健康面では…（中略）…。身体面では……。認識面では……。**学習を繰り返し積み重ねた活動では，いつもと同じ音や歌を手掛かりに，「あ，あの活動だ」と期待し，児童なりの見通しや，やりたい気持ち，楽しい気持ちを表現するようになってきた。**コミュニケーションについては……。**

（2）題材観
　本クラスは聴覚優位の児童集団で，今までは聴覚を使った手がかりと，抱っこ遊びや揺れ遊びといった感覚に働きかける粗大運動を中心としたからだ遊びが中心であった。学校生活を積み重ねる中で，視覚を使う経験や，掌で物をとらえる経験を学習させたいと考え，この題材を設定した。ストーリー性のある展開や，歌や音で場面転換に併せて視覚刺激を用い，「あれ，なんだろう？」と外界に気持ちを向ける力を育てていきたいと考える。

（3）教材観
　本授業は，音と歌を手掛かりに授業を展開していく。展開①の**おにぎりを作る活動では……。**おにぎりを白と黒のコントラストのはっきりとした柄にすることや，地となる背景を使うこと，視線がおにぎりをとらえてから追視の動きが引き出せるようゆっくりとおにぎりを動かす手立てを教師間で統一した。また**指を動かしたり握ったりできる児童には……，随意の動きが難しい児童には……，**感触をとらえやすいように工夫した。ほとんどの児童が光に関しては注視や追視の動きがある。そのため，展開②，③の遠足の場合では，明暗の変化で場面転換に気づかせ，……。また雷の場面では，……。雨の場面では……。

5　「みる・きく」年間指導目標
〇教師からの働きかけに気づく。
〇気持ちを発声，表情，身体の動きで表現する。
〇教師と気持ちを共有する。
〇活動を積み重ねる中，期待感や楽しい気持ちを表現する。

6　単元に関する児童の実態と目標

	A	B	C
実態	・明暗がわかり，コントラストが明確なものを見る ・担任からの言葉かけに発声で答えようとする ・筋緊張が高い場合は，抱っこで授業に参加する	＊略	＊略

第5章　授業づくりの実際

| 目標 | ・おにぎりに気づき視線を向ける。
・おにぎり作りの手遊びにやりたいと声で表現する。
・雨の音に気持ちを向ける。 | ＊略 | ＊略 |

7　本　時

（1）本時のねらい
・おにぎり作りの場面で，おにぎりに気持ちを向ける。
・場面転換に気づく。
・雷の音，雨の音に気づき受けとめる。
・気持ちを身体の動き，表情，発声で表現し，教師と気持ちのやりとりをする。

（2）本時の展開

	学習内容	指導上の配慮事項 ◎全体　●T1　〇T2	児童の予測される行動と評価基準		
			A	B	C
導入	〇はじまり ・はじまりの音 ・みる・きくの歌 ・はじめの挨拶	●小さな音を積み重ねたはじまりの音を鳴らし，児童が気づくようにする 〇児童の身体をタッチングして，気持ちを向けられるようにする	始まりに気づき，笑顔になる	体調がよいときは始まりの音に気づき，目を開く	タッチングや言葉かけに目を大きく開く
展開①	〇おにぎり作り ・手の用意 ・『お弁当の歌』でおにぎりを作る	◎上肢，肩関節を動かし，今からおにぎりを作る気持ちと身体の用意をする ◎課題に応じたおにぎり作りをする ●児童の表出を考慮して数回遊ぶ	・おにぎりに視線を向ける ・やりたい気持ちを発声や表情で伝える	・教師とのやりとりを楽しみ笑顔になる	・目を開いたときにおにぎりを提示し，水平に動かすと，目で追う
展開②	〇遠足に出発 ・『遠足に行こう』をうたう 〇あれれ，暗くなってきたよ 　→風 　→雷 　→雨	◎仰臥位，側臥位と実態にあわせた姿勢保持をする 〇少しずつ教室の電気を消し，児童が明るさの変化に気づくようにする ●変化に気づかせるため静の間をとる ◎光→雷の音の順番で働きかけを行い，児童に雷の音を予測させる ●雨音は小さな音から次第に大きくし，児童の気づきを促す	場面が変わったことに気づき表情を変える		
			・雨の音に気づき，雨の音のときはずっと真剣な表情になる	・明暗を手掛かりに雷の音を予測し，雷の音を驚かずに受けとめる	・雨の音にうす目を開け，首を左右に動かして聞いている
展開③	〇虹がでてきたよ ・明るくなる ・グロッケンの音 ・虹（布）登場 ・『虹の向こうに』をうたう	〇教室の電気をつける ◎グロッケンの音にあわせて虹が出る ●グロッケンで『虹の向こうに』の前奏を弾く ◎歌に合わせて，虹の布を動かす	場面が変わったことに気づき表情を変える		
			・布から出てきたときのやりとりに笑顔になる	・顔にかぶさった布を手ではらう動きをする	・嬉しい気持ちを「あー」という発声で表現する
まとめ	・キーボードの音 　（おはなしの終り） ・挨拶		授業の余韻にひたるように表情が緩む		

（3）準備物
　ついたて，敷物，キーボード，おにぎりの教材，背景用シート，CD『遠足に行こう』，雷太鼓，透明シート，雨音用コーン，じょうろ，グロッケン，虹（大布）

8　配置図（＊紙面の関係で省略）

3 聴覚障害

1 コミュニケーション上の配慮

　コミュニケーションとは，話し手と聞き手が立場を連動させながら，意味ある内容を相互に共有する営みです。そこには，「やりとりを続けたい」「わかり合いたい」というコミュニケーション意欲と，「相手に伝わった」という達成感・成就感が伴います。聴覚障害のある子どもの場合，障害部位から，どうしてもコミュニケーション上の曖昧さが残ります。そのため，伝達内容を正確に把握できず，誤って理解したり行動したりすることがよくあります。

　したがって，授業づくりの前提として曖昧さをなくし，正確さと確実性のあるやりとりを続けることが大切です。日常生活場面においても，子どもの気持ちに沿ったコミュニケーション場面を意図的に設定する必要があります。

　そこで，聴覚障害のある子どもに対するコミュニケーション指導として，考えられる具体的な指導段階を表5.3.1に示します。

　教師側の配慮として，内容の曖昧さをなくすことや表現の正確さのみを求めるだけでなく，子ども自身が何かを伝えようとするコミュニケーション意欲や主体的な態度をその都度，賞賛したいものです。併せて授業中のみならず普段の日常生活場面においても，5W1Hの疑問文の応答にある程度慣れておくことが，教科指導（とくに，国語科）を容易にします。また，「わからないことをわからないままにしない」というコミュニケーション上の粘り強い態度は将来，主体的な情報アクセスへの視点からも大切です。

　表5.3.2は，曖昧なコミュニケーションの改善策の指導例を示しています。コミュニケーション場面において，文レベルでやりとりすることのメリットは，機能語である「助詞」を補って表現することにあります。「は」と「が」の違いやその用法等は，話し手の言語感覚に左右されることが多いと言われます。中学部以降，国語科や自立活動（言語）の学習で日本語の文法体系を再度，学ぶ機会があります。この時期において，日頃の言語表現を自ら整理，確認する上でも意義があります。その際，文部科学省（2003）の著作教科書『聾学校中学部国語（言語編）』とその教科書指導書が参考となります。

　表5.3.3は，コミュニケーション指導上の配慮事項を示しています。聴覚障害教育を担当する教師として留意することは，一生懸命にコミュニケーションする子どもの心の動きを把握することです。子どもの今の気持ちを大切にしながら，言葉と心が連動する生きたコミュニケーションの中で，楽しく学んでいきたいものです。聴覚障害のため，やりとり

第5章 授業づくりの実際

に支障があってもコミュニケーションは，あくまでも自然体であるように努力することが教師に求められます。

日本語は同口形異義語（たまご，たばこ，なまこ等）が多い言語です。表出される言葉が曖昧の場合，構成する音節の発音要領を確認したり，一文字一文字を指文字で表現したりします。ときには，場面や文全体を手話で表現させて，内容を確認することもあります。

聴覚障害のある子どもに対する「発音・発語指導」の意義として，発音明瞭度を上げるほかに，次のような効用があります。保有する聴力の程度等に応じ，発音が曖昧であっても口腔内の調音点（舌の位置等）と文字とのマッチングが，その子なりに識別できる力を身に付けることです。これを「音韻表象」といい，その獲得が話し言葉の力のみならず，書き言葉の力にもつながっていくものです。こういった発音・発語指導の意義をあらためて評価し，聴覚障害のある子どもに対する専門的な指導法の一つとして，学校全体で維持・継承していく必要があります。

「聞く構え」とは，相手と目が合っていなくともたえず自分に関係のある情報であると意識しながらコミュニケーション場面に臨むことです。2人以上の複数の者で，やりとりをする際，まずは相互に

表5.3.1　コミュニケーション指導の段階

①「内容確認の段階」
・何を聞かれているのか，その内容を確かめる
・子どもなりの表現を受容し，表出意欲を大切に扱う
②「表現確認の段階」
・何が分かったのか，たえず内容を確認する
・曖昧な箇所があった場合，繰り返し言わせたり，書かせたりして確認をする
③「行動確認の段階」
・言われたことを正確に行動させる
・理解した内容を再度，言語化して確認する
（例：「鉛筆に名前を書く」と「鉛筆で名前を書く」等）

（出所）　松原（2002）

表5.3.2　曖昧なコミュニケーションの改善策

①相手の顔をきちんと見たやりとりをする
・「聞く構え」の育成（主体的に情報入手する態度の育成）
②話をする時は相手を意識し，なるべく助詞を補った文で表現する
・助詞の間違いは，その都度，口声模倣させながら言い直させる
・伝わったかどうかの確認をする
③やりとりの内容を確認する
・曖昧な言葉の確認（書き言葉を使って視覚的に確認する）
・一定時間，確実な内容のやりとりを継続する

（出所）　松原（2002）

表5.3.3　コミュニケーション指導上の配慮事項

①コミュニケーションの必要感をもつ
（生活場面の言語化，話題の内容や設定の工夫等）
②コミュニケーションしたことを生活に生かす
（興味・関心の喚起，関連する知識の獲得，情報検索スキルの向上等）
③もっとコミュニケーションしたいという気持ちを持ち続ける
（成就感・達成感を伴った意味ある内容のやりとりを継続する等）
④コミュニケーションして良かったと実感する
（心を通じ合わせることの良さを実感，言葉と心が連動したやりとりの促進等）

（出所）　松原（2002）

表5.3.4　聴覚障害に対応した情報保障の種類

①意味を視覚的に伝達する情報保障
・手話通訳（身振りも含む），話者の拡大映写，具体物，絵カード，写真，動画等
②日本語を視覚的に伝達する情報保障
・要約筆記，パソコンノートテイク，文字カード，遠隔地情報保障（文字化）システム
③音声による情報保障
・マイク等を活用した音量増幅，個人用補聴器（人工内耳も含む），FM補聴システム等

（出所）　松原（2015）

読話しやすい言語環境を整えることが前提です。とくに、やりとりを傍観する第三者的立場にある者には「聞く構え」が是非とも必要となります。

近年、学校において様々な情報保障機器を活用できる環境が整いつつあります。聴覚障害の子どもの場合、情報入力が十分に保障されても、「聞く構え」ができていないと、正確な情報を入手できないばかりか、確実な内容のやりとりに支障をきたします。そのため、表5.3.4に示すような子ども一人一人の実態等に応じた情報提示の工夫とアクセシブルな情報環境の整備が、合理的配慮の観点から授業場面でも必要となります。

2 話し言葉から書き言葉への「わたりの指導」

斎藤（1983）によると、幼児児童の言語活動の発達的変化は一直線でなく、表5.3.5に示すような質の異なるそれぞれの段階があると述べています。

主体的な言語習得に向け、誕生後、身振り・表情・音声等での対話の基礎が形成される「第Ⅰ段階」から2語文獲得の「第Ⅱ段階」へ、そして過去・未来のことを言葉で表現できる「第Ⅲ段階」へと進んでいきます。この時期は、約束を守れる等、言葉で自らの行動をコントロールすることがある程度可能となります。就学前の「第Ⅳ段階」には、約5000語の言葉を獲得し、「第Ⅴ段階」の本格的な学習言語の習得へ向かっていきます。斎藤は、この道程（プロセス）の大切さを「生きる力」としての言語活動から「学ぶ力」としての言語活動としています。

脇中（2013）は、「生活言語」と「学習言語」の相違点とその道筋を、表5.3.6のように表しています（筆者が、脇中の著書の関係部分を図式化した）。脇中によると、「生活言語」は限られた特定の人（とくに母親）とのやりとり、「学習言語」は不特定多数の人とのやりとりが中心となります。岡本（1985）は、前者を「一次的ことば」、後者を「二次的ことば」と述べています。とくに聴覚障害のある子どもの場合、この2つの言語について並行して段階的に丁寧に指導していく必要があります。

表5.3.7に示す「わたりの指導」とは、幼稚部時代に獲得した話し言葉の力をもとに読み書きの初歩的な力を身に付けさせるための橋渡し的な指導を指します。聾学校において、教科指導の前提となるもので、小学部低学年を中心に集団や個別で行っています。この指導は、聾教育で継承すべき伝統的な指導法であり、きわめて高い専門性が求められます。

斎藤（1983）は、話し言葉から書き言葉への移行期を本格的登山である「9歳の壁」（言葉による思考のつまずきが抽象的思考を困難にさせ、知的能力や学力に支障を来すこと。萩原浅五郎（1964）の言う「九歳レベルの峠」）の準備段階にあたる「5歳のだらだら坂」であると述べ、学習言語習得に向けた「わたりの指導」の重要性を強調しています。

「読みの構え」とは、話し言葉と同じように書き言葉も自分に投げかけられている大切な情報であると認識して、主体的に読むことです。これは、教科指導のみならず、教室・

表5.3.5　言語活動の発達段階

```
第Ⅰ段階：コミュニケーションの成立の段階（生後1歳位まで）
　・音声の意味を知り始め，また対話の基礎が形成される
第Ⅱ段階：生活言語習得の段階（1歳～3歳）
　・「今，ここで」展開される事象や感情，行動等が言葉によって表現できる
第Ⅲ段階：生活言語のレベルアップの段階（4歳～小学校入学頃）
　・具体的場面，行動を離れた言語活動も徐々に可能になる
第Ⅳ段階：学習言語及び書き言葉への移行の段階（小学校低学年頃）
　・学習の場では，話し言葉と書き言葉が交錯する
第Ⅴ段階：書き言葉を中心とする学習言語習得の段階（小学校中学年以降）
　・学習の場では学習言語の使用が主流となる
```

（出所）　斎藤（1983）

廊下の掲示板，板書での連絡事項等に記された書き言葉の内容理解とその行動化と確認等によって鍛えられていきます。

聴覚障害のある子どもの場合，一般的に言葉の量と質に課題があるため，読みの指導（書き言葉の指導も含む）が困難なものとなっています。そのため，教科学習が学年進行で行えないことが多々あります。

その解決策の一つとして，表5.3.8に示すような教科書の学習に入る前の準備が必要です。これは，「わたりの指導」の一環として，教科指導（とくに国語科）の準備段階として大切です。家庭の協力を得ながら，聞こえないことによる情報保障をはかる上からも一定の時間をかけて行いたいものです。これは将来，自学自習の習慣化をはかる上からも重要です。

表5.3.6　「生活言語から学習言語へ」

生活言語	学習言語
・状況依存の表現行動	・言語依存の伝達行動
・家庭言語	・学校言語・教室言語
・言語機能の親密性	・言語機能の公共性
・一次的ことば（岡本，1985）（話し言葉が中心）	・二次的ことば（岡本，1985）（話し言葉と書き言葉）

（出所）　脇中（2013）をもとに筆者作成

表5.3.7　「わたりの指導（例）」

```
①話されたとおりに書く，書いたことを表現する，読んだとおりに書く
　（表出意欲を喚起し，話し言葉と書き言葉を鍛える）
②経験したことを綴り，助詞を補った完全文に直して確実に覚える
　（助詞等の機能語の獲得，言語感覚を育成する）
③日常生活の中で，読む必要がある場面を多く設定する
　（掲示板等の書き言葉を読む，「読みの構え」を育成する）
④言葉の力に配慮した読みの教材を選定・活用する
　（書き言葉を読む経験を段階的に増やしていく）
⑤読んで理解したことを行動して確認する
　（読みの行動化，行動した根拠の確認，その背景と状況の理解を促す）
```

（出所）　松原（2000）

表5.3.8　教科書の学習に入る前の準備

```
①文章を読む際の「読み（書き言葉）の抵抗」をなくしておく
　（新出漢字の読み方，新出語句の意味と文作りのドリル等）
②教科書の文章に関係ある言葉や事柄を事前に調べておく
　（雑学の学習，分からない言葉を類推する力の育成等）
③音読することに十分に慣れておく
　（音読の度に，つまずいていては内容の読解には至らない）
```

（出所）　松原（2000）

●指導案の例（「小学部1年・国語科学習指導案」）

1　題材名
　「大きなかぶ」（物語文）
2　題材設定の理由
　物語文「大きなかぶ」は，多くの教科書に載っている入門期の読みの題材です。一人ではどんなに努力しても抜けない「かぶ」が，大勢で力を合わせることによって見事抜けるという展開です。かぶが抜けたことの喜びと併せ，登場人物全員が力を合わせて全力を出し切った後の「やったー。」という満足感を読み手とともに感じることができる題材でもあります。本文の各ページには，読解の手がかりとなる挿絵が掲載されています。この挿絵という視覚的な手がかりと本文を結び付けながら各場面の様子を理解し，あら筋をとらえさせたり，登場人物の気持ち等を想像させたりすることができます。同時に自らの経験と照合させながら，仲間と協力することの大切さを読みとらせるのに効果的な題材です。どんな小さな力でも大切に扱い，みんなで協力しながら勤労するロシア的な風土とその力強さなどが，題材の随所に記述されています。こういった物語の背景を子どもなりに感じとることができます。それらの時代背景等を本題材の指導の中で教師が若干触れることで，子どもの読みの世界を広げ，国語科学習の楽しさを深めることにもつながります。
　本題材を扱う際，登場人物の役割を決めて複数の者で音読するとさらに効果的です。読解したことをもとに各自が音読の仕方を工夫することによって，物語をいろいろと楽しむことができます。登場人物の気持ちを想像しながら本文を音読することで，自然と民話のリズミカルな語り口に引き込まれ，子ども一人一人の興味・関心を深めることができます。本題材の学習後，他の物語文をもっと読みたいという読書意欲を喚起するのに適しています。
　本題材は，全体として主述の整った簡潔な文で構成されています。場面ごとに登場人物が一人ずつ加わっていくことによって，累加しながら場面が繰り返されていきます。そのため，1年生にとって，はじめての長編の物語文にもかかわらず，見通しをもちながら話の展開を読みとるのに適しています。本題材の発展学習として，グループによる劇化や紙芝居等による発表，登場人物への手紙，関連する民話の探索活動など，子ども一人一人の実態等に応じた総合的な学習の題材ともなります。
　文を構成する音節の中に，拗音（「うんとこしょ，どっこいしょ」等），促音（「ひっぱって」等），長音（「おじいさん」，「おばあさん」等）が含まれています。音読の際，それらを明瞭に発音しているかどうか個別的に確認することで，文字と発音をつなげる音韻表象の指導に留意したいものです。
3　本題材を指導するにあたって
　本題材の構成上の特徴として一文一文が単調であるため，登場人物の順番とかぶは抜けたかということのみの指導になりがちです。そのため，なるべく場面ごとの登場人物の気持ちや台詞を教科書の挿絵を中心に子どもの経験を引き出しながら，学級全体で話し合わせ，補助の挿絵やワークシート等を手がかりに本文とつなげながら読解指導を進めることが大切です。
　対象とする学級によっては，文の理解を確認するための動作化や劇化する活動を多く取り入れることも必要です。その活動の中で，登場人物の順番が大から小へ，強い者から弱い者へ転換していくことの面白さにも気づかせたいものです。
　実際の指導では，一場面ごとに「ワークシート」を用意して，各場面の様子や登場人物の気持ちを挿絵と文を照合させながら詳しく読みとらせます。また，登場人物のお面を付けて劇化（動作化）し，子ども同士でやりとりを行うことで文章全体の内容理解を確認することもできます。その際，登場人物の表情やしぐさ（例；かぶが抜けなくて困ったとき，誰かを呼びに行くとき，誰かを呼んで来たとき，一緒にかぶを引っ張るとき，また抜けなくて困ったとき，かぶがやっと

抜けたときなど）にも文に即して，話し合わせることが大切です。

　劇化した後，登場人物の発した言葉は，台詞としてワークシートの吹き出しの中に書き込ませます。全員で話し合ったことをワークシートに書き留めることは，教師にとって，読解の確認にもなります。子どもにとって話し合ったことを書くということで，書き言葉の力にもつながっていきます。

　今回の国語科学習のみならず，他教科等でも話し合った結果や成果を書き言葉で簡潔にまとめる力は，聴覚障害のある子どもの自立のために必要な学習活動と考えます。また，各場面をつなぐ接続詞である「それでも」「まだまだ」「やっと」などの理解においては，子どもの日記等で記述した生活経験を想起させながら，本文に即して理解をはかっていきます。

4　題材の目標
　場面の様子や登場人物の行動を考えながら，話の筋を読みとる。

5　指導計画（全11時間扱い　※「東京書籍の指導書」(1987)では全9時間扱い）
1) 全文を音読し，話の全体をつかむ………………………………………………………1時間
2) 新出漢字や難語句の学習をする…………………………………………………………1時間
3) 登場人物の行動や様子を場面ごとに読みとる………………7時間（本時3時間目／7）
4) 文に即して劇化し，話のおもしろさなどを話し合う…………………………………1時間
5) 学習のまとめをする………………………………………………………………………1時間

6　本時の目標
　おばあさんが加わって，かぶを抜こうとしている場面（第三場面）の様子と登場人物の気持ちを読みとる。

7　準備物
- 小黒板（前時である第二場面の状況をまとめたもの）
- 短冊黒板①～③（「板書計画」参照）
- ワークシート④～⑦（教師用と児童用の各1枚，計8枚）
- お面（「おじいさん」「おばあさん」の各1，計2）
- 大きなかぶ（大道具）
- 掛図（東京書籍・小学校1年上）

8　授業展開

学　習　活　動	指　導　上　の　留　意　点	準　備
1　前時の学習を振り返る ・だれがどんなことをしたのか ・かぶはどうなったのか 2　本時の学習範囲と三つのねらいを確認する ・第三場面はどこからどこまでか ・三つのねらいについて考える 3　読む（音読・黙読）	○教科書の挿絵（掛図）を見せながら，「おじいさんひとりでは，かぶは抜けなかったこと」（第二場面）を思い出す。 ○本時は，第三場面を学習することを教科書の文章（短冊黒板①②③）を見ながら確認させる。 ○「三つのねらい」を考えて，読むようにさせる 　1　だれが　だれを　よんできたのか 　2　だれが　だれを　ひっぱったのか 　3　かぶは　どうなったのか ○最初に範読し，その後，一斉に読ませる ○各自，音読し，その後，黙読する ・机間巡視をしながら発音のチェックを行う。曖昧な発音・発語があったら，その都度，口声模倣をさせながら個別的に指導する。	小黒板 短冊黒板①②③

4 読みとったことについて話し合う ①どうしておじいさんはおばあさんをよんできたのか ②おじいさんとおばあさんはどんなことを話し合っているのか ③二人はどのようにしてかぶをひっぱったか 　・どんなことを話したか 　・二人の様子はどうだったか 　・ひっぱった順番は ④その後，かぶはどうなったのか ⑤かぶがぬけなくて二人はどうしたか 5 まとめ 　・各ワークシートに書く 　・登場人物の気持ちを考えながら音読する	○発表したことは，本文には，どのように書かれているか，根拠となる文に即して考えさせる ①前時の様子を振り返りながら発表させる。その際，第二場面をまとめた小黒板や前時のワークシート④を見ながら確認させる ②「おじいさんがおばあさんをよんできている場面」について考えさせる（教師用のワークシート⑤に書き込ませる） 　・理解を深めるため，お面を付けて劇化させ，登場人物の気持ちを話し合わせる ③おじいさんとおばあさんのかけ声はどのように表現すればよいか話し合わせる（教師用のワークシート⑥に書き込ませる） 　・理解が困難な場合，二人の様子を動作化させながら考えさせる 　・「かぶ」から見た引っぱる順番を話し合わせる ④「ところが」（第一場面）と「それでも」（第二場面）の違いを前後の文に注意させながら考えさせる ⑤教師用のワークシート⑦を使って，かぶがぬけなくて困っている様子等を動作化させながら考えさせる ○各自にワークシート⑤⑥⑦をそれぞれ配布し，吹き出しの中に登場人物の気持ちや台詞を書かせる（後で掲示） ・語句等の誤りは机間巡視して，個別的に指導する ・音読する際，どのようなことを工夫すればよいか話し合う	小黒板 ワークシート④ ワークシート⑤ ワークシート⑥ ワークシート⑦

9 **板書計画**（「第三場面」，全11時間中，第3次の3時間目に当たる）

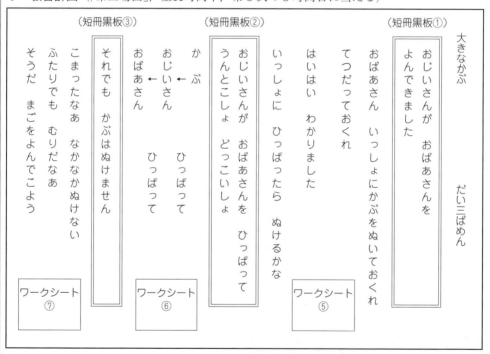

　本時の授業を展開する前に，上記のような板書計画を立案しました。第三場面の本文を形式段落ごとに分けた「短冊黒板①②③」を用意し，それぞれの短冊黒板を子どもたちに読ませた後，黒板に掲示します。その間は空けておき，授業の中で子どもから出てきた言葉をその都度板書し，読ませました。
　一般的に聾学校における板書活動は，以下のような手順を踏んで行うことが大切です。

1) 板書する前に十分話し合わせる（言語活動の活性化）
2) 話し合ったことを発表させ，それを板書する（なるべく簡潔な文にまとめる）
3) 板書した内容を読ませる（音読の誤りや助詞の間違い等をその都度指導する）
4) 書かれた内容について理解を図り，それらを覚えさせる（文レベルで暗記）
5) 授業の最後にもう一度，板書事項を読ませて内容を確認させる

　以上のように聾学校での板書活動は，言葉の定着を図るための言語学習として繰り返し行うことが重要です。具体的には，発表された話し言葉が正確な書き言葉になることで内容を確認することができます。同時に助詞を補った文の暗記を繰り返し学習することで日本語の習得につながり，言語感覚も磨かれます。学級全体で話し合うことによって，自分以外の者の考えにも触れ，思考力の育成になります。とくに，話し言葉から書き言葉への「わたりの指導」段階においては，子どもの経験を引き出して話し合う活動に一定の時間をかけ，丁寧に扱っていく必要があります。

10　ワークシートの活用

　本題材を扱う際，登場人物の吹き出しの入ったワークシート全19枚（①～⑲）を事前に作成しました。それらに台詞等を書き込ませることで，登場人物の気持ちや場面の様子を読みとる手がかりとしました。実際の授業では，まず本文を読み，どういう場面か各自考えさせました。教科書の挿絵やワークシートの絵をもとに，文に即して登場人物の表情や動作等を発表し合い，それらを表現させます。その直後，動作化したことを場面ごとのワークシートの吹き出しに台詞や気持ち等として記入させます。次に，学級全体で役割を決めて劇化させます。子ども一人一人が登場人物に成りきるように，お面や道具（大きなかぶ等）を活用すると効果的です。

　以上のような「読む」，「考える」，「話し合う」および「書く」という一連の活動を段階的に進めていきます。このような言語活動の活性化を学級全体で毎時間行うことで，子どもたちは主体的に言葉を獲得し，見通しをもって授業に臨むことができます。

　今回のように話し合ったことをワークシートに書き込む学習は，言い換えると話し言葉を書き言葉に転換する活動となります。発表したこと（話し言葉）を正しい文になおし，それらを暗記していく。その学習活動そのものが，書き言葉の指導となります。このような指導を繰り返すことによって，実際に作文を書く際，曖昧な言語表現が必然的に少なくなっていきます。一斉授業の中で机間巡視する時間を確保し，子ども一人一人の実態等に応じた言語指導を行う場がぜひとも必要です。とくに，学年が進行する中，子どもの言語・学力面で個人差が大きくなった学級において，効果的な学習方法と考えます。

ワークシート⑤

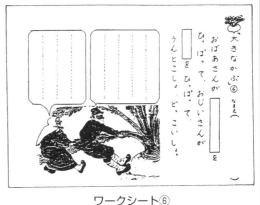

ワークシート⑥

4 視覚障害

　特別支援学校の目的は，学校教育法第72条で「幼稚園，小学校，中学校又は高等学校に準ずる教育を施すとともに，障害による学習上又は生活上の困難を克服し自立を図るために必要な知識技能を授けること」と示されています。一方，これからの変化の激しい社会を生きていくために必要な力の一つとして，主体的な学びが示されています。そのため，ここでは，視覚障害および視覚障害者の課題について述べ，その課題による困難を克服し主体的に学ぶ力の育成および自立を図るために必要と考える指導・支援方法を述べます。

1　視覚障害とは

　視覚障害とは，視力や視野などの視機能が十分でないために，まったく見えなかったり，見えにくかったりする状態をいいます。学校教育法施行令の第22条の3に示す視覚障害特別支援学校の対象とする障害の程度は「両眼の視力がおおむね〇・三未満のもの又は視力以外の視機能障害が高度のもののうち，拡大鏡等の使用によっても通常の文字，図形等の視覚による認識が不可能又は著しく困難な程度のもの」となっています。

2　視覚障害者の課題

　ブラック・ボックスに手を入れたことがあるでしょうか。安全とわかっていても，手を入れることに躊躇してしまいます。これは，見えないことが，人々に不安をもたらすことを表しています。このように，人間の成長発達に視覚は大きな役割を果たしています。ここでは，視覚障害がある児童生徒に考えられる課題を挙げます。

①行動の制限
　赤ちゃんが，手を伸ばしたり，移動したりするのも，見えることが大きくかかわっていると言われています。このため，視覚障害があると，未知の環境に対し消極的になりやすいことが指摘されています。

②視覚的情報の欠如
　人間は，情報の80％を視覚によって得ていると言われています。視覚に障害があることは，事物の具体的な概念の形成に影響を与えることになります。たとえば，犬を触った場合，触った犬が犬の概念の全てとなり，偏った知識を多くもつことにもなりかねません。

③視覚的模倣の欠如
　児童生徒は，模倣によって多くのことを学びます。たとえば，行儀作法の多くは，周り

の人の動作を真似て自然と身につきますが、視覚的な模倣ができないと、自然と身につくことが難しく、大人から正しい動きを教えられなければならなくなります。このように、教えられることが多くなることで自主性や積極性が育ちにくいという二次的な問題も発生することがあります。

④視覚障害がある児童生徒に対する社会の態度

見える人は、もし、目が見えなくなったときのことを思い浮かべて、「できない」ことが多いと考えてしまいます。この原因の一つとして、視覚障害者との付き合いが少ないことが考えられます。視覚障害者に対する理解を深めるためにも、他人に関心をもち、自分から相手と付き合おうとする積極的な態度の育成が必要となります。

3 視覚障害教育における主体的な学び

視覚障害がある児童生徒に対して小・中・高等学校での教育内容・方法をそのまま実施したのでは、視覚障害の特性により、学習内容の理解などにおいて困難が生じます。そこで、児童生徒一人一人の視覚障害に応じた教育的配慮が必要となります。

先にも述べたように、視覚障害があることで、消極的になりやすいことが指摘されています。ここでは、視覚障害がある児童生徒が主体的に学習に取り組む方法を述べます。広島県教育委員会（2014年）は、主体的な学びを、①能動的な学び、②学習者基点の学び、③深い学びと示しています。そこで、この3点に沿って、視覚障害がある児童生徒が主体的に学ぶための指導・支援方法について述べます。

①能動的な学び

理科の実験等で火などの危険なものを扱うとき、視覚障害があることを理由に「危ないから見ておいて」と言われることがあります。このように、視覚障害がある児童生徒は日常的に体験が制限されることが多くあります。それだけに「自分でやれた」という喜びは大きく、活動への動機づけにもなります。ここでは、視覚障害がある児童生徒が、見通しをもって意欲的に学習活動を展開できる指導・支援方法を中心に述べます。

○空間的な全体像の把握

視覚障害があると、すぐ近くにあっても、手で触わったり、目を近づけたりしなくては存在すら確かめられないことがあります。そのため、活動の前に、空間の全体像を把握させる必要があります。たとえば、授業で使う教材は、置き場所を決め、児童生徒自身が確認することが必要となります。

○時間的な全体像の把握

次に何が起こるのかがわからないと不安になりやすいです。そのため、始める前に、活動の流れや一連の手順を確認させることが必要です。また、活動の最初から最後までを通して体験したり、周りの人が何をしているのかを説明したりすることも必要です。

○能動的な探索

　触覚による情報収集は「自分の手を動かして情報を得る」ことによって成り立ちます。触ることは，見ることと異なり，積極的かつ能動的に行動しなくてはなりません。そのためには，安心して行動できる雰囲気，受け入れてもらえる雰囲気が大切です。

○教職員の的確な言葉によるフィードバック

　視覚障害がある児童生徒が，手からの断片的な情報をつなげて全体像を把握しているときには，そのことに集中しているので，話しかけない方がよいです。ただし，その手の探索が一段落したところで，タイミングよく教職員が言葉でフィードバックすることが必要となります。「それでよいよ。」の一言で，自信をもって活動に取り組めます。

②学習者基点の学び

　2008年度から始まった「科学へジャンプ」では，視覚障害がある児童生徒が自ら体験する学習者基点の学びを重視しています。ここでは，視覚障害がある児童生徒が自分で活動するために指導者である教職員が大切にすることを中心に述べます。

○指導内容の精選

　視覚障害があることで，はじめての活動に時間がかかります。一方で，学習効果は大きく，一度身につけば，その後の活動時間は短縮できます。そのため，新しい内容を次々に学習させるのではなく，基礎的・基本的な事項に重点を置くなどして指導することが大切です。たとえば，触察の仕方等，一度身につけると，その後の活動はスムーズに行えます。

　ただし，気をつけないといけないことは，教科の授業では，技術の習得それ自体が目標ではないことです。たとえば，長さを測る学習で，ものさしの使い方だけに重点を置くと算数科の学習が成立しなくなります。そのため，年間指導計画を立て，教科に必要な技術の習得は自立活動の時間等で行うようにします。

○本質を踏まえた教科指導

　視覚障害がある児童生徒の教科指導は，小・中・高等学校等に準じて行われますが，教科書は，大勢の児童生徒を一斉に指導することを前提に視覚中心の展開になっていて，視覚障害がある児童生徒にとっては困難な内容も含まれています。ただし，教科書ではなく，学習指導要領の各教科の「目標」に即して指導内容の本質を踏まえて題材や授業展開を工夫することで，その目標を達成することは可能となります。

　たとえば，小学校第5学年「理科」で学習する「魚のたんじょうと育ち」の単元では，メダカの成長を観察する過程があります。学習指導要領の「目標」には，「動物の発生や成長…（中略）…などに目を向けながら調べ，見いだした問題を計画的に追究する活動を通して，生命を尊重する態度を育てるとともに，生命の連続性…（中略）…についての見方や考え方を養う。」と示してあります。このため，点字教科書では，この単元が「カエルのたんじょうと育ち」の単元に変更され，カエルの変態を観察するようになっています。このように，学習指導要領の目的を達成するために何を教材とするかを考え，視覚障害が

ある児童生徒が，主体的に学べる工夫が必要となります。

③深い学び

　身につけた知識や技能は，活用することにより定着し，生涯にわたって生かすことができる深い理解や方法の熟達に至ります。特別支援学校に設定されている自立活動は，自立し社会参加する資質を養うために行います。各教科等および自立活動で身につけた力を総合的に活用し，社会参加できるための資質・能力を付けなければなりません。そのため，自立活動においても，生涯にわたって活用できる深い学びは欠かせません。このことから，ここでは，自立活動の6区分に即して指導内容を説明します。

○健康の保持

　発達段階に応じて，自分の障害の状態について十分な理解をはかる必要があります。その上で，保有する能力を最大限に活用するため，危険な場面での対処方法を学ぶ等，視覚機能の維持および再発の防止等の視覚管理を適切に行うことができるよう指導します。

○心理的な安定

　周囲の状況を把握することが難しいため，はじめての場所や周囲の変化に対して不安になることがあります。そのため，周囲の状況を言葉で説明したり，一緒に確かめたりする等，情緒の安定を図る必要があります。また，自分で尋ねて情報を得る力も必要です。

○人間関係の形成

　相手の表情を視覚的にとらえることが困難であるため，相手の意図や感情の変化を読み取ることが難しいです。そのため，聴覚的な手がかりである相手の声の抑揚や調子の変化などを的確に聞き分けたり，その場に応じて適切に行動したりすることができる態度や習慣を養うことが大切です。

○環境の把握

　視覚的な認知能力の向上をはかるため，拡大読書器，各種の弱視レンズ等の視覚補助具を効果的に活用できるよう指導することが必要です。また，白杖歩行に関しては，周囲の状況を把握し，それに基づいて的確に判断し行動できるよう指導することが必要です。

○身体の動き

　基本的な運動・動作を習得させるため，教職員の身体や模型などに，直接，触らせて確認させた後，自分の身体を実際に使って，その姿勢や動きを繰り返し学習させるとともに，その都度，教職員が適切な指示を与えることが必要です。

○コミュニケーション

　情報機器の普及が，視覚障害者の生活を変えたと言われます。情報機器により，点字と普通文字を相互に変換したり，文字を拡大したり，文章を音声化したりすることで，視覚的な情報を容易に収集・発信できるようになりました。そのため，視覚障害がある児童生徒にも，情報機器を活用させ，問題解決的な学習等に主体的に取り組ませることが大切です。その際，点字使用の児童生徒にも，漢字・漢語の理解を促すことも必要です。

第Ⅱ部　特別支援学校・特別支援学級における授業づくり

●指導案の例

小学部第2学年　算数科学習指導案

授業者　　教諭　増田　知美

1　研究テーマ
「自ら考え自ら動く幼児児童生徒の育成」

2　目指す姿
自ら教材にかかわり，試行錯誤しながら思考したことを自分の言葉で表現することができる児童。

3　単元名
はこの形

4　単元設定の理由
（1）単元観
　本単元は，「直方体」や「立方体」の箱の形について，頂点や辺や面などの構成要素に着目して特徴をとらえ，立体図形の基本的な概念を理解させることがねらいである。具体的には，直方体の面の形や数，向かい合う面などに気づかせたり，面と面とのつながり方や位置関係について理解させたりする。
　視覚障害のある児童生徒が平面図形や立体図形の意味や性質を理解するためには，様々な図形を十分に触察して，その図形のイメージを頭の中に作っていく必要がある。算数科で学習する図形の性質の知識や基本図形のイメージは，複雑な図形を触察し，理解するベースとなる。そこで，本単元では，正確なイメージが獲得できるよう，単元全体を通して，箱の形をしたものを観察したり，構成したり，分解したりする操作活動を多く取り入れ，「直方体」や「立方体」などの立体図形についての理解を深めていくことを重視する。

（2）児童観
　本学級は，盲児2名の単一障害学級である。学習は，学年相応の学習内容で進めているが，2名の学習の理解度に差があるため，授業では，必要に応じて課題別の学習の時間を設定する等の配慮をしている。
　児童Aは，点字で学習を進めており，現在，読みは1分間に120字程度，書きは点字タイプライターを用いて簡単な文章が書ける程度である。学習全般において，学習内容を理解するまでに非常に時間がかかるが，繰り返し学習することで少しずつ定着を図ることができる。学習の内容は正しく理解できていないことが多いが，考えたことを積極的に発言している。図形に関しては，辺の数や長さに着目して「三角形」と「四角形」や，「真四角」と「長四角」を分類することは大体できるが，「正方形」「長方形」といった図形の名称を覚えることは難しい。平面図形の構成では，2枚の三角形の色板の同じ長さの辺を合わせて大きな三角形や四角形を構成することができる。
　児童Bは，点字で学習を進めており，現在，読みは1分間に250字程度，書きは点字盤を用いている。学習に意欲的で，ほぼ学年相応の理解ができる。答えの根拠などは，うまく言葉で表現できない場合もジェスチャー等を用いながら積極的に説明しようとする。図形に関しては，図形を操作する経験が少ないため，合成したり分解したりすることがあまり得意ではない。4枚の直角三角形の色板を合成して三角形や四角形を構成することができるが，色板を合成して模様や事物の形を工夫して構成することまでは至っていない。これまで取り上げた基本的な図形の意味や構成要素については正しく理解できている。

（3）指導観
　指導にあたっては，まず，学習環境を自ら整える習慣を身につけるために，必要な学習用具（教科書，ファイル，点字盤等）を机上のどこに置けば効率よく利用できるかを考えさせること

に時間をとる。ノート指導では，毎回，書く時間を設け，ノートに書くことを習慣づけていく。また，適切に説明する表現力や言葉による説明だけで事物や操作の正しいイメージをもつ力を育てるために，児童のつぶやきや発言，ジェスチャーなどを教科書に出てくる一般性のある言葉やわかりやすい表現と丁寧に対応させて示すようにする。

　本単元では，図形の理解を深めるために，実際に箱を切り開いて六つの面や平面図にしたり，六つの面や展開された平面図をもとの箱に組み立てたりするなどの操作活動を十分に経験させる。箱の外側の触察だけでなく，児童が中に入れる大きさの段ボール箱や掃除ロッカーなどを用いて，箱を内側からも触察する時間をとる。これにより，箱の中が空洞であることや内側からも面が六つあること等，箱の特徴をより深く理解させ，イメージをもたせるようにする。また，図画工作科でプレゼントボックスをつくるという活動を設定することで，どのようにしたら箱の形をきれいにつくれるのか，箱の形の仕組みを知りたいという気持ちをもたせるようにし，それを単元を通しての意欲づけとしていく。

　本時は，箱をつくるために必要な面の数や特徴を調べさせる。その際，視覚障害教育において，大切な「予測と確かめ」の技能を身につけさせるために，必ず結果を予想させてから，詳しく触察させて確かめさせるようにする。提示する箱は，縦・横・高さの異なる三つの直方体を作成する。箱①（縦10 cm×横 8 cm×高さ 4 cm の直方体）については，児童 2 人で教え合わせながら箱を触察させたり分解させたりして，面の形の特徴について考えさせる。その中で，授業者が意図的に面の数や形を間違えるなどの揺さぶりを行ったり，なぜ，間違っているのかを問い返したりすることで，面の形や大きさに目を向けさせる。箱②（児童が前時に選んだ空き箱と同じ大きさの直方体）については，箱①の経験をもとに自力で面を切り開き，形を調べていくことができるように自力解決の時間を設定する。

　教材は，手で簡単に分解がしやすいように，辺の部分にミシン目カッターで切り込みを入れた工作用紙の箱を作成する。分解や構成に使用する立体図形の大きさは，両手をあまり動かさなくても，その全体の大まかな形状をとらえやすいように，児童の両手の中に収まるくらいの大きさにする。

ア　研究テーマに基づいた工夫の観点
a　意欲（必然性のある導入の工夫）
　・自分で宝箱をつくるという目標を設定する。
　・箱をバラバラにして，その面の数や形の特徴を探させる。
b　環境（自分で考えながら試行錯誤できる教材の工夫）
　・縦・横・高さの異なる直方体を提示する。
　・箱は，手で簡単に分解ができるように，辺の部分にミシン目カッターで切り込みを入れた工作用紙で作成する。
c　活動（思考したことを表現させるための発問の工夫）
　・箱をつくるために箱の仕組みを調べる方法　発問「どうやったら箱ができるんだろう」「箱の面をどうやってつくったらいいんだろう」
　※　児童のつぶやきをもらさず取り上げるようにする。
　※　児童の考えを深める問い返しや揺さぶりを行うようにする。

第Ⅱ部　特別支援学校・特別支援学級における授業づくり

5　障害の状況　※個人情報保護のため省略するが，以下の項目を記入する。

児童A	眼疾患名	両眼					
	教育的遠距離視力	右		左		両	
	教育的近距離視力	右		左		両	
	最大視認力						
	視力以外の視覚障害						
	視覚補助具						

6　単元の目標

　箱の形をしたものを観察したりつくったりする活動を通して，図形を構成する要素を理解するとともに，立体図形の基礎的な概念を理解することができる。

7　単元の評価規準

ア　算数への関心・意欲・態度	イ　数学的な考え方	ウ　数量や図形についての技能	エ　数量や図形についての知識・理解
身の回りから，箱の形をしたものを見つけようとしたり，正方形や長方形を組み合わせるなどしたりして，箱の形を構成しようとしている。	箱の形について，その違いに気づいて分類し，その観点や分類した集まりごとの特徴を見出している。	正方形や長方形を組み合わせたり，ひごなどを用いたりして，箱の形を構成することができる。	箱の形をしたものの頂点，辺，面という構成要素やそれらの個数や形について理解している。

8　単元計画（全8時間）

次	時	学習活動
一	1	・様々な箱（直方体，立方体）を積んだり分類したり箱の内側や外側から調べたりするなどして「箱」や「面」について知る。
二	2 本時	・直方体（全ての面が長方形）の箱を面ごとに切り，それぞれの面の形や数の特徴を調べる。
	3	・立方体や直方体の箱（長方形と正方形の面）を面ごとに切り，それぞれの面の形や数の特徴を調べたり，元の箱の形に組み立てたりする。
	4	・切り開いた箱の六つの面をテープでつないで，元の箱の形に組み立てる。
	5 6	・箱を展開図状に切り開いたり組み立てたりして，立体は切り開いたら平面になることや，平面図の形が違っても同じ箱になることを知る。
	7	・様々な組み合わせの面を使って直方体の箱を組み立てる。 ・箱の形にならない場合について，その理由を考える。
三	8	・箱の形の骨格模型から，直方体や立方体の辺の数や頂点の数を調べる。

9　本時の目標

　箱の形（直方体）に親しみ，全ての面が長方形であることや，面には同じ形が2枚ずつ3組あることを見つけることができる。（イ　数学的な考え方）

第5章 授業づくりの実際

10 学習指導過程

学習活動（時間）	指導上の留意事項	評価規準
1 導入（5分） (1)本時の学習課題を知る。 (ア)箱のつくり方を想起する。 (イ)本時のめあてを確認する。 　面を切りとって，形を調べよう	1 (1)(ア)前時に選んだ直方体の箱を提示し，箱をつくるために考えた方法を想起させる。 (イ)児童に本時の学習の見通しをもたせるために，児童がめあてを決める時間を設ける。	
2 展開（35分） (1)箱①を調べる。 (ア)箱を触察し，面の数や形を予想する。 (イ)箱を面ごとに切り開いて，分解した面を確かめる。 「面の形は全部長方形だ。」 「おんなじ形が2枚ずつあるよ。」 (2)箱②を調べる。 (ア)箱を触察し面の数や形を予想する。 (イ)箱を面ごとに切り開いて分解した面を確かめる。 「箱①と同じように面の形は全部長方形だ。」 「箱①と同じように同じ形が2枚ずつだよ。」 (ウ)わかったことを発表する。 (3)見つけた面の形の特徴をノートに書く。 (4)分解した面を再度構成し，箱になるのを確かめる。	2 (1)(ア)直方体の箱①を十分に触察させて，箱の面の数や形を予想させる。 ・教師が意図的に面の数を数え間違える等して，揺さぶりをかける。 (イ)面の形の特徴について集中して調べることができるように，切り開く操作は必要に応じて授業者が支援する。 ・分解した面が散逸しないようにするためにトレイに入れるように伝える。 ・特徴に気づかない場合は，どのような長方形があるのか問い，形を説明させることで，同じものがあることに気づかせるようにする。 (2)(1)で見つけた面の特徴を確認させるために，前時に児童が選んだ箱と同じ大きさの直方体の箱②を提示し(1)と同じ手順で調べさせる。 ・わかったことをノートに書くよう伝える。 ・児童Bには，自力解決させるため一人で調べる時間を10分間設ける。時間を意識させるためにタイマーを用いて時間の変化を知らせる。また，手順カードを準備するなどの支援を行う。 ・児童Aには，面の数や形に着目しながら箱を調べていけるように授業者が必要に応じて助言や操作の支援をしたり，手順を細かく段階分けして取り組ませたりする。 (3)考えを整理するために，見つけた面の特徴をノートに書く時間を設ける。その際，誤字や表記法に注意して，書くように指導する。 (4)見つけた箱の特徴から実際に箱をつくることができることを確かめさせるために，再度構成する時間を設ける。	(1) 児童B：全ての面が長方形であることや同じ形が2枚ずつあることを見つけて説明している。 イ（行動観察・発言内容） (2) 児童A：同じ形の面を2枚ずつ3組に分けている。 イ（行動観察・発言内容）
3 まとめ（5分） (1)本時の学習を振り返る。 (2)次回の予告をする。	3 (1)めあてに沿って振返りをさせるために本時にしたことを児童の言葉でまとめる。 (2)立方体の箱を提示し，今日見つけた面の形の特徴と同じか予想させ，次時につなげる。	

※下線部は合理的配慮の記述部分を示す。

第Ⅱ部　特別支援学校・特別支援学級における授業づくり

5　病　弱

1　病弱教育の実態

　病弱は一般的な用語ですが，学校教育においては，慢性疾患等のため継続して医療や生活規制（生活管理）を必要とする状態を表しており，日常生活での配慮の必要性が高い子どもが対象となります。病弱特別支援学校では近年，病気の種類が多様化するとともに，身体の病気は減少し，心身症やうつ病等の心の病気の児童生徒が多くなっています（日下, 2015）。心の病気の中には自閉症スペクトラムやLD（学習障害），ADHD等の子どもが二次的に発病するケースや，不登校やいじめ，虐待の経験があるケースもあるため，心理面や人間関係への配慮も欠かせません。

　病弱特別支援学校の多くは病院に隣接しています。また，別の病院に分校・分教室を設置したり，通学できない児童生徒を対象に訪問教育を実施することで病院内や家庭等でも授業を行っています。病院内の学びの場としては，小中学校が設置する特別支援学級もあります。病院内の指導では部屋の数や広さが限られ，ベッドサイドで指導を行ったり，治療や検査，体調の変動等で授業に参加できない時間もあるなど，物理的な制約の多い環境の中で授業づくりを工夫することが求められます。

　児童生徒の入退院に伴って年度途中の転入・転出が多いのも病弱教育の特徴です。近年は医学の進歩とともに治療方針が変化し，入院期間が短期化しています。とくに子どもの平均在院日数は2週間未満となっており（厚生労働省, 2015），病弱特別支援学校での在籍期間も短くなる傾向があります。短い在籍期間でも学習活動を効果的に行うために，前籍校とのスムーズな連携とともに，迅速に子どもの実態把握や信頼関係の形成を行うことが求められています。

2　一般的な配慮

①病気の子どもが学校教育を受ける意義

　病気の子どもへの配慮というと「治療優先で勉強は無理にさせなくても」「ストレスが多いだろうから，好きな遊び中心にする」等が思いつくかもしれません。それらは必ずしも間違いであると言えませんが，慢性疾患の子どもに対しては学ぶ機会を奪うことにもつながりかねません。学校教育の一環として病気の子どもに育てようとする力は何かをあらためて見直し，一人一人の健康状態や制約のある環境の中で何ができるのかを考えること，

そして子どもの自立を目指して指導を工夫・配慮するのが病弱教育の専門性であるといえます。1994年に当時の文部省から出された通知では，学習の遅れの補完や学力の保障に加えて表5.5.1のような意義があると明記されています。本節ではこれらの意義が十分に発揮されるように，病弱の児童生徒の授業づくりのポイントを考えていきたいと思います。

表5.5.1　病弱教育の意義

(1)積極性・自主性・社会性の涵養
(2)心理的安定への寄与
(3)病気に対する自己管理能力
(4)治療上の効果等

（出所）文部省（1994）

表5.5.2　入院児の不安

(1)将来への不安
(2)孤独感
(3)治療恐怖
(4)入院生活不適応感
(5)とり残される焦り

（出所）谷口（2009）

②**病気の理解と対応**

　同じ病気であっても，症状や治療方法は一人一人異なります。そのため，病名だけでなく，注意すべき症状，服薬の方法，運動や食事の制限，体調が悪化したときの対応等を理解することが不可欠です。その上で学校生活の中で自己管理が可能な範囲や担任の配慮が必要な点について検討しましょう。また，学校生活で病気に対応するためにはクラスメイトや他の教師から理解を得ることも欠かせません。適切な理解を得られるように，担任はわかりやすい言葉で具体的に伝えられるようにしましょう。ただし，病気に関することはすべて守秘義務のある個人情報になりますので，誰にどの程度まで説明するかについては，本人や保護者の意向を確認することが必須となります。

③**安心して学べる環境づくり**

　「病気になる」「入院する」ということは，誰にとっても不安なことです。表5.5.2は入院している子どもの不安を類型化したものです。病気の子どもの学ぶ意欲を引き出すためには，これらの不安に配慮した環境づくりが求められます。また，長期にわたる病気療養を経験している子どもには，受身的，消極的，無力感，感情抑制，自尊感情の喪失，自責の念等の心理的な課題がみられる場合もあります。子どもが自分らしさを発揮して人とかかわり，積極的，主体的に学習が継続できる環境を整えましょう。

　子どもを取り巻く環境には人的環境と物的環境があります。まずは人的環境についてです。とくに教師は安心して学び，友だちとの関係を築く上で重要な人的環境であるといえるでしょう。病気の理解も大切ですが，それだけでは信頼関係につながりません。子どもが教師に対して「自分を理解してくれる」「自分のよいところを見つけてくれる」「困ったときは助けてくれる」「しんどいときも見守っていてくれる」等と思えることが大切です。信頼関係を速やかに形成するためには，まずはその子の強みや興味・関心を見つけるようにしてください。学校で自分の強みが生かせること，好きなことがあることは集団生活の中での居場所づくりにもつながります。また，子どもの多様性を認め，受容的な態度で一人一人の強みや興味・関心を受け止めようとする教師の姿勢は，子ども同士が互いに認め合う雰囲気づくりにもつながるでしょう。

　教室内外の物的環境を整えることも，学びへの安心感につながります。病気療養中の子どもにとって教室という場所は，気持ちの切り替えができ，学びや遊び等，子どもらしくあれる場所であるとともに，健康回復への意欲をためる場所でもあります。病院内や家庭

表 5.5.3　安心して学べる人的環境

○子どもと信頼関係を築く
・子どもの様子を丁寧に観察し，言葉や表情には表れにくい不安や考えをとらえる
・否定的な発言やネガティブな感情も否定せず，自然な感情として理解を示す
・表面的な発言や行動に対応しようとするのではなく，その背景の理解に努める
・視線やあいづち等の身振り，相手の言葉を繰り返す等の言葉かけをすることで，話を聞いていることや理解していることをフィードバックする

○子どもの主体性を尊重し，積極性を引き出す
・学習のルールや手順が明確であり，何をどうすればいいのかわかるようにする
・子どもの強みや興味・関心を把握し，学習内容や課題の与え方を工夫する
・自分の課題を理解させ，その課題を克服する見通しが立てられるようにする
・成果だけでなく，気づきの視点や努力の過程，工夫した点をほめる

○子どもがお互いに認め合える関係をつくる
・子ども同士で協力し合ったり，教え合ったりするなど，人の役に立つ場を設定する
・一人一人の意見のよさや気づきの違い等を取り上げ，クラス全体で共有する
・間違ったり，失敗したりしても，笑ったり，からかったりせずに，再挑戦を認めたり，お互いに励まし合ったりできる雰囲気をつくる

表 5.5.4　安心して学べる物的環境

○安心・安全に過ごせることが確認できる
・病種や病状，学年，人間関係等に応じて座席位置を配慮する
・スケジュールを掲示し，学習の見通しをもちやすくする
・休憩時間を明確にし，休憩時間中の過ごし方や遊びに選択肢を用意する
・不調なときや不安なときに過ごせる教室以外の居場所を決める

○学ぶ意欲を育む環境を整える
・理解が深まるように，学習内容に関連した資料や本がある
・ワークシートや作品等，学習成果が掲示されている
・PC やタブレット等，興味・関心に従って Web を検索できるツールがある

で授業を行う場合でも，これらのことを念頭に学びに向き合える環境を整える必要があるでしょう。大切なのは指導のしやすさよりも，子どもの視点に立って物的環境を整えることです。子どもの部屋に入ったときや席に着いたとき，周りに何が見えるのか，誰が目に入るのか，手の届く範囲に何があるのか，子どもの視点で考えましょう。

3　病気の子どもへの教育内容・指導方法

ここでは文部科学省が示した合理的配慮の観点（中央教育審議会初等中等教育分科会，2012）から，病弱教育における授業づくりのポイントを説明します。

①教育内容

○学習上または生活上の困難を改善・克服するための配慮

　自立活動と関連が深い項目であり，病弱教育ではとくに自己管理能力の育成が大切にされてきました。病気の自己管理とは個人の資質や能力のみによるものではなく，社会に参加しながら状況に応じて行うものです。そのため，自立活動の内容は「健康の保持」のみに偏ることなく，「心理的な安定」「人間関係の形成」「コミュニケーション」等の全ての区分も含めて相互に関連付けて各教科等や自立活動の時間に取り入れましょう。たとえば，定期的な服薬や必要に応じた休憩を集団生活の中で行うためには，服薬や休憩の必要性を理解するとともに，周囲の理解を得たり，自分の行動を調整したり，状況に応じてコミュニケーションをしたりする必要があります。退院後の学校や家庭での生活を見通しながら，子どもに必要な力を検討し，指導を工夫するようにしましょう。

○学習内容の変更・調整

　病気の子どもの一般的傾向として，授業時数の制約，教科等の未学習部分（学習空白）や学習の遅れ，体験の不足や偏り，身体活動や教材の制限，社会性の未熟などが挙げられます。そのため，一人一人の学習状況や実態を的確に把握し，各教科における指導内容を

精選したり，実施可能な内容に変更したり，習熟度に応じた教材を準備したりする必要があります。

　病気や病状の変化に応じて，学習活動が負担過重にならないための調整も必要です。病気の子どもは学習の遅れを取り戻そうとしたり，試験や進学前の焦りから無理をしてしまうことも少なくありません。活動量や活動時間，休憩の取り方等の体力面での配慮とともに，心の病気の児童生徒に対しては，心身の状態に応じて過度なストレスを与えることがないように心理面での配慮も必要になります。学校教育の意義にも「治療上の効果」が挙げられている通り，授業を受けることで，子どもが治療に立ち向かうためのエネルギーとなるように学習活動を調整しましょう。

②指導方法
○情報・コミュニケーションおよび教材の配慮

　入院生活では人や地域社会と触れ合う機会も不足します。手紙やメール，テレビ電話等を活用して遠隔地の友だちとコミュニケーションする，インターネットを活用して調べる，疑似体験を行うなど，指導方法や教材・教具を創意工夫しながらコミュニケーションの機会や間接的な体験を提供しましょう。

○学習機会や体験の確保

　入院生活では治療上の必要や様々な生活規制から，日常生活や実技を伴う教科等，様々な体験をする機会が不足します。たとえば，体育の実技，理科の観察・実験，社会の調査・見学，家庭科の実習等です。体験的活動を行う際は，たんに見学や別室待機等にするのではなく，病気の状態や学習環境等に応じて指導方法を工夫して，実際に体験できる機会を計画的に増やすようにしましょう。とくに病院内で授業を行う場合は生活規制や環境面の制約も大きくなります。視聴覚教材を活用する，アレルギーの原因となる物質を除去する，感染症対策を考慮する等の工夫をする等，病院内でも実施可能な課題を準備して体験を補うようにしましょう。

○心理・健康面の配慮

　病気や治療への不安や家族・友達と離れた孤独感から心理的に不安定になり，健康回復や学習への意欲が低下していることがあります。心理的不安定の程度や表れは，年齢や性格，発達段階等，子どもによって様々であり，病気の種類や健康状態の変化，治療内容からも影響を受けます。そのため一人一人の理解や気持ちに寄り添った支援を考えるとともに，医療との連携により，病状や治療・検査の予定を把握することで心理状態をとらえながら，柔軟な指導を行うことが求められます。

　また，子どもの病気の種類や程度は多様であり，心身の状態は日々変化します。医療と連携することで児童生徒の心身の状態を的確に把握し，健康状態や病状が悪化しないように配慮しましょう。とくに心の病気の状態は日内変動も大きいため，子どもとのかかわりの中でつねに病気の状態に気を配るようにしましょう。

●指導案の例

中学部第2学年　理科学習指導案

1　学　年　中学部第2学年　Aグループ（男子4人，女子2人）
2　単元名　酸化と還元
3　生徒の実態
（1）学習集団
　本学習集団はアレルギー疾患，腎疾患，小児がん等の慢性疾患の生徒たちで構成されている。短期入院を繰り返している生徒から1年以上在籍している生徒まで入院期間は様々であり，全員に学習の遅れや学習空白，体験の偏りがみられる。前籍校での教科書や学習進度が異なっており，個々の生徒の理解度も異なるため，中学2年生までの基本的な内容を確認しながら授業を展開していく必要がある。学習に対して受け身な生徒や苦手意識のある生徒が多く，自ら学習を進めることや自分の意見をまとめて発表することが難しいが，教師からの促しや具体的な指示があれば，発問の意味を考えて答える様子や進んで学習に取り組む様子がみられる。また，わからないことや聞きたいことがあっても質問できずにそのままにしている姿や机に顔を伏せてしまう姿もみられる。生徒の学習意欲や学習に積極的に取り組む姿勢を引き出す工夫が必要である。
（2）指導観
　指導に当たっては生徒の実態も踏まえて「実験に積極的に取り組ませる支援」と「個人や班での考察を言葉でまとめて発表させる支援」に重点を置きたい。具体的には以下のような支援が有効であると考える。

> ・授業の開始時には前時までの復習を行い，既習事項を確認させる。
> ・実験を行う時間と考察する時間を十分に確保する。
> ・教師が演示実験等の手本を示すことや手順を絵や箇条書きで示すことで，実験方法に見通しがもてるようにし，進んで実験に取り組めるようにする。
> ・実験ごとの役割分担を明確にし，主体性をもって実験に取り組めるようにする。
> ・ワークシートとホワイトボードを用意して結果や個人の意見をまとめやすくし，班や全体での意見交流を促す。
> ・実験内容が日常生活の中で起きていることを紹介して学習意欲を引き出すとともに，日常生活で起きている現象を科学的にとらえることができるようにする。

4　単元目標　〈略〉
5　単元観　〈略〉
6　単元の指導計画（全4時間）

時	主なねらい・学習内容
第1時	炭素の燃焼とマグネシウムの燃焼
第2時（本時），第3時	酸化銅と活性炭素の混合物の加熱
第4時	日常生活における酸化と還元

7　本時の指導（第2時）
（1）本時の目標（全体）
・酸化銅と活性炭素を混ぜて加熱する実験に関心をもち，化学反応について進んで調べることができる。（関心・意欲・態度）
・実験結果を既習事項と関係づけて説明することができる。（思考・判断・表現）

（2）自立活動の目標（個人）

生徒	目標
A	自らの考えを伝えながら，グループの意見をまとめ，発表することができる。
B	わからないときに，友だちや教師に質問することができる。
C	疑問点や気づいたことをワークシートに記し，友だちに伝えることができる。

※D〜F 〈略〉

（3）展開

	学習活動	支援・留意点
導入	○前時の復習をする。 ○本時の課題を確認する。 ・新しい十円玉と錆びた十円玉の色の違いを比較する。	・前回のワークシートを用いて，酸化の化学反応式を確認させる。 ・生徒の疑問や仮説を化学式でワークシートに記入させる。
展開	○演示実験【酸化銅と活性炭素の混合物の加熱】を観察する。 ・生徒の疑問「なぜ酸化銅がピカピカになるのか」 ○結果を文章と絵でまとめ，考えを整理する（個人思考）。 ○班で話し合いながら疑問点を整理し，仮説を立てる（集団思考）。 ○各班の仮説を発表し，全体で意見交流する。	・教科書に還元剤の例として挙げられている小麦は避ける（アレルギー対応）。 ・黒板に手順を絵と箇条書きで示し，見通しを立てさせてから実験する。 ・ワークシートに記入させる。 ・机間指導を行いながら，適宜周期表を確認するように促す。 ・各班にホワイトボードを配布し，話し合いの過程を記入させる。 ・各班の仮説をホワイトボードを用いて発表させ，意見交流させる。
まとめ	○本時のまとめと実験手順の予告 ・生徒の疑問「二酸化炭素が発生しているのでは」	・次回の実験で確認すべき点をワークシートに書き込ませる。 ・次回の実験計画を話し合わせる。

（4）準備物　〈略〉
（5）板書計画　〈略〉
（6）学習環境　〈略〉

6 重度・重複障害

　重度・重複障害といっても多様です。本節では，物に名前があることが理解できていない認知の状態である子どもを想定します。
　こうした状態の子どもは一見コミュニケーションの成立が難しく，指導のとりかかりに悩むことが多いです。こだわりが強く，集団での学習に適応することも困難な場合もあります。
　しかし，どんなに障害が重い子どもであっても，わかるようになりたい，できるようになりたい，みとめられたいというどの子にも共通する願いをもっていると考えることがとても大切です。できるようになる，わかるようになるために努力しようとする力ももっていると考えることが重要です。適切な指導・支援があれば，もっている力を発揮し，伸びていきます。適切な指導・支援になっているか，教師として自らの指導を吟味することが求められます。

1　できていることを把握する

　指導の基本は実態把握です。興味関心，要求の伝え方（泣く，大人をはたく，大人の手を取って対象物に向ける等），現在できていることを詳細に把握します。
　「できていることは何もありません」という評価はあり得ません。たとえば，後方で音がしたら振り返るということも，できていることです。肢体不自由で，全面介助が必要な子どもが，着替えをするときに，腰を浮かそうとするといったことも気づきたいことです。
　そして，把握した実態を整理します。排泄が自立できていない，名前を呼んでも気づかないといった気になる点よりも，好きなこと，得意なこと，できていることや，改善克服できたら学習や生活がより楽しくなると考えられる事項を書き出します。指導の方向が見えてきます。

2　具体的な目標を立てる

　具体的とは，3か月から半年で達成できる内容の目標です。目標達成の子どもの状態像がイメージできる必要があります。たとえば，物に名前があることが理解できない実態にある子どもが，半年で物に名前があることに気づくといった評価ができるようには，まずなりません。
　たとえば，子どもをよく観察していると，子どもが知っているように思える言葉がある

ことに気づきます。たとえば，どんな言葉をかけても，振り向いてくれない一郎さんは，ヨーグルトという言葉には振り返ります。花子さんは，○○先生という言葉を聞くと満面の笑顔になります。概念として言葉は理解できていなくても，ヨーグルトや○○先生は，大好きな音のまとまりとして理解できていると考えてよいと思います。子どもに届く様々な音の中から，聞き分けられる音（言葉）を増やしていくこともスモールステップの目標になると考えます。

〈目標の例〉

願い：「えほん」を言葉として聞き分けられないが，絵本を見ることが好きである。「えほん」という言葉と具体物の「絵本」をつなげたい。

スモールステップの目標：「えほん」という言葉が具体物の絵本を示すことがわかる。

手立て：絵本を子どもの前に出すとき，まず「えほん」という言葉を伝え，その後絵本が目に入るようにする。

3 教科の目標と自立活動の目標は分けて考える

特別支援学校では自立活動の指導はとても重要です。特別支援学校学習指導要領解説自立活動編の第2章1自立活動の意義には，「自立活動は，特別支援学校の教育課程において特別に設けられた指導領域である。この自立活動は，授業時間を特設して行う自立活動の時間における指導を中心とし，各教科等の指導においても，自立活動の指導と密接な関連を図って行われなければならない。」と書かれています。

国語，音楽や体育といった教科の指導である場合，目標の立て方に注意が必要です。障害が大変重い子どもの場合，たとえば国語科や算数科の授業であるにもかかわらず，目標が，手の操作性やコミュニケーション力を高めるといった類の内容になっている場合があります。自立活動の具体的な指導内容との関連を付けた上で，教科の目標をしっかり押さえる必要があります。

さらに，同第2章2自立活動の指導の基本には「個別の指導計画に基づく自立活動の指導は，個別指導の形態で行われることが多いが，指導の目標を達成する上で効果的である場合には，幼児児童生徒の集団を構成して指導することも考えられる。しかし，自立活動の指導計画は個別に作成されることが基本であり，最初から集団で指導することを前提とするものではない点に十分留意することが重要である。」と記されています。

教育課程で自立活動の時間の指導が設定されている場合，その時間の指導は個別指導を基本と考えます。先に集団指導ありきではありません。

4　学習環境を整える

〈活動の動線〉

　子どもが一人でできる動線を検討します。たとえば，学習Aをして学習Bをする場合，Aの場所で活動した前方にBの活動場所を設置すると，連続してできるようになる可能性が高くなります。子どもの視線の高さや操作しやすい位置を評価して，適切な位置に，課題をおくようにするだけで，できなかったことができるようになる場合もあります。

〈活動内容は一つにする〉

　「AはBに」，「CはDに」といった活動や，「EをしてFをしてGをする」といった活動は，設定しないようにします。「AをしてBをする」活動を学習内容に十分に取り入れます。たとえば，登校して，カバンの中の荷物を取り出し，所定の位置に置く課題の場合，連絡帳や，給食セットを別々の籠に入れるより，一つに籠に入れることをしっかり学習できるようにすることが大切と考えます。一人でできるようになったら，連絡帳と給食セットを分けて設定を用意し，指導していきます。

〈活動のはじめと終わりの場所を変える〉

　何をどのように，いつまでにすればよいかを明確にしておくことは授業の基本ですが，知的障害が重い子どもには，時計はもちろん，絵カードでの提示も，理解が難しい場合が多いです。活動を始める前の場所と終わったときで着席する場所を変える，学習内容によって場所を変えるといったことで見通しがもちやすくなります。

〈視界に入るものを整理する〉

　注目してほしい物がわかりやすいように，注目してほしい物以外の物は極力見えないようにします。生活空間と学習空間を分けることも効果があります。別の教室が無い場合は，段ボール板で衝立を作って，学習のときには立てるという方法もあります。

5　提示はシンプルにする

　京子さんは，知的障害と肢体不自由の重複障害です。首の座りも安定していません。自動車の登場する絵本が大好きです。どのページにも自動車の絵が描かれており，「ぷっぷー」という言葉が繰り返される絵本が題材です。絵本をコピーして紙芝居にします。絵と絵の間に，黒い画面を挟みます。これが教材です。教具は書見台です。書見台に紙芝居状の絵本を置き，視線と絵の位置を合わせます。「ぷっぷー」という言葉のときは，黒い画面です。そのあとに，自動車のページが目に入るようにします。これは，聴覚からの情報と視覚からの情報を分けた方が，絵と言葉のそれぞれをきちんとキャッチできると仮定しての提示です。自動車の絵と「ぷっぷー」の音が一緒の場合は，にこにこと画面を見てい

ただけですが，分けた場合は，「ぷっぷー」の音のときには，目を左右に動かし，絵が見えたときには，食い入るように絵を見ていました。繰り返していくと，「ぷっぷー」の音で，笑顔が見られるようになりました。「ぷっぷー」の音と自動車の登場の因果関係がわかってきたと判断しました。

コップの写真カードと言葉の「コップ」を同じに提示するのではなく，分けて提示することで，絵と言葉の関係が理解できるようになります。同時に提示すると，言葉は認知されにくいようです。未知の言語をはじめて学ぶときのことを想像してみてください。共感いただけると思います。

6 童話の「ストーリー」へのこだわりを捨てる

子どもにわかりやすいようにと考えに考えた挙句，子どもの学びが何であるのかわからない授業になってしまうことがあります。教師の思いに反して複雑な授業展開になってしまうことがあります。題材に絵本の内容を使う場合に多いように思います。たとえば，『三匹のこぶた』の絵本を読み聞かせに使うと，見立てる力を獲得できていない子どもたちに，「ごっこ」をさせてしまっている場合があります。ストーリーに忠実に，授業の展開を考えていくと，子どもの学習ニーズから離れていきやすいです。物語の一部分を使うだけでも大丈夫です。たとえばフーフーフーという音の後に家が倒れる，オオカミが追いかけてきたらレンガの家に入るといった内容でも楽しい学習活動ができます。

7 題材は生活年齢を十分に考慮する

知的障害が重度である場合，年齢が上がっていくと，基本的な発達状況との開きは大きくなります。生活年齢の進行に合わせて，学習内容の難易度を高めていくことには限界があります。興味関心の広がりも少なく，大好きなのは，小学部からずっとアンパンマンという場合もあります。しかし，「できていることを大切に」というポイントと相反しますが，中学部以上の年齢では，大好きでも，アンパンマン等のキャラクターは学習の中では使わないようにしたいものです。小学部では，ぜひ，興味関心を広くしていくためにも，大好きなキャラクターに頼りすぎないようにしてほしいと思います。

中学部，高等部になると，使う絵本等の選択にも苦労します。小学部では，中学部，高等部でのことも考えて，題材を選ぶ必要があると思います。学年進行の系統性は学校内で検討，実践，検証，改善を積み上げていくものと考えています。

8　1単位時間の活動量を十分に保障する

　自立活動の時間の指導でのことです。『AをするとB』になるという因果関係の理解を促す学習内容で，教材に小さな扇風機を使った実践がありました。スイッチを押すと，扇風機が稼働し風が子どもの顔にあたります。子どもは，風があたることが楽しい様子です。教師が一緒にスイッチを押しています。10回ほど繰り返し，その学習は終了しました。毎回自立活動の時間には，この学習内容があり，毎回，10回ほど，教師と一緒に行っています。自分からスイッチにふれるようになることが目標なのですが，その兆しは見えません。あるとき，10回で終わりにしないで，30分くらい，スイッチを押すように促す指導を繰り返しました。すると，自分からスイッチを押すようになりました。毎回数回程度を，何か月も繰り返す方法は理解につながりにくいと思います。1回の授業でできるだけ多く，意欲的に繰り返しができる授業展開が必要です。課題の内容にもよりますが，たとえば同じ10回するなら，毎日1回ずつを10日間行うよりも，1日で10回行う方が効果的な場合が多いということです。1単位時間（1回の授業）の子ども一人あたりの活動量を検討することが重要です。

●指導案の例①教科の指導案

国語科学習指導案

日　時　　平成〇〇年〇〇月〇〇日（〇曜日）
　　　　　〇〇：〇〇〜〇〇：〇〇　（※50分）
対　象　　小学部3年〇組（重度・重複学級）　3名
授業者　　T1　〇〇　〇〇　T2　〇〇　〇〇
場　所　　小学部3年〇組教室

1　単元名
　　音のまとまりに気づく
2　単元の目標
　・『もこ』『にょき』という言葉を他の音から聞き分ける。
　・『ぱくっ』の言葉を期待して絵本の話を聞くことができる。
3　単元の評価規準

関心・意欲・態度	思考・判断・表現	技能	知識・理解
『もこもこもこ』の絵本の『もこ』『にょき』の言葉を聴き取ろうとする。	『ぱくっ』の場面を期待することができる。	教師の合図で本を自分でめくることができる。	『もこ』と『にょき』の音の違いに気づく。

4　単元についての指導観
（1）単元観
　たとえば，英語の語彙力が乏しいと，英語の会話を聞いても意味が理解できない。それでも，語られる英語での話の中に，一つ二つ，理解できる単語を聴き取れると，うれしい気分になるだろう。知的障害が重度で，物に名前があることがわかっていなくても，聞き分けられる言葉があることにより，生活の中の様々な音の中で，知っている音を聞き分けられることは喜びであると考える。本単元では，絵本に出てくる擬音を聴き取ることができることで，より絵本の話を聞くことが好きになり，生活の楽しみになっていくことを期待する。
　学習指導要領の1段階（3）の学習内容として設定する。
（2）児童観（※中学部・高等部の場合は，生徒観とする。）
　知的障害は重く，物に名前があることもまだ理解できていない。しかし，生活に必要な物の名前（牛乳，バス，ママ等）の言葉は，特別の音として聴き取ることができる。
　絵本の読み聞かせは，最後まで聴くことができ，教師の共感の言葉には，視線を合わせようとする。
　言葉の概念は持てていなくても，意味がわかる音のまとまりが増えていくことで，絵本の話をより楽しめるようになっていくことが期待できる児童である。

評価項目（※　一部　実際は20項目）	児童A	児童B	児童C
太田ステージ評価	Ⅰ-3	Ⅰ-3	Ⅰ-2
利き手（物に触れようとしたとき出やすい方）	左	右	右
機能障害　困難の在る身体部位	下肢	下肢	四肢
身体機能の状態	座位保持，握ることは可		
教師の呼びかけに振り向く	○	○	○
教師の働きかけに表情や身振りで応じようとする	△	○	△
「ちょうだい」と言われると持っている物を渡そうとする	○	○	△
「おわり」がわかる	○	○	○

転がるものを視線で追いかけることができる	○	△	△
音のする方を探そうとする	○	○	○
聞き分けられる音のまとまりがある（三つ程度）	○	○	△
簡単な童話を楽しんで聞く	△	△	△

(3) 教材観（※一部）

題材は，たにかわしゅんたろう作の『もこもこもこ』である。様々な擬音語がでてくる感覚に訴えかけてくる絵本である。登場する擬音語は淡々と読んでも，淡々とした感じが表情になる不思議さがあり，他の音と区別して聴き取りやすいと考えた。

絵本を紙芝居に加工した教材を用意し，一部を繰り返し読み聞かせることで，絵の変容と擬音語の因果関係を理解できるようにする。

絵と絵の間に黒い画面をはさみ，擬音が聞こえるときは絵が見えない，絵が見えるときは音がしないようにする。

5　年間指導計画における本単元との関係　省略

6　単元の指導計画

6時間	主なねらい・学習内容（※一部）
第1時	『もこ』と山状の盛り上がりの関係に気づく
第2時	『にょき』と団子状の盛り上がりの関係に気づく
第3時	『もこ』『にょき』の違いに気づく
第4時，第5時	『ぱくっ』の場面がわかる
第6時	擬音が聞こえたら，自分で，ページをめくろうとする

7　単元に関する個々の生徒の実態と本時の目標（※児童B児童Cは省略）

	児童の実態 （一部）	本時の目標	指導の手立て	評価規準 （評価方法）
A	「もこ」が聞こえると，目を大きく動かし，画面を見ようとする。タブレットの画面をスライドさせることができる。	・二つの擬音の違いに気づく。 ・切片合わせが2組できる。	音，絵の順番を規則的に繰り返し，ときに間違いを入れる。 間違いに気づいたとき，その気づきを誉める。	規則性が外れたとき，教師の方を見る。（表情の観察）

8　座席配置図

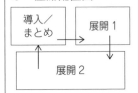

9　指導上の工夫

・タブレットPCを使用する。個別に用意する。
・書見台にタブレットPCを置く。
・絵の間に黒い画面を入れる。黒い画面で擬音を言う。
・読み聞かせは，脈拍のテンポ，はっきりした口調で進める。
・数回繰り返す。間の取り方に変化をつける。意図的な間違いをする。
・学習内容で場所を変える（教室内を移動する）。
・個別教材は，2種類を行う。

10 本 時

（1）本時のねらい
・『もこ』『にょき』の違いに気づく。
・個別課題ができたら，教師の顔を見る。

（2）　本時の展開

時間	学習内容	指導上の留意点・配慮事項	具体の評価規準	評価方法
○：○ 導入 5分	始まりの挨拶 詩を聴く	前方は黒い壁面。はじめは児童右横，次は左横の壁面裏（児童から見えないところ）から朗読。 詩：（たにかわしゅんたろう作『うんとこしょ』）BPM100程度	声のする方を見ようとする。	観察
○：○ 展開1 25分	『もこ』『にょき』の聞き分け （PC片付け） 絵本を見ながら話を聞く	タブレットPCで，『もこ』から『ぱくっ』を3回繰り返す。 3回目は，『もこ』の後で，『にょき』の絵にする。表情を確認する。 1回目：1冊を一緒に。 2回目：個別に絵本を渡す。T1が擬音を言う。子どものペースに合わせる。	間違った組み合わせで，教師の顔を見る。	観察
○：○ 展開2 15分	個別課題	A　切片パズル，絵のマッチング B　プットイン，ペグさし（三角） C　ペグ抜き（横），コップ重ね ・姿勢，操作のしやすさの確認をする。 ・課題ができたときに，子どもと達成感を共有する。	課題ができたら教師の顔を見る。	教材達成 表情の観察
○：○ まとめ 5分	学習の振り返り	「もこ」といって，二つの絵を提示する。	「もこの絵」を観る。手を触れようとする。	視線等の観察

（3）授業観察の視点
・話す声の大きさは適切であったか。・意欲を引き出す内容と教材になっていたか。
・活動量は十分に確保できていたか。・見やすさへの配慮は適切であったか。

●指導案の例②自立活動の指導案

対象の子どもの概要
　知的障害と肢体不自由の重複障害である。認知の状況の診断は6か月程度。四肢麻痺。寝返り，座位保持可。起き上がり不可。追視の際は首もついて動く。左腕優位。

自立活動指導案

　　　　　　　　　　　日　時　　平成〇〇年〇〇月〇〇日（〇曜日）
　　　　　　　　　　　　　　　　〇〇：〇〇〜〇〇：〇〇　（※50分）
　　　　　　　　　　　対　象　　中学部1年〇組（重度・重複学級）　1名
　　　　　　　　　　　授業者　　T1　〇〇　〇〇
　　　　　　　　　　　場　所　　中学部1年〇組教室

1　単元名
　なんだろう，触ってみよう

2　単元の目標
・自分で腕を目的の方に動かそうとする。
・光源を目で追うことができる。

3　単元の評価規準

関心・意欲・態度	思考・判断・表現	技能	知識・理解
電車の玩具を見ようとする。	心地良い方がわかる。	肘から先を45度左右に自分で動かす。	温かい場所と冷たい場所の違いがわかる。

4　指導観
〈単元観〉
　手を伸ばした先で触れた場所が温かく心地よいという体験を繰り返し行う単元である。肘から先を動かす力と物を見ようとする意欲を喚起し，持っている力を恒常的に発揮できるようにしていく上で効果的であると考える。

〈生徒観〉
　食べ物や玩具に手を出すことがある。車いすに座っているところにテーブルをつけようとすると，自分から腕をあげようとすることがある。名前を呼ばれた方を見ようとすることもある。心地よいときには笑顔がでる。
　肘から先は意図的に動かすことができる。意欲的に腕を動かすことが安定してできるようになることが課題になる生徒である。興味のあるものは観ようとする力もある。安定して，目的とする方に腕を動かすことができるようになれば，将来，スイッチ教材を使って，意思表示ができるようになっていくことも可能であると考える。

〈教材観〉
　生徒が気づき，目で追う気持ちを引き出すために，小さな電車に電光を取り付け，生徒の前を1m程度ゆっくり走るようにする。電車が止まる地点に布で覆ったホッカイロを置く。手を動かした先の感触の違いに気づき，また伸ばしてみようという気持ちを引き出すことを期待できる。

5　年間指導計画における本単元との関係　省略

6　単元の指導計画

8時間	主なねらい・学習内容（※一部）
第1時〜第2時（本時）	テーブルに温かく感じる場所があることがわかる
第3時〜第5時	電車が動く方向に手を動かすと温かいことに気づく
第6時〜第8時	温かい方に手を出すと，電車が手の方に向かってくることに気づく

7　単元に関する個々の生徒の実態と本時の目標

	児童の実態 （一部）	本時の目標	指導の手立て	評価規準 （評価方法）
A	冷たい所に手の平を置くと，避けようとする動きがでる。	中間地点から，自分で温かい方に動かす。	誘導と言葉かけを繰り返す。	温かいという言葉を聞いて温かい方に腕を動かそうとする。

8　座席配置図

導入 展開1	展開2 まとめ

9　指導上の工夫
・学習内容によって場所を移動する。
・腕を操作しやすい環境設定として，腕の長さ以上の奥行のテーブルを用意する。
・目の水平上に見てほしい物を置く。
・見えやすくするために，背景は黒い布で覆う。

10　本時の展開
（1）本時の目標
・テーブルの上に温かく感じる場所があることに気づく。

（2）本時の展開

時間	学習内容	指導上の留意点・配慮事項	具体の評価規準	評価方法
○：○ 導入 20分	始まりを知る。 弛緩	身体部位に手を充てる前に，触れることを伝える（「腕，さわります」等）。 体幹→首→肩→腕→脚の順にふれる。 車いすに移乗する。	肩が首の付け根より下がり，腰とひざが水平に近くなる。	状態の観察
○：○ 展開1 13分	温かい場所と冷たい場所を知る。	正中線から右に温かいエリアを作る。 さらに，温かさをより明確に感じるために，アイスノン（布）を充てた場所をつくり，ゆっくり交互に感じるようにする。 「冷たいよ」の言葉をかけてから，腕を誘導する。 温かさを感じるには少し時間がかかる，冷たさはすぐに伝わることを念頭に手を置く時間を調整する。 「温かいよ」の言葉をかけてから，腕を誘導する。 生徒からの動きを待つ。自分で動かして，温かい場所を探り当てたら「温かいね」と共感の言葉を言う。 （場所を移動する）	「温かいよ」の言葉に表情が緩む。 自分から右方向に腕を動かそうとする。	観察
展開2 7分	電車が走るのを見る。	姿勢を整え，電車が当該生徒の視野に入ることを確認する。 「電車が走ります」の言葉を言って電車を登場させる。視線を確認し，必要に応じて気づきを促す。 電車の終点に布で覆ったホッカイロを置く。手をもってその上に置く。 この活動を数回以上繰り返す。	首，肩の緊張が抜けていく。	観察
まとめ 10分	仰臥位になり終わりを知る。	仰臥位にする。体幹を静かに揺らす。腕をさすり，ここを使ったことを伝える。終わりの音楽をかける。		

（3）授業観察の視点
・生徒の状態を汲み取ることができていたか。（他略）

7 自閉症スペクトラム・情緒障害

1 自閉症スペクトラム児の特性理解

　これまで生得的・先天的な脳の成熟障害によって発生する広汎な領域に及ぶ発達上の問題や障害を「広汎性発達障害（PDD）」と呼んできましたが，アメリカ精神医学会の精神疾患の診断・統計マニュアル（DSM-5，2014年）によれば，これまでの広汎性発達障害の用語をやめて，「自閉スペクトラム症／自閉症スペクトラム障害（ASD：Autism Spectrum Disorder）」という自閉症の連続体（スペクトラム）を仮定した診断名が用いられることになりました（ただし，レット障害は除外されます）。また自閉症スペクトラム児の多くは，一般に知的障害を併せ持つ場合が多くみられます。

　以下，姉崎（2011b）を参考にして述べることにします。

　自閉症スペクトラムの基本的な特性として，以下の3点が挙げられます。①対人関係を形成し維持することが難しい。すなわち，対人的相互関係における質的障害として現れます。②話し言葉の理解や使用に困難をもつ。すなわち，コミュニケーションにおける質的障害として現れます。③活動・興味・関心のレパートリーが狭く，反復的・常同的である。すなわち，特定の物事にこだわり，環境変化への適切な対応がとれにくいのです。

　まず対人関係面では，症状が重篤な場合には，対人関係に関心がなく，他人が近づくと押しのけたり避けたりします。また人とのかかわりが持てても，一方的であったりします。また，人と楽しみなどを分かち合ったりして感情的な交流を持つことができず，人の感情を理解することが苦手です。

　話し言葉の面では，言葉がない人から，言葉が遅れている人，文法や語いなどでは年齢相応の人までいます。人の言った言葉をそのまま繰り返したり（反響言語またはエコラリア），独特な言い方が見られる場合もあります。言葉を社会的文脈のもとで理解したり，使用したりする上で困難が見られます。また，コミュニケーションの際の音程や抑揚，リズム，速さ，アクセント，表情，身振りなどのノンバーバルな手がかりを理解したり使用したりすることができず，冗談も理解することが困難です。

　こだわりの面では，たとえば，カレンダーの日付や曜日，時刻表などに強い関心を示します。動くものに強い興味を示し，流れる水にじっと見入ったり，ドアを何度も開け閉めしたりします。また反復的・常同的行動として，手をかざしてヒラヒラさせたり，全身を揺すったりします。同じ状態ややり方に強くこだわり，その変更に抵抗します。教室内の配置や椅子の位置，日課，道順などが，いつも同じであることを求め，それらが変化した

第5章　授業づくりの実際

図 5.7.1　視覚的支援
（注）　作業終了後、その絵の下にレ点カードを貼ることで、次にやるべき作業がわかりやすくなる。
（出所）　姉崎（2011b）61頁

図 5.7.2　学習に集中しやすくした仕切りのある机
（注）　左側トレイの課題が一つ終わったらシールを貼って右側のトレイに入れていく。
（出所）　姉崎（2011b）61頁

り変更したりするとパニック状態になります。パニック時には、本人を刺激しないようにそっと静かな教室へ移動させ、本人がクールダウンするのを待つようにするのがよいです。

また、日頃からその子がどのようなときにパニックを起こしやすいかを分析し、パニックを事前に予防する配慮が何よりも肝要です。

自閉症スペクトラム児の知能については、ウェクスラー式知能検査(WISC-III)の結果によると、言語性知能と動作性知能の下位検査結果に明らかなばらつきが見られ、視覚的刺激によって理解しやすい動作性下位検査の「積木模様」がもっとも強く、コミュニケーション能力を必要とする言語性下位検査の「理解」がもっとも弱いことが報告されています。したがって、一般的に視覚刺激に比べて、聴覚刺激はその処理がとくに困難な傾向が見られます。またある種の刺激に対して過敏に反応したり、複数の刺激に同時に反応するのが苦手です。さらに、不適切行動とされる常同行動（自己刺激行動）やこだわりも、過剰な刺激や周囲の状況の理解しづらさから自らの身を守るための逃避反応として理解されます。

特別支援学級では、自閉症スペクトラム児には、次にすべき活動が見てわかりやすいように工夫したカードによる視覚支援（図5.7.1）、学習に集中しやすいように仕切りを置いた環境（図5.7.2）、絵カード交換式のコミュニケーションシステム（PECS）を用いて自分の気持ちを表したりする指導を行うことで、情緒の安定や対人関係の形成などを学習しています。

2　情緒障害児の特性理解

文部省（1996, 61頁）によれば、情緒障害とは「人とのかかわりなどの周囲の影響によって情緒に混乱をきたし、緘黙や習癖の異常、登校拒否等のような社会的に不適応の状態」を指します。したがって情緒障害児教育の目的は、社会的な不適応状態の改善にあります。

また，わが国では，以前は自閉症スペクトラムなど，人とのかかわりに困難性を示す人も情緒障害の対象と考えられ，小・中学校内に設置した情緒障害特殊学級で受け入れられていました。しかし2002年に学校教育法施行令の一部が改正され，発達障害である自閉症などと心因性の選択性緘黙などの情緒障害を明確に区別することになりました。2002年度の『就学指導資料』によると「自閉症等と選択性かん黙等とは，原因も対応も大きく異なることから，就学や学級編成に当たっては，それぞれ別の指導が適切にできるようにするなどの格別の配慮と工夫が必要である」と示されました。

　次に，情緒障害の代表である選択性緘黙児と不登校児について以下に述べます。以下，姉崎(2011b)および不登校に関する調査研究協力者会議(2016)を参考に述べることにします。

　選択性緘黙児は，場面緘黙児とも呼ばれ，家の中では家族に対して大きな声で話ができるにもかかわらず，学校では教師や友達に対してまったく話ができない状態をいいます。その原因として，学校で教師に叱られたり，友達にいじめられたりした精神的な不安からくる防衛機能として起こると考えられています。指導としては，緊張を強いる働きかけはせず，安心できる雰囲気の中で，情緒の安定のための指導が基本的に行われます。

　選択性緘黙児には，遊戯療法を用いて，まず教師との信頼関係を深め，緊張感を取り除くように接します。対象児が何も話さなくても，うなずいたり，教師の身体を触るなどの非言語的な方法を用いて自分の気持ちを表現できたときには，「よくできましたね」と言って受け止めてあげるようにします。けっして，「話してみてください」などと，発話を強要したりはしないことです。また，教師は保護者と教育相談を行い，本児との望ましい接し方について一緒に考えていくことが大切です。

　不登校児童生徒とは，「何らかの心理的，情緒的，身体的あるいは社会的要因・背景により，登校しないあるいはしたくともできない状況にあるため年間30日以上欠席した者のうち，病気や経済的な理由による者を除いた者」と示されています。

　全国の国・公・私立の小・中学校で2014年度に不登校を理由として30日以上欠席した児童生徒数は，小学生25,866人（0.39％），中学生97,036人（2.76％）の合計122,902人（1.21％）となっています。不登校となったきっかけは，小学校では，不安など情緒的混乱が36.1％，無気力が23.0％，親子関係をめぐる問題が19.1％で，他方中学校では，不安など情緒的混乱が28.1％，無気力が26.7％，いじめを除く友人関係をめぐる問題が15.4％となっています。

　不登校との関連で近年指摘されているのは，自閉症スペクトラムやLD（学習障害），ADHDなどの発達障害があるため，周囲との人間関係がうまく構築できない，学習のつまずきが克服できない，といった状況が進み不登校に至るケースが少なくないということです。このためうつ病にかかる児童生徒もいます。また近年，児童相談所における虐待の相談対応件数は，2001年度は23,274件でしたが，2014年度は88,931件と，数倍増加しています。そのうち，保護者の怠慢・拒否（ネグレクト）には，保護者が子どもを学校に行か

せないなど，児童生徒の登校を困難にする事例も含まれています。こうした状況が長期化すれば，精神障害などを引き起こすことがあります。

不登校児童生徒に対して効果のあった取り組みとして，「登校を促すため，電話をかけたり迎えに行くなどした。」が51.2％，「家庭訪問を行い，学業や生活面での相談に乗るなど様々な指導・援助を行った。」

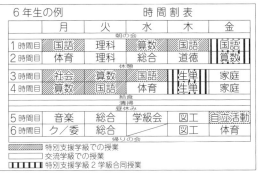

図5.7.3　自閉症・情緒障害特別支援学級の時間割
(出所)　姉崎（2011a）32頁

が47.7％，「スクールカウンセラー等が専門的に指導にあたった。」が41.2％で，家庭への働きかけやスクールカウンセラー等の活用が有効であると報告されています（文部科学省（2015）平成26年度「問題行動等調査」より）。

不登校児童生徒を支援するための機関として，適応指導教室が全国に設置されています。1993年度の設置数372か所に対して，2014年度は1,324か所と整備されてきています。また保健室や相談室は，不登校傾向の児童生徒や学校復帰の際の居場所として活用されており，養護教諭が教育相談において重要な役割を果たしています。

3　特別支援学級における授業づくりのポイント

以下，姉崎（2011a）を参考にポイントを述べます。

①一人一人の障害特性を理解し，適切な配慮のもとで，効果的な授業を展開します。

②児童生徒は授業内容によっては交流学級の授業に参加します。交流学級の担任と特別支援学級の担任が積極的に情報交換を行い連携・協力する必要があります。

③各学期1回程度，特別支援教育コーディネーターを中心に，管理職・交流学級担任・特別支援学級担任・養護教諭・支援員（介助員）が指導・支援内容について会議をもち，共通理解をはかり全校体制で指導にあたる必要があります。

④担任教師と保護者との信頼関係の構築・連携，保護者同士の連携が大切です。

⑤対象児童生徒一人一人について，指導や支援のあり方を十分に検討して「個別の教育支援計画」および「個別の指導計画」を作成して指導にあたります。

⑥「個別の指導計画」の中に児童生徒への合理的配慮の内容についても記述します。

⑦時間割を作成するにあたっては，児童生徒の障害の程度や発達段階，保護者の願いや教師の思いなどを総合的に考えて決定することが大切です。その際，特別支援学級で個別に学習させたい授業，交流学級で交流学級担任だけで学習させたい授業，交流学級で支援員が支援して学習させたい授業，交流学級で特別支援学級担任が指導して学習させたい授業などを児童生徒の実態に即して検討する必要があります。

●指導案の例

国語科学習指導案

指導者　山口　俊三

1　日　時　平成27年11月2日（月）第5校時
2　学級（学年）　なかよし学級（2年男子1名　4年男子1名　5年男子1名）計3名
3　単元名　「石焼き芋で絵手紙」
4　単元の目標
　絵手紙を作る活動を通して
（1）感じたことを絵と言葉で表現する活動を通して，言葉の力を育て，表現力を高める。
（2）観察力・想像力・コミュニケーション能力・人間関係形成能力を引き出す。
（3）情緒の安定を保つための処世術を身に付けさせる。
5　本時の目標
（1）石焼き芋のにおいをかぎ・観察し・食べ，観察し・体感したことを絵と文字で表現する。
（2）（1）の活動を通して，観察力・想像力・コミュニケーション能力・人間関係形成能力を
　　引きだし，情緒の安定を保つための処世術を身に付けさせる。
6　本時の評価基準
　子どもたちが，意欲をもって，主体的に活動できたか？
7　学習展開

学習活動	教師の指導・支援（○） 予想される反応（・）個への支援（※）	評価基準（評価方法）
1．本時の目当てを知る	○「石焼き芋を観察し，食べて，絵手紙をかく」という本時の目当てを伝え，板書しておく。	本時の目当てをつかんでいる。 （行動観察）
2．意欲を高める 　(1)芋掘りの写真を見る 　(2)手遊び「いも型円盤」を楽しむ	○10月末の5年生野外活動で芋掘りをしたときのスナップ写真を見せる。	興味をもって見る。 （行動観察） 積極的に楽しむ。 （行動観察）
3．焼き芋を観察	○「ズバリ」「近寄って」「におって」「食べて」などの視点に分けて観察させる。 ・えび茶色　・いいにおい　・甘い	観察したことを自分の言葉で表現する。　（行動観察）
4．絵手紙をかく	○8つ切り画用紙に，絵→文字の順にかかせる。	しっかりと観察して絵をかく。　（行動観察） 絵や文字の配置を考えて仕上げる。　（作品）
5．本時の活動を振り返る	○本時に行ったことや，感想を発表させる。	自分の言葉で発表できる。 （行動観察）

※4行詩を取り入れた絵手紙風の作品づくりについて

　授業づくりで大切なことは，子どもの実態（何が好きか，得意か，できるか，できないかなど）をとらえて伝える内容を設定し，子どもたちに物事の価値や，伝えたい内容を伝えることです。実態に合った授業を受けることを通して，子どもたちは学習の主体となり，自分の持っている力を引き出しながら成長していきます。

　情緒に障害があって，不安やこだわりなどの生きづらさや，コミュニケーションに難しさがある子どもたちが，主体的に学習するための手立てとして，感じたことを絵と言葉で絵手紙風に表現する学習活動を取り入れてみました。

　以前から，生き物を観察して，それをスケッチし，題と日にちと短い文を添えて，作品に仕上げるという活動をさせてきました。

　一昨年の秋からは，短い文を書くのに4行詩の手法を取り入れて書かせるようになりました。4行詩導入のねらいは，視点を持って，観察・記録させるためです。

　詩に書かせたいものを子どもたちに見せて，以下の手順で書かせていきます。まず，題と名前を書いた後，1行目に，直感で思い浮かぶことをズバリ書きます。次に，2行目に，近づいてみて気づいたことを書きます。3行目には，さわったり，におったりしてみて気づいたことや感じたことを書きます。そして最後に，思ったことや考えたこと，疑問に感じたことなどを書いてまとめます。

　子どもたちは，4行詩や，それを応用した方法で詩を書き，それに生き物を観察してスケッチした絵に添えて，絵手紙風の作品に仕上げていきます。

　4行詩の手法を取り入れて，絵手紙風に仕上げた作品をいくつか紹介します。

```
題（　　　　　　　）
名前（　　　　　　）
1　ズバリ（直感で）書く
2　近づいてみて書く
3　さわったり，におったりしてみて書く
4　思ったこと，考えたことなどを書く
```

タマネギ 5月28日
ちいさいのがある。なめて見たら、土のあじがした。このタマネギでカレーを作る。6月2日に、カレーを作る。

アゲハ 四月一五日
アゲハが、うかした。はねは、うす黄色だ。はねがひらいた。すじがある。

さつまいも 10月三日
ほくほくしている。ひげのようなものがある。でこぼこしている。やきいもにしたい。

たけのこ 4月2日
サボテンみたい。太こみたい。ザラザラしている。大きいのでびっくりした。

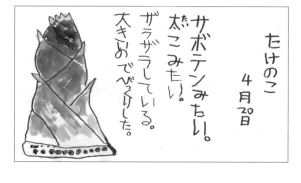

第5章 授業づくりの実際

8 授業づくりと模擬授業・研究授業の実践

1 特別支援学校における授業づくり

①特別支援学校における教育課程

　特別支援教育における授業づくりでは,「教育課程をどのように編成するか」, つぎに,「各教科の目標と内容はどのようにするか」, そして,「個に応じた教育のために実際の授業をどのように組み立てるか」という学校教育の流れに一貫性が求められます。しかしながら, たとえば, 特別支援教育が初めての経験となる先生方や教育実習の準備段階である大学生にとっては, 通常教育とのつながりや双方の位置づけが十分理解されていないために, 授業に一貫性を欠いてしまうのではないかと危惧されることがあります。

　以上のことから, 授業づくりの前に, 特別支援教育における教育課程と授業の関係をしっかりと理解しておくことは非常に重要です。特別支援学校は, 学校教育法第72条に定める目的を実現するために設けられ,「視覚障害者, 聴覚障害者, 知的障害者, 肢体不自由者又は病弱者（身体虚弱者を含む）に対して, 幼稚園, 小学校, 中学校又は高等学校に準ずる教育を施すとともに, 障害による学習上又は生活上の困難を克服し自立を図るために必要な知識技能を授けることを目的とする」（下線は筆者）学校です。また, 指導内容, 指導形態, 年間指導計画, 授業時数等は学校教育法施行規則および学習指導要領に示された基準に則して定められています。そして, その特別支援学校における教育課程は,「学校教育の目的や目標を達成するために, 教育の内容を児童生徒の心身の発達に応じ, 授業時数との関連において総合的に組織した学校の教育計画」と解説されています（文部科学省, 2009a, 120頁）。

　なお, 当然のことですが, 特別支援学校での教育課程における「準ずる教育」は「同じ」という意味も含めて使用されてきましたが, ここで重要な点を補足するなら,「『準ずる』は『同じ』を意味するのであるが, 知的障害の場合は, 少し異なる事情がある。知的障害という性質上,『同じ』教科内容の学習は困難だからである。」（石部・柳本, 2011, 77頁）という点です。これは,「教育課程の二重構造」といわれていることで, 通常の学校における学習指導要領に示す領域・教科の内容は, そのための時間を設定して授業を実施するのが原則ですが, 知的障害の場合, 通常の学校のように領域別・教科別に授業をしてもいいし, それらを合わせてしてもいいということになります。このことは,「個に応じた教育」を可能とするために, 教育課程の決定を学校や教師の裁量に委ねているということであり, ここに特別支援教育の大切な役割と責務があるという認識が重要です。このこ

とは，肢体不自由児を教育する特別支援学校には，障害が重度・重複化し，実態が多様化した肢体不自由児が在籍しており，それに応じて編成される教育課程は多様化しているので，それに合わせた教育課程の編成が必要であるといわれてきたことと同様で（石部・柳本，2011，170頁）（第4章図4.1.1参照），以上のことは全ての特別支援学校にかかわることです。

このように特別支援学校における教育は，公教育の性質を有し（教育基本法第6第1），全国どこにおいても同水準の教育を受けることのできる機会を国民に保障することが必要ですが，同時に，児童生徒の障害の状態および発達の段階や特性，地域や学校の実態等に応じて効果的に行われる必要があります（文部科学省，2009a，122頁）。

②各教科の目標と内容と領域・教科を合わせた指導

学校教育法施行規則第130条の2に，「特別支援学校の小学部，中学部又は高等部においては，知的障害者である児童若しくは生徒又は複数の種類の障害を併せ有する児童若しくは生徒を教育する場合において特に必要があるときは，各教科，道徳，外国語活動，特別活動及び自立活動の全部又は一部について，合わせて授業を行うことができる。」（下線は筆者）の規定があります。

具体的には，「日常生活の指導」「遊びの指導」「生活単元学習」「作業学習」が，領域・教科を合わせた指導形態で，知的障害特別支援学校では，従前からこれらの指導形態がとられており，「合わせた授業」は，教育課程上の大きな特色となってきました（文部科学省，2009a，246-248頁）（図5.8.1参照）。

しかしながら，「個に応じた教育」をいかに保障するかという課題が，特別支援学校の教育課程編成や授業づくりの難しさになっているのも現実です。とくに「合わせた授業」では，それらがほぼ「手づくり」になるので，このことが教師の肩に掛かっていて，学校全体として考えた場合は，授業に一貫性を欠いてしまうのではないかという危惧につながります。言い換えれば，それらが「個人的な取り組みになっていないか」「普遍性があるのか」「妥当性があるのか」等々です。

実際には，本時の授業づくりをする前に，学習指導要領，学びの履歴，発達のレベルと一覧表（標準化された発達検査など）等を用いて学習指導案を作成しますが，もっとも大きな問題点は，教育課程の範囲（スコープ，scope：教育内容の範囲，または，その基準や観点）と系統（シークエンス，sequence：教育内容の配列，または，学習順序）が整理されないままになってしまう可能性があるということです。教育課程にとって欠くことのできない要素は，教育課程を規定する教育目的であり，同時に，それが整理された状態のスコープとシークエンスです。つまり，教育課程は達成されるべき教育目的に応じて作成され，その範囲と系統は教育課程の教育目的を達成するための内容を網羅した体系であるといえます（石部・柳本，2011，68-69，74頁）。

また，範囲と系統が整理されないで混沌としている場合は，学びを「見える化」して整

第5章　授業づくりの実際

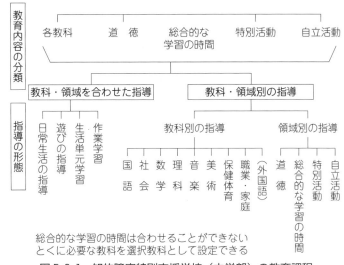

図5.8.1　知的障害特別支援学校（中学部）の教育課程
（出所）石部・柳本（2011）79頁

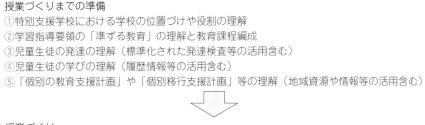

図5.8.2　授業づくりまでの準備と授業づくり

理するのに必要なポートフォリオ（portfolio）の作成がとても困難になります。つまり、学びの履歴の「見える化」を難しくします。このポートフォリオは、教育分野における個人評価ツールで、学びの履歴を理解することは、児童生徒の学びを視覚化して効果的にするためにも大学も含めて全ての学校でその作成が重要な課題となっています。

　そのような現状の中で、特別支援教育における授業づくりに関しては、多くの学校では、それぞれの手順を踏んで優れた教育課程を編成し優れた授業実践がなされています（図5.8.2参照）。授業づくりにおける今後の課題は、図5.8.2の作業の中でどれだけ「共通の道具」を使うかということです。そうすることによって、授業の一貫性や普遍性、妥当性等が一段と高まるといえます。

③学習指導要領におけるICFの活用——変わる「障害」観

　本書で課題としているのは、そのタイトルに含めた「特別支援教育の授業づくりと生活の指導」ということです。つまり、「生活を支える」という視点をどのように授業づくりに組み込むかということが大変重要な課題になります。そこで、まず、共通の道具として

第Ⅱ部　特別支援学校・特別支援学級における授業づくり

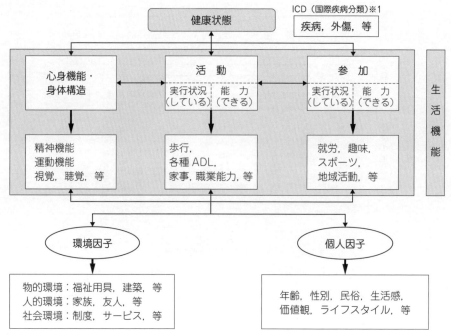

図5.8.3　学習指導要領における「障害のとらえ方と自立活動」

（注）　※1　ICD（国際疾病分類）は，疾病や外傷等について国際的に記録や比較を行うためにWHO（世界保健機関）が作成したものである。ICDが病気や外傷を詳しく分類するものであるのに対し，ICFはそうした病気等の状態にある人の精神機能や運動機能，歩行や家事等の活動，就労や趣味等への参加の状態を環境因子等のかかわりにおいて把握するものである。
（出所）　厚生労働省大臣官房統計情報部（編）「生活機能分類の活用に向けて」（文部科学省（2009b）20頁より転載）

考えられるのが国連の機関である世界保健機関（WHO）のICFです。なぜなら，障害はこれまで，「個人の属性としての問題」として考えてきたことに対して，「社会との関係からみる」という視点に変わったことで，障害のとらえ方が大きく変わってきたからです（上田，2013）。

1980年にWHO「国際障害分類」（ICIDH：International Classification of Impairments, Disabilities, and Handicaps）が公表され，障害概念を社会との関連で構造化した点などが世界的に注目されました。そこでは，「社会的不利」は「機能障害」や「能力障害」の結果としてその個人に生じる不利益であって，教育・労働・結婚における機会の制約や，文化・余暇・その他社会参加に際しての機会の制約などがあるとしました（WHO, 1980, pp. 10-14）。

画期的な「国際障害分類」でしたが，従来のものが「診断モデル」に傾いているという批判など種々の問題点も指摘されるようになり，改訂版が2001年5月に，「国際生活機能分類」（ICF：International Classification of Functioning, Disability and Health）として世界保健機関（WHO）総会において採択されました。ICFは「国際障害分類」の基本的構造を受け継いでいますが，障害を「活動制限」と「参加制約」という視点から，さらに，「健

康状態」からだけでなく「環境因子」や「個人因子」という視点からあきらかにし，マイナス面だけでなくプラス面も記述できるように視野が拡大され，表現も中立的・肯定的にしました（世界保健機関，2002，9-22頁）。

以上のように，ICFは人の「生活機能」を全体的な視点で見ようとする点で，その「困難」（障害）はその人の生活の一部であると考えていますが，これはとても重要な視点です。なぜなら，障害のとらえ方は，人の生き方，そして，支援のあり方を方向づけるもっとも基本となる視点であり，障害を限られた面からしか見なければ，それに基づいた支援は限られたもの，あるいは，偏ったものになる可能性があるからです。

医療や福祉の分野では，ICFの概念がすでに活用されてきましたが，教育においても2009年6月の特別支援学校学習指導要領改正で，学校教育法第72条の改正を踏まえ，領域「自立活動」における視点とかかわりにおいてICFの概念を採用し，「障害に基づく種々の困難」を「障害による学習上又は生活上の困難」と改めました（文部科学省，2009b，20頁）（図5.8.3参照）。

教育課程の編成や授業づくりのために，共通理解のための「道具」としてICFを活用することは，今後もとても有効だと考えられます。

④ 「個別の教育支援計画」と連動した授業づくりの試み

つぎに，共通の道具としてあげるべきは，「個別の教育支援計画」等です。障害がある人の，職業的自立への移行や地域生活への移行が社会的に強く望まれています。最近の動きとして，送り出す側の学校としての取り組みにおける「個別移行支援計画」や社会福祉施策における「個別の支援計画」が整備されようとしていますが，移行を円滑に進めるためには，教育・福祉・労働等それぞれの分野の協力が欠かせません。また，こうした学校と地域の関係機関との協力においては，障害がある人へのライフステージを見通した支援が必要であり，「個別移行支援計画」はその支援を有効に実施するためのツールとして重要視されるようになってきました。

この教育における「個別の支援計画」と「個別の教育支援計画」の関係については，「個別の支援計画」を関係機関等が連携協力して策定する際に，学校や教育委員会等の教育機関等が中心になる場合に，「個別の教育支援計画」と呼称しているもので，概念としては同じものであるとされています（第7章第1節参照）。

さて，表5.8.1は長年かけて作成された「授業づくり」の手法例です。まず，教育課程も含めて，「個別の教育支援計画」としての役割がある「移行支援プラン」，主に「個別の指導計画」としての役割がある「特別支援プラン」および「特別支援プログラム」を一冊のファイルに綴じ込んでいます。こうすることで，各書類相互の関連をはかり，指導および支援に生かしていくことができるとしています。また，それらを図式化したものが，図5.8.4で，各教師の授業づくりの道具として用いられています。このようにして，教師・学校が共通の道具として，個別の支援計画を用いて，つねに相互に関連づけて教育ができ

表5.8.1　授業づくりと各種の書類

本稿における名称	校内における名称
個別の教育支援計画	移行支援プラン
個別の指導計画	特別支援プラン
	特別支援プログラム
	様式①教育課程
	様式②個別の指導計画
	様式③学習の記録

（出所）　群馬大学教育学部附属特別支援学校（2016）7頁

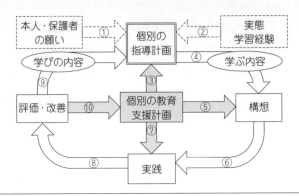

①本人・保護者の願いを捉える
②子どもの実態や学習経験を捉える
③将来像や支援方針とのつながりを確かめる
④子どもが学ぶ内容を具体的にする
⑤将来像と単元の目標とのつながりを確かめる
⑥学習活動を具体化する
⑦学校や家庭，子どもが利用する施設などにおいて行っている支援方法を取り入れる
⑧子どもの姿と教師の支援を振り返る
⑨単元の終了後，学びの内容と有効であった支援方法を評価し，記録する
⑩将来像に対する生活場面における子どもの変容と，有効な支援の方法を関係する人たちと共有し，評価，記録する

図5.8.4　個別の教育支援計画と個別の指導計画を関連させた授業づくり
（出所）　群馬大学教育学部附属特別支援学校（2016）7頁

るようにしています。

また，「個別の教育支援計画」作成の際に，どの子にも当てはまる共通の「物差し」となる学校独自のものを「子どもの将来を見通して，大切にしたい12のこと」として作成し，活用している例もあります（表5.8.2参照）。これは，在学中に全ての子どもに身につけられるようにしたい能力や態度として，卒業生およびその進路先への膨大な調査から明らかにしたものです。このことによって，学校のこれまでの取り組みや実績，しかもその地域性が反映された「物差し」を，毎年，道具として活用できるようになったのです。つまり，次年度の教育課程編成や「個別の指導計画」作成等に生かしていくこと，そういったサイクルを確実に継続できるような学校としての体制づくりの好例といえるでしょう。学校にかかわる全ての教育内容を再構築することによって作り上げられた新たな「物差し」を用いて，学校教育の信頼性や妥当性を高め，個に応じた教育を保障する実践をしているとい

表5.8.2 「子どもの将来を見通して，大切にしたい12のこと」

①身の回りのことを一人ですること
　（着替え，歯磨き，食事の仕方，排泄，ものの準備，片付け，整理など）
②健康の維持・管理をすること
　（運動習慣，体つくり，服薬，生活リズム，体調を伝えること，バランスのとれた食事など）
③自分の思いを他者に伝えること
　（要求，自己選択，意思の表出，他者への応答など）
④スケジュールにそって行動すること
　（次の活動への切り替え，時間を守ること，予定に従うことなど）
⑤ルールを守り，安全に行動すること
　（きまり，安全な通勤，危険察知・回避など）
⑥役割を果たすこと
　（指示の受容・理解，自己判断，必要なことの報告・連絡，困ったことの相談など）
⑦金銭の支払いや管理をすること
　（店での購入，予算内での支払い，給料の管理など）
⑧気持ちを落ち着ける場所や方法を持つこと
　（休み時間の過ごし方，リフレッシュの仕方など）
⑨自分なりの楽しみや得意なことを持つこと
　（趣味，余暇活動への参加，地域資源の活用など）
⑩集団の中で活動すること
　（周囲への配慮，仲間との協調など）
⑪相手に好感を与える態度をとること
　（マナー，あいさつ，返事，言葉遣い，身だしなみなど）
⑫目標にむけて取り組むこと
　（夢・希望や意欲を持つこと，体力を高めることなど）

（出所）　群馬大学教育学部附属特別支援学校（2014）5頁

えます。

2　模擬授業・研究授業の実践と課題

①模擬授業・研究授業の研究とマイクロティーチング

　模擬授業・研究授業に関する研究は数多くなされてきましたが，ここでは，筆者が「特別支援教育実習指導」（授業回数15回）の模擬授業で活用しているマイクロティーチング（Micro Teaching，以後MTとする）を例に述べます。

　MTとは，教師の教授行動の向上をはかるために考慮された方法で，カリフォルニア州のスタンフォード大学において1963年ごろから行なわれたものであるといわれています。具体的には，最初のA（教師または教育実習生）が，ある授業スキルへ焦点をあてて，約5分間程度5人ぐらいの生徒に授業をします。つぎに，Aの授業を参観したB（教師または教育実習生）は，別の生徒に授業（授業内容は同じでも変えてもいいがAの授業の参観は反映される）をし，その後，指導監督を受けながら自分の授業の映像をみて，同時にその授業スキルがどのようであったかについて評価を受けます。そして，Aの授業，Bの授業と指導を参観していたC（教師または教育実習生）は，授業とその映像をみての反省と，評価を受けたことを念頭に次の授業の計画を立て実践します。その後，AやBは再び，別の

グループの生徒にもう一度改善されたスキルによる授業を行います。この一連の授業・評価・訓練のサイクルは必要に応じて繰り返されます（笹本，1978）。

元々は，MTは実際の授業でしたが，大学等で行われる模擬授業でもMTの手法にならって実施する場合もあり，現在ではこれらも含めてMTという場合があります。その場合は，少人数の学生グループが教師役と児童生徒役を担当して，短時間（5分から20分程度）の模擬授業の発表をしますが，その前に，グループごとに学習指導案を計画し，教材の準備や教室の配置図等も想定することもあります。そして，その授業を撮影した映像を活用しながらクラス全体やグループごとに振り返りをして授業力を高めるというやり方が一般的で，教育者育成に広く用いられています（髙乘・浅井，2003）。

このように，MTは教え方を中心に学ぶ方法で他の模擬授業で用いられるルール等ととくに違っている点はありませんが，つぎのような特徴があるといえます。

・授業を短くし，内容を絞って授業展開をすることで，焦点を当てた効果的な学習体験ができる。
・映像を用いて振り返ることで，その作業をより客観的でわかりやすくできる。
・授業技術だけでなく，児童生徒役の心理を疑似体験することができるので，その点から重要なフィードバックがなされる可能性がある。

②模擬授業・研究授業におけるマイクロティーチングの活用

まず，学校における教育課程と授業までに至る過程との関係を整理します。それは，通常学級における授業づくりと基本的には，変わらないという認識からスタートすることがとても重要です。

たとえば，小学校1年生の国語を受け持つ先生は，小学校学習指導要領の付録にある「学年別漢字配当表」に基づいて子どもに教える漢字の順序性を教科書とともに理解していなければなりませんし，算数の場合は，「整数の乗法九九」が2年生の内容であるということを当然のこととして，理解して実施しなければなりません。

つぎに，児童生徒の実態を想定します。学生が障害がある子たちとの触れ合いが豊富であることが望ましいのですが，その具体的体験を生かし，かつ，実際の授業映像等で「障害理解」をはかります。そうしたうえで，児童生徒の実態，障害，発達の段階等を想定し，つぎに，単元設定と個々の授業計画を決定し，本時の学習指導案を作成します。模擬授業の発表は，全員の学生と教師が参観する前で行います。

そうした発表を，数グループが順番にしますが，発表直後の発表者の感想や参観者による他者評価表を集計します。その際には，撮影した映像をグループ全員で確認しながら，また，最後に，振り返りのまとめを各グループが報告資料や映像を用いて発表します。表5.8.3はあるグループの他者評価を集計した事例です。

③TEACCHプログラムの構造化のアイデアによる授業づくり

自閉症スペクトラム児の認知的なニーズ（情報処理機能）に合わせた学習や生活のため

第5章 授業づくりの実際

表5.8.3 マイクロティーチングの実践と評価表例

模擬授業のまとめ（他者評価）　発表者　1班（○○・△△・□□・▽▽・◎◎）　評価者　（無記名で）

評価	5点(人)	4点(人)	3点(人)	2点(人)	1点(人)	平均点	コメント
始め方（導入）	1	5	4	5	2	2.9	2分オーバー
声の大きさ	5	7	4	1	0	3.9	
声の調子	4	9	4	0	0	4.0	
声の明瞭さ	5	7	4	1	0	3.9	
発言は要旨だけを伝えているか	3	5	5	2	2	3.3	違う言葉で混乱も？
発言に気になる癖はないか	1	2	7	4	3	2.6	「えーと」「たとえば」等が多い
不適切な発言はないか	3	3	9	2	0	3.4	
姿勢や態度は適切か	3	7	6	1	0	3.7	
何をするか（指示等）は適切に伝わったか	4	7	4	0	2	3.6	後半，言葉の説明が多い
児童生徒の発言等を適切に捉えたか（質問）	4	7	3	1	2	3.6	
目配り	4	5	8	0	0	3.8	
板書はわかりやすかったか	9	4	3	1	0	4.2	授業の流れがわかりやすい
まとめ方（終結）	9	4	3	1	0	4.2	視覚的にわかりやすい教材
指導案1：単元は適切か	2	4	11	0	0	3.5	
指導案2：本時の目標は明確か	2	7	8	0	0	3.6	
指導案3：教材研究は適切になされていたか	5	6	5	1	0	3.9	
指導案4：指導案のねらいは達成されたか	3	7	7	0	0	3.8	
指導案の計画性・わかりやすさ・様式等の内容	5	5	7	0	0	3.9	
《観察者の意見》○良い点	〈導入〉 ・絵カードを用いて授業の流れを示していた。 ・板書がきれいに整理されている。 〈展開〉 ・児童の能力に応じてゴールまでの距離を変更していた。 ・足のマークを用いて立つ位置を示していた。 ・体育館を4分割にし，内容ごとに活動場所を分けていた。 ・MTとSTの役割が明確だった。 ・一つ一つの動作を児童がわかっているか確認していた。 ・パスの際に，相手の名前を言って合図をしてからパスをさせていた。 ・教師の発問が明るくわかりやすい。 ・目配りが細かいところまでできていた。 〈まとめ〉 ・一人一人に模造紙に視覚化した写真や絵を用いて振り返りをした。						
《観察者の意見》○課題とする点	〈導入〉 ・黒板を使って今日やることを示した方が児童は落ち着いて取り組める。 ・一人一人のめあてが不明確。 ・授業の流れは，横軸ではなく縦軸の方がわかりやすいのでは。 ・安全面の配慮があったのか。 〈展開〉 ・順番を待っている児童への配慮が足りない（待っている児童に応援させるなどの工夫がほしい）。 ・ほめる言葉のバリエーションが少ない（具体的に褒めること）。 ・○○のルールおよび説明が児童にとって難しいのでは。 ・児童が皆おとなしい（実際に起こりうる場面をいくつも想定すべき）。 ・授業の後半で言葉による指導が多いと感じた。 ・児童の実態がどのようなものなのか詳しく書いてほしい。 〈まとめ〉 ・22分かかったが，時間通りに終える必要がある（導入に時間がかかった）。						

模擬授業の内容：知的障害特別支援学校小学部3年生（児童3名），授業者MT（メイン・ティーチャー），ST（サブ・ティーチャー）の以上5名のグループ
単元名：「サッカーをしよう」
目標：パス回しを行う際に手を挙げて相手にわかる合図が送れる。意欲的に体を動かしサッカーを楽しむ。
他者評価者は参観学生17名と指導教師1名。

第Ⅱ部　特別支援学校・特別支援学級における授業づくり

表5.8.4　構造化のアイデアによる「模擬授業・研究授業」チェック表

①教室の構造化：どこで何をするかがはっきりと決まっていてわかりやすいこと
②スケジュールの構造化：授業全体や一つ一つの課題の流れが視覚化されていてわかりやすいこと
③教材の構造化：一人でできる教材になっていること
④授業内容の構造化：何をどのようにいつまでやるかが明確になっていること

の教材や環境を構成するプログラムであるTEACCHのアイデアは，特別支援教育の授業にも数多く取り入れられてきました（高橋，2013，77-79頁）（第9章第3節も参照）。それらを授業づくりの視点から筆者が加筆修正したものが表5.8.4です。

　まず，「教室の構造化」とは，教室の環境がわかりやすく整理されていることですが，重要な点は，「どこで何をするかがはっきりと決まっていてわかりやすいこと」です。具体的には椅子だけのコーナーや衝立などで仕切られた机，人の視線からのがれてちょっと休むことができる場所（タイムアウト用を兼ねる），おやつをいただくテーブル等を必要に応じて配置します。ホワイトボードや壁も情報を整理して混乱しないようにする必要があります（高橋，2013，77-79頁）。

　つぎに，「スケジュールの構造化」とは，「授業全体や一つ一つの課題の流れが視覚化されていてわかりやすいこと」ですが，とくに，「視覚的情報」で整理して提示することがとても有効な場合が多いです。文字だけでなく，写真や絵，シンボル的なマークも有効ですが，授業が進行しても以前の内容を確認したい子どももいますので，ホワイトボードの左側等のスペースに「おしまいボックス」として残しておくことも役に立ちます（高橋，2013，77-79頁）。

　さらに，「教材の構造化」とは，子どもが興味を持って授業を受けるのに役立つものといえますが，「一人でできる教材になっていること」という視点で，できあがった教材をチェックすることがとても重要です。たとえば，授業のまとめのワークシートでも，教師が手取り足取り説明しないとできないものであれば改善する必要があります（ショプラー・佐々木，1986）。

　最後に，「授業内容の構造化」とは，「何をどのようにいつまでやるかが明確になっていること」です。本時の授業のめあてがはっきりしていることは当然ですが，授業をいくつかの課題で切り取ってみると，各場面である子は，「今，何をしていいかはっきりわからない」でいるとか，何をするかはわかっていても，「どのように，いつまでにやったらいいかわからない」でいるということは頻発する可能性があります。四つの構造化のアイデアでは，教師にとって，これが一番難しい「授業づくり」の課題ではないかといえます（ショプラー・佐々木，1986）。

　TEACCHプログラムの構造化のアイデアは，特別支援教育の現場のみならず，あらゆる現場の授業でも，または，教員養成の段階や教育実習の場面でも活用できるものだといえるでしょう。

コラム7 「授業の評価」について

1 評価の目的と方法

　教育における評価の目的は，小学校や中学校，高等学校等と特別支援学校等のどの教育現場であっても変わりありません。それは，「教育の活動・成果や教育目標の達成度を評価・判定すること」です。その上で，評価を踏まえて，授業を改善していくことが教師の仕事の中で大切なことの一つです。

　特別支援学校における授業は，個別の指導計画に基づいて，子ども一人一人のニーズに合わせて行います。授業では，子どもが何を学んだのか，どんな力をつけたのか「一人一人の目標」に照らし合わせて，評価する必要があります。同時に，教師が授業で行った指導・支援がどの程度，子どもの目標の達成に有効であったのかも評価します。特別支援学校や特別支援学級と，通常の小学校と中学校，高等学校等との大きな違いは，「一人一人の目標」が異なるということです。子ども一人一人で目標が異なるということは，評価の基準も一人一人違っており，単純に「できた」や「できない」ではなく，次のような視点で評価するべきだと考えます。

・子どもが「どこまでできているのか」を評価する点。
・子どもが「どの学習活動やどの支援が理由でできたのか」を評価する点。
・子どもが「どの学習活動やどの支援が理由でできていないのか」を評価する点。

　上記のような視点を持ち，子どもが学習に取り組む姿から判断する必要があります。「どこまで，できているのか」を判断できれば，次の目標を設定する際の手がかりになりますし，「何が理由でできたのか」を判断できれば，その子にとって有効な指導・支援の方法を把握することにつながります。そして，私がとくに重要だと考えるのは「何が理由でできないのか」を判断することです。子どもが思うように学習活動に取り組めない場合，最終的には教師の側に原因があると考えます。たとえば，教科・領域を合わせた指導である「遊びの指導」において，子どもが遊びに参加することが難しかった場合があったとします。原因として，教師が設定した遊びが子どもの興味・関心をひくものでなかった可能性，子どもにとって遊びのルールや遊具の難易度が高すぎた可能性，今回の遊びに必要な身体能力や知識，経験等が身についていなかった可能性等，いろいろな可能性が考えられます。そういった事態を防いだり，授業を改善したりするためには，教師が子どもの実態をとらえ，本人の実態に適した学習活動や教材・教具，環境を設定していくための情報を把握しておくことが大切です。

　評価には，授業づくりに必要な一人一人の実態を事前にとらえる「診断的評価」，授業における子どもの姿から次の授業に向けて改善を図っていくための「形成的評価」，授業を終えてから，別の授業や学年，学校につなげていくための「総括的評価」があります。「診断的評価」は事前に，「形成的評価」は途中に，「総括的評価」は最後にと考えるとわかりやすいと思います。こういった評価がうまくかみ合うと，子どもの一人一人のニーズにあった授業を継続して行えるようになると考えます（コラム8も参照）。

2 子どもに評価を伝えるときの留意点

　これまで，どちらかというと教育を行う側，教師にとっての授業の評価について述べてきましたが，次に子どもにとっての授業の評価について，私なりの考えを述べていきたいと思いま

す。以前の私は，授業の評価というと，教師の側だけで完結してしまうように思っていましたが，子どもに評価を伝え，子どもが自分自身を理解するための手がかりになるようにすることも大切だとこれまでの経験でわかりました。子どもに評価を伝える方法としては，通知票のように書面で伝える方法や面談という形で伝える方法等があります。そして，私がとくに大切だと考えるのは，授業中，子どもに即座に伝える評価です。

　授業中，教師が子どもに評価を伝える際のポイントとして，第一に，子どもの側に立って，できていることを賞賛したり，できていないことを「○○が難しいですね」と共感したりすることが大切だと考えます。そのためには，子どもの実態を踏まえて学習に取り組む姿を観察したり，学習活動の結果できた作品やワークシートを確認したりする必要があります。第二に，「できた理由を伝えること」や「できなかった理由を伝えること」が大切だと考えます。第三に，「次にできるとよいこと」についても示すことができると，評価がより効果的な支援としての意味を持つと考えます。他にもポイントとして，以下のようなことに留意するべきだと考えます。

・具体的であること。
　→たとえば，乗り物遊びにおいて，子どもが遊具をうまく操作できた際，「よくできましたね」と伝えた後，「両手を使って○○を操作したから，できたんですね」と付け加えると，何がよかったのか具体的になると思います。
・本人の実態にあった手段で伝えること。
　→たとえば，ボール運動において，子どもがボールをうまく投げられた場合，本人の動作を教師がまねしながら評価することで，言葉だけでは本人にわかりにくくても，具体的な動作を目の前で示すことでわかりやすくなると思います。

　教師は子どもと一緒に学習の振り返りを行い，子どもががんばったことを伝え，取り組んだ活動に対して子どもが自信を持てるようにすることを目指します。そのための評価の伝え方は，一人一人の実態に応じて工夫し，異なった伝え方になります。

　これまで，授業の評価について，私なりの考えをいくつか述べてきました。教師は，子どもの目標や評価の基準を意識して子どもに接することで，適切な指導・支援を行うことができます。また，子どもに評価を伝え，子どもが自分自身を見つめる機会にもなり，それが将来の自立や社会参加の一助になることと思います。評価については，他にも大切なことが数多くありますが，授業の中心には子どもがいて，評価を含めた全ての教育活動は子どものために行っているという基本的なことを忘れないでください。

第6章　指導の記録の書き方と活かし方

1 指導の記録の意義

　指導の記録とは，自立と社会参加という学校教育における大きな目標に向かっての個々の子どもに対する教育の成果となるものです。
　そして，記録には，授業における指導記録と授業以外の学校生活における日常生活の行動観察記録があります。個別の教育支援計画，担任引継ぎ，指導要録などの資料となりますし，保護者と成長を共有し連携を図る資料ともなります。
　教師にとって，記録を書くことは時間がかかりますので，指導計画とともに記入できるような様式を工夫するとともに，簡潔な文書にまとめる力をつけることも必要です。

1　指導記録の意義

　授業は，毎日の教育活動の積み重ねによって成り立ちます。昨日の活動を適切に評価して，本日を迎えるという連続性の中で指導記録は以下の意義があります。
　①子どもの実態と活動の様子を細かく把握し，指導による変容を明確にすることができます。
　②授業を終えて指導課題を一層明確にするとともに，次の授業の構想を立てることができます。記録することで，観察眼を育て教師と子ども・教材との相互関係を的確にとらえる力を養い，指導力を高めることができます。

2　日常生活の行動観察記録の意義

　一日の学校生活の中で，授業以外で行動観察ができる場面は多くあります。子どもの興味・関心や持っている力を一層理解することができます。また，その変化に気づくことがあります。さらに，家庭や地域生活の影響も感じることがあります。子どもの生活全般を把握して教育指導に活かすものとして行動観察記録があります。

第Ⅱ部　特別支援学校・特別支援学級における授業づくり

2　指導記録の実際

1　授業での記録

　個々の子どもの能力や個人差を配慮したうえでの学習課題を設定し，子どもの予想される反応や学習活動について計画したものが指導計画です。しかし，予想外の反応や計画になかったことに対応しなければならないこともでてきます。つまり，指導記録をもとにした指導計画の修正や改善が必要になってきます。このことは適宜行っていかなければなりません。

　一般的に日々の授業は，年間指導計画に基づいて月案，週案，日案と具体化され，単元ごとに指導案を立てるということになります。この指導案を基に以下で示した週案（指導記録も含んだ様式）などを作成することになります。研究授業で提示されるような詳細な指導案を毎日作成するのは実質的に難しいですが，記録については最低でも週に一回は子どもの教育課題のポイントとなる点を記入しておきたいものです。

①週案と指導記録

　週案と指導記録の例として，表6.2.1を参照してください。

②記録の活用

　記録は教師として教育指導の充実に活用すると同時に，日常的には学級だより，学級懇談や連絡帳で家庭に伝えます。このことによって，保護者と共感しあってともに育てているという気持ちになります。また，学期ごとの通知表の資料になります。

　つまり，保護者の教育理解と連携につながっていきます。

表6.2.1　週案と指導記録の例

○月○日～○月○日　　　　　　　　　第○週案と指導記録

校時	月	火	水
5	国語 「個別課題」 ・個別の課題に取り組む。 ◎なぞり書き　◎シールを貼る ◎カード並べ	音楽 「音楽に合わせて」 ・音楽に合わせて，歌をうたったり，楽器を演奏したりする。①歌唱　②身体表現	体育 「体づくり運動」 ・体操を覚える ・一定程度走り続ける ◎ラジオ体操　◎ランニング ◎カラーコーンとび
5校時記録			

第6章　指導の記録の書き方と活かし方

2 研究授業の記録

　教師は授業で勝負するといわれます。日常的には自身で授業改善に取り組むと同時に，年に何回もない研究授業に積極的に参加して学んだことを日常の授業で活かすことが重要です。また，独自に研究授業のように準備し，記録することで，自身で指導について見直すこともできます。

　指導案に書かれている本時の目標や配慮事項がいくら立派であっても，授業そのものの準備が十分されていなかったり，子どもとのやり取りがスムーズでなければ意味がありません。

①研究授業の観点と記録の内容

　表6.2.2，表6.2.3にポイントと例を示します。

②簡易な自己評価表をつくろう

　指導記録は，指導にかかわる子どもの記録ですが，記入しながら指導を振り返るもので

表6.2.2　研究授業の観点と記録の内容

	観　点	記録の内容
1	授業のねらいが子どもの実態に即したものか	子どもの力で手の届く目標が具体的に設定されていたか。子どもは途中で飽きて手持無沙汰になっていなかったか。
2	ねらいを達成するためには教材は適切であったか	生活に即した興味・関心があるもので，力に即した教材であったか。次の課題に向かいやすくなっていたか。
3	授業の展開は，これでよかったか	集中力や理解度などを配慮した，子どもがわかる授業・流れであったか。活動が適切に配置されていたか。
4	適切な発問や個別対応ができたか	考えるきっかけになる，わかりやすい発問であったか。適切なタイミングで個々に接し，支援したか。
5	自立活動やキャリア教育の視点で適切に指導できたか	全教育活動を通して指導するものだが，学部・学年に即した指導内容が盛り込まれていたか。
6	教室の教育環境は適切であったか	情報不足・過多で混乱はなかったか。子どもが自主的に行動できる配置になっていたか。子どもの関係を作る配置であったか。
7	副担当として，適切な動きであったか	授業のねらいと個々の子どもの目標を共通理解して臨めたか。そのための動きができたか。

表6.2.3　指導記録の例

A君：3cm四方の大きさにひらがなをなぞるという学習をしてきた。 　よこ線は書きやすいが上下線は難しかったので，鉛筆をギュッと握って動かしたり，第二指に力を入れることを練習してきた。今週になって，少しうまく書けるようになった。	Bさん：イラストと同じ数だけ物を置くような一対一対応を行っている。今までは，物を手渡すと，枠内に置けるだけいくつも置いてしまった。見本の数と同じだけしか物が置けない容器を使用したり，見本のイラストの上に重ねるように物を置くように指導を重ねてきたところ，見本と同じ数だけ1・2・3個と物を置くことができた。	C君：荷物整理のとき，カバンの中身を一度に全て出して，持てるだけ持って棚に運んでいた。複数の物が目の前にあると明らかに気がそれやすい。そこで，中身を一つ出すごとにカゴに移していくようにした。複数出しそうなときは，手を止めて，一つ置いたら次の物を出すことを繰り返した。確実にできるように指導していく。

す。教師として自己評価表をつくって指導力を高めることも必要です。たとえば，以下のような項目をつくって授業改善していきましょう。
・子どもの反応を受け止めて，進めたか。
・子ども全員に目を配り，配慮できたか。
・子どもの行動を引き出すのに効果的だったことは，何だったか。
・子どもの行動を引き出すのに効果的でなかったことは，何だったか。
・「ひやりハット」や危険な行動はなかったか。
③視聴覚機器（ビデオ・録音等）を活用した記録と評価

　ビデオを定点設置することで，子どもや教師の動線や子どもの表情や反応を客観的に確認できます。また，教師の発問が適切だったか，多すぎる声かけではなかったか，高いトーンでの話だったかなどについても学ぶことができます。ビデオよりも録音が有効な場合もあります。

3　行動観察記録の実際

　授業以外での具体的な行動や生活の様子を観察することで，授業の成果が出ていたり，家庭や地域生活の経験を活かしていることに気づくことがあります。このことから，子どもの生活全般を理解したり，その変化に気づき，発達・成長した側面を確認し，記録するものです。

1　観察記録

　表6.3.1に観察記録の例を示します。
　一つの経験が広がっていくという子どもの成長過程を考えると，表6.3.1の事例が授業や家庭での指導と関連したものかを検討することも大切です。

2　活用方法

　観察記録は以下のように活用することができます。
　①家庭へ連絡し，共感することで一層有効な教育効果を望めます。
　②たより等で扱うことによって保護者間で情報交換でき，学級の連帯感を持てます。
　③指導要録の資料となり，個別の教育支援計画等に反映できます。

表6.3.1　観察記録の例

日時	場面	内容	連絡等
○日 8:40	登校	・傘立てから自分の傘を探すように指示したが，30本程度あった中から2・3分で見つけ出した。好きなマークが付いていたのでニコッとした。ほめるとさらに笑顔になった。	連絡帳で報告
○日 8:45	スクールバスの迎え	・担任としてスクールバスを迎え教室まで一緒に行っていたが，"来週から自分一人で教室まで来てね"と説明してきた。添乗員や他の担任にも頼んで本日迎えに行かなかったところ，一人で来られた。不安そうにしていたとのこと。だが，一つ達成できた。ゆくゆくは一人登校できるようにしたい。	学級だよりに掲載する
○日 13:45	そうじ	・雑巾絞りでは，これまで片手で握るだけであったが，今日は，片手で持ち上げて両手で握ることができた。ほめたところニコッとした。友達も一緒になって言ったら，一層いい顔をした。	連絡帳で報告

4　まとめ

指導の記録を充実させると，以下の点で教師として成長することができます。

①物事を的確にまとめ，見通しを持って取り組む姿勢をつくり，自分を客観視して自己評価できるようになります。

②自分の価値観に拘らない多様性に対応できる教師になっていきます。

③他の教師の感想等を聞きに行く契機となり，学ぶ姿勢もできてきます。

④記録に書いた事実が，自立と社会参加を目指すという中で，どのような意味があるか考えるきっかけになります。

最後に，ケースをまとめて発表する機会をみずから求めて学ぶ機会をつくってほしいと思います。

コラム8　指導要録と教育評価

1　指導要録とは何か

　指導要録とは，学校教育法施行規則で規定された，児童生徒の学籍および在学中の学習や健康の状況などを記録した公簿で，校長に作成と保存が義務づけられています。学籍に関する記録については20年間，指導に関する記録については5年間の保存期間が規定されています。その性格としては，指導の過程およびその結果の要約の記録であるとともに，外部に対する証明等のための原簿であるという二つの側面をもっています。すなわち，学級担任等の変更，児童生徒の転校や進学などの際における指導の引継ぎのための資料であるとともに，進学や就職等の際の調査書等の原簿になります。校長は，児童生徒が進学または転学した場合には，指導要録の抄本または写しを，相手方の校長に送付しなければなりません。

　指導要録の様式については，学校の設置者（公立学校にあっては教育委員会）が定めることとされていますが，指導要録の性格を考慮すると，ある程度全国的に統一性が求められることから，その記載内容については学習指導要領の改訂ごとに文部科学省から様式の参考案が示されています。2001年以後の指導要録の改善においては，地方分権の観点から各設置者はこれまでの基本的な性格を維持しながら，様式等については地域に根差した教育の立場で創意工夫して定めることになっています。

2　変わる指導要録の評価方法

　指導要録は，前述したように文部科学省が学習指導要領の改訂ごとに様式や記載内容について参考案を示し，変更されています。それにともない，評価法も変化しています。評価法には，学級・学年など集団における順位や割合を基準とするもの，個別に教育目標をどの程度達成したか目標を基準とするもの，個別の子どもについて1学期の成績を基準に2学期の成績を比較するものなどがあります。すなわち，相対評価，絶対評価，個人内評価と呼ばれるものです。かつては相対評価による5段階評定から絶対評価を加味した相対評価に，そして観点別の学習状況の目標に準拠した評価へと変化しています。

　2010年の学習評価および指導要録の改善では，学習評価を通じて学習指導の在り方を見直すこと，個に応じた指導の充実を図ることや交流及び共同学習の状況について記述することが重視されています。指導に関する記録においては，小学校等では各教科の学習の記録（観点別学習状況・評定），外国語活動，総合的な学習の時間や特別活動の記録，行動の記録，総合所見および指導上参考となる諸事項，出欠の記録について学年ごとに作成することになっています。特別支援学校では，指導に関する記録について小学校等における指導に関する記録に加えて，自立活動の記録，入学時の障害の状態についても記載されます。自立活動の欄には，個別の指導計画に基づき，指導の目標，内容およびその結果の概要を，また障害の状態等に変化が見られた場合はその状況を記述することになっています。子どもの障害や可能性の実態が多様化していることから指導目標の達成状況について，個人内評価はとくに重要視されています。その際に，子ども自身にその伸びを評価させる自己評価も試みることもできます。

　また，最近は一人一人の子どもの特性を伸ばす個性化教育の推進，知識・技能などの見える学力よりも関心・意欲および態度や思考・判断などの見えない学力を重視する新しい学力観と

ともに，標準化されたテストの集団式測定から脱却して，レポート，ノート，作品なども対象にして，子どもの学習過程や学習活動を評価する技法が利用されるようになっています。そうした技法に，ポートフォリオ評価とパフォーマンス評価などの絶対評価があります。

　重複障害者等に関する教育課程の取扱いを適用した場合には，個別の指導計画に基づきその状況を適切に記入することになっています。さらに，特別支援学校（知的障害）における各教科等に関する記録は，たとえ各教科等を合わせた指導形態を取った場合でも，学習指導要領の目標や内容に照らして，教育課程や実際の学習状況を考慮し適宜区分して，具体的に扱った指導内容，到達の程度，習得の状況などを文章でわかりやすく記入することになっています。

3　教育評価はなぜ必要か

　教育活動は，計画―実践―評価（改善を含む）がサイクルとして循環しながら進行します。教育評価は一般に実践の終わりに子どもの学習や行動がどう変化したか，それと関係させて実践が適切であったかの情報収集を指します。先行のサイクルでの評価は，後続のサイクルで活用される情報となります。その情報は，教師には指導計画の立案や修正，展開の工夫のために，子どもには学習目標や努力の仕方の点検のためにフィードバックされます。

　教育評価は，橋本（1976）によると，①教育内容や指導法の改善のための指導目的，②児童生徒の能力や適性の把握，自己評価のための学習目的，③入学試験や資格試験の認定等の管理目的，④教育計画や指導法を開発するための研究目的がありますが，日常的な教育活動に関係するのは①と②になります。また，ブルーム（Bloom, B. S.）は，教育評価の類型として，診断的評価，形成的評価，総括的評価を挙げています。診断的評価とは指導に先立ち子どもの状況や実態を診断し，適切な指導内容や方法を準備するものであり，形成的評価は単元学習の過程で指導の修正や到達状況の確認を行うものです。総括的評価は，単元学習の終了時や学期・学年末にどの程度教育目標が達成されたか，総括的に明らかにする評価です（コラム７も参照）。特別支援学校でも通常学校に準ずる教育課程の子どもは，各教科について学期・学年末に何らかのテストを実施しその達成度を測定することができます。しかし，知的障害や重複障害の子どもの場合には，個人差（個人間および個人内）が著しく，発達や障害の状態を的確に把握するためには総合的かつ縦断的に評価する必要があります。現行学習指導要領において，「個別の指導計画に基づいて行われた学習の状況や結果を適切に評価し，指導の改善に努めること」，「児童又は生徒のよい点や可能性，進歩の状況などを積極的に評価するとともに，指導の過程や成果を評価し，指導の改善を行い学習意欲の向上に生かすようにすること」が明記されています。

第Ⅲ部
子どもの力をつける生活の指導

第7章 ライフサイクルに応じた生活の指導

1 人間の生涯発達と人生の質の追求

　科学や技術が日進月歩で新しくなる現代社会においては，人々の生活様式も時々，刻々に変化し，学校で習ったことが一生そのままで通用する時代ではありません。そこで，人間が生涯を通じて自己形成する機会を用意しようという理念のもとに，1965年12月，パリで開催されたユネスコの成人教育促進国際委員会の席上でポール・ラングラン（Lengrand, P.）が「生涯教育」という言葉をはじめて提唱しました。生涯教育を展開していくためには，その学問的基礎として，人間の生涯にわたる発達の事実と理論の研究が重要となります。そこで，人間の生涯を誕生から死に至るまでの時間軸の中で統一的に理解しようとする生涯発達心理学（life-span developmental psychology）の考え方が1970年，ドイツの心理学者パウル・バルテス（Baltes, P.）によって提唱されました（子安，1996）。我が国でも寿命が長くなり，人間の発達を生涯過程で考えようという気運が1990年代以降，高まってきました。

　一方，障害者支援の分野においては，1970年代，アメリカでは，障害者の人たちを中心として，身体障害等によって失われた機能が回復し，日常生活動作（ADL：Activities of Daily Living）の自立性が回復する見込みがなくても，「社会参加」や「自己実現」が可能だと主張する，『IL（Independent Living）』（自立生活）運動が展開されました。この運動は，1978年にアメリカで制定された『リハビリテーション法』に強い影響を与え，リハビリテーションの目標を，ADL の向上から人生の質（生活の質，QOL：Quality of Life）の向上へ変換させることにつながりました。この QOL 重視の考え方は，介護の世界にも波及し，介護の目標も ADL より QOL の向上を目標にすべきだという考え方が主流になってきました。

　我が国においては，1980年の国際障害者年を契機に，リハビリテーションや障害者福祉の分野に QOL の概念が広がり，障害者の人生の質，生活の質を高めることが支援の目標として目指されることとなり，生涯において，それぞれのライフサイクルで豊かな生活を保障することが目標と考えられるようになってきました。

　その後，2001年には，「21世紀の特殊教育の在り方について（最終報告）」（文部科学省）

第Ⅲ部　子どもの力をつける生活の指導

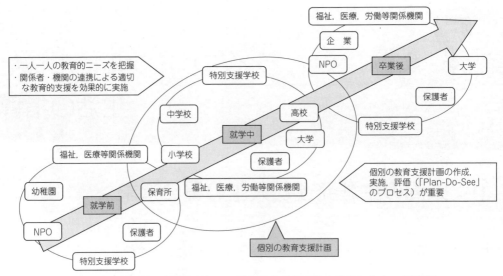

図7.1.1　「個別の支援計画」──障害のある子どもを生涯にわたって支援
（出所）　国立特別支援教育総合研究所ホームページ「特別支援教育の基本的な考え方［5］個別の教育支援計画の趣旨」http://www.nise.go.jp/cms/13,3293,54,247.html（2017年4月12日閲覧）

の中で、「教育、福祉、医療、労働等が一体となって乳幼児期から学校卒業後まで障害のある子ども及びその保護者等に対する相談及び支援を行う体制を整備する」と提言されました。そして、2003年には、「今後の特別支援教育の在り方について（最終報告）」（文部科学省）において、「教育、福祉、医療、労働等が一体となって乳幼児期から学校卒業後まで障害のある子ども及びその保護者等に対する相談及び支援を行う体制の整備を更に進め、一人一人の障害のある児童生徒の一貫した個別の教育支援計画を策定していく必要がある。」として、生涯にわたる関係機関が連携した個別の教育支援計画の策定と総合的な支援の必要性を提言しました。その考え方の概念図は、図7.1.1のとおりです（個別の支援計画と個別の教育支援計画については第5章第8節も参照）。

2　乳幼児期から成人期にかけての継続した生活の指導

1　乳幼児期の生育史の把握の必要性

　障害児の生活指導を考えるとき、子どもの乳幼児期からの育ちの過程について把握しておくことがとても大切です。特別支援学校や特別支援学級で学ぶ子どもの家族の多くは、乳幼児期のどこかで、子どもに障害があるかもしれないことを指摘され、家族は、おおきな衝撃を受ける経験をされます。そして、様々な子育ての困難と直面し、特別支援教育の必要性を認識されるに至って就学しています。特別支援教育に携わる教師は、一人一人異

なる子どもの乳幼児期からの生育史を把握した上で，子どもの生活の指導にあたることがとても大切です。

しかし，担任が替わるごとに保護者がその内容を伝えなければならないようになることを避けるため，生育史や子どもの障害の状態などの基礎的な情報は，学校で守秘義務遵守の徹底や情報漏洩の危機管理について十分に配慮した上で，学年が上がるごとに引き継ぐことが必要です。また，保護者によっては，自ら子どものサポートファイルを作成され，担任が代わるごとにそのファイルで子どもの育ちや障害特性，配慮事項などを伝える場合もあります。

2 重症心身障害児の乳幼児期の生活とその支援

障害の発生をいかに予防していくのかについては，医療との関係が深く，医療技術の進歩にともないその対策は進められています。一方で肢体不自由児を中心とした特別支援学校で障害の重度化が進んでいるのは，これまで救えなかった命が医療の進歩により，救えるようになった結果であり，生命を大切にし，すべての子どもの教育を受ける権利を保障してきた我が国の特別支援教育の特長の一つです。

肢体不自由と知的障害の程度がともに最重度の障害児を重症心身障害児と呼びますが，誕生とともに，あるいは乳幼児期に生命の危機に瀕する事態が生じ，その危機を医療機関の支えで乗り越えてこられた，家族の方のこれまでの経緯を理解し，医療機関との密接な連携のもとに生活の支援を行っていく必要があります。

重症心身障害児の場合，NICU等の退院直後から通園による療育を開始するまでの数年間，医療的ケアを含めた介護のほとんどを家族の努力のみによってまかなわれる期間があり，その後医療機関や医療型児童発達支援センター等に通いながら子どもの介護を続けてきています。重症心身障害児の生活支援は，家族の医療的ケアも含めた介護の実態を把握し，家族と協力して，医療的ケアを含めた生活の介護を行っていくことにあります。

3 知的障害児，発達障害児の乳幼児期の生活とその支援

肢体不自由などの身体障害を伴わない知的障害児や発達障害児の場合，母子保健法で定められた乳幼児健診で発達の遅れや偏りが発見されたり，保育所，幼稚園，認定こども園などの教育・保育機関で指摘を受けて，小児医療機関，発達支援センター，児童相談所，児童発達支援センター，などの専門的な相談機関に相談して障害が発見されることがほとんどです。明確な身体的な障害がない場合，家族にとって，子どもの障害を認め，受け入れるのに時間がかかる場合がしばしばあります。また，日常子どもと接している母親は，子どもの発達の困難について認識していても父親や祖父母などの認識とのずれがあり，母

第Ⅲ部　子どもの力をつける生活の指導

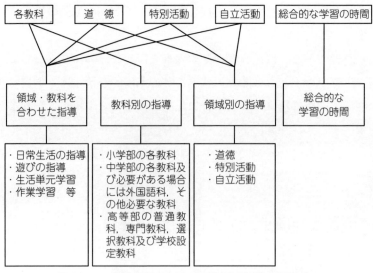

図7.2.1　教育課程における日常生活指導の位置づけ
（出所）　国立特別支援教育研究所ホームページ「特別支援教育の基本的な考え方［2］知的障害児に応じた教育課程編成」http://www.nise.go.jp/cms/13,893,45,178.html（2017年4月13日閲覧）

親が孤立感を感じている場合もあります。しかし，特別支援学校や特別支援学級に通っている子どもの家族は，就学先を決定する時点で，家族の意見を調整し，特別支援教育を受けることを決めて入学しています。学齢期の生活指導を行うにあたり，家庭において子どもの生活を支える家族がどのように協力して子育てにあたられてきたのか，また現在および将来についてどのような希望と展望を持っているのかをよく聞き取り，家族と協力して指導にあたることが求められます。

4　特別支援学校，特別支援学級の教育課程における「日常生活の指導」

　特別支援学校の小・中学部および特別支援学級の知的障害のある児童生徒および複数の種類の障害を併せ有する児童生徒に対して，領域・教科を合わせて指導することができます（学校教育法施行規則第130条，第138条）。領域・教科を合わせた指導には，日常生活の指導，遊びの指導，生活単元学習，作業学習があります。したがって，特別支援学校，特別支援学級における日常生活の指導は，教育課程における領域・教科を合わせた指導に位置づく指導です。

　日常生活の指導は，「あいさつ」「朝のしたく」「係り活動」「朝の会」「着替え」「手洗い」「排泄」「給食」など毎日の生活で繰り返す様々な活動において，日常の生活の流れにそって働きかけることで，日常の生活が充実し高まることを意図した指導の形態です。身辺生活の処理の技能を高めることだけでなく，児童生徒自身が一日の生活に見通しをもって，日常生活を自立的，発展的に行うための意欲や態度を育てるものです。

5　日常生活の指導の留意点

　日常生活の指導は，乳幼児期からの家庭での生活指導によって身についた生活習慣，発達段階，障害特性により一人一人皆違います。したがって，家庭での生活習慣を把握し，家庭や児童福祉施設とも連携した個別の指導を展開することが大切です。また，一人の児童生徒は，学級全体の集団との関係の中で成長していることを考え，集団指導と個別指導との関係を考慮してすすめることも大切です。

　たとえば，友達が頑張っている姿を目標にして頑張ったり，楽しい活動に向かって着替えをする意欲を高める工夫をしたり，友達の「ありがとう」という言葉を励みに係り活動を頑張ったり，友達とレストランに出かけて食事のマナーを身に着けたりと，日常生活の中の必然性の中で，個別の指導計画に基づいた指導を行うことが大切です。その際，複数の教師が担当する場合，子どもの実態の共通認識をはかり，どこまでを自分で行い，どこまでを支援するのかについて，随時話し合いを行いながら指導していくことがきわめて大切です。

　児童生徒が一日の生活に見通しをもって生活していくためには，学級内の教室環境を整えることも重要な留意点です。学習ゾーンとプレイゾーンを明確に区別したり，プライベートゾーンを設けて着替えを行ったり，絵や写真を使って，係り活動の分担表を作ったりするなど，生活がわかりやすい環境を整えたり，つまずいたり，怪我のないよう，安全面にも配慮する環境を整えることが大切です。

6　子どもの自己の育ちに目を向け，主体性を育てる生活指導

　どんなに障害が重い子どもでも，発達年齢だけでなく，生活年齢とともに育つ自己の育ちの適切な評価と生活に主体的に向かう力の育成に対する視点が欠かせません。高橋（2010）は，教育と福祉の縦の連携による成人期自閉症スペクトラム者の縦断的研究の中で，言語的コミュニケーションに重度の困難を抱える自閉症スペクトラム児が教育の中で認知能力の発達や操作的能力の発達からは相対的に遅れるものの自己の認識能力を発達させるとともに興味関心や対人関係の結び方を変化させてくることを明らかにしました。

　ある事例では，話し言葉で自己の気持ちを伝えることが困難な自閉症スペクトラム児が教育の働きかけの中で，提起される課題に応える力，日常生活の能力を身に着けていきましたが，内面をくぐらずに形成された力と次第に顕在化してきた自分の意図が両立しえなくなり，あたかも自己主張の手段として自傷や破壊行為に及んでしまいました。こうした事例から，それぞれの年齢段階において，教師の働きかけに応じて生活行為を身に着けていくだけでなく，身に着けた生活行為を自分のつもりや意図のもとで統合できるような教

育的働きかけが必要であることが示唆されました。
　太郎くんは，小学部入学時はどこでも排泄し高所登りや物を捨てることが多く，基本的生活習慣をつけることが重要な課題と考えられていました。また，感情の起伏が激しく，大人が穏やかに接するときとそうでないときの反応の差が大きい子どもでした。大人の気持ちを敏感に察し，それに影響されて行動がエスカレートし，結果的に物を壊してしかられたり，常同行動にこもるなど悪循環が目立ちました。中学部になり，少し落ち着いてきましたが，2年生より，場所へのこだわりが目立ちはじめ，その場から動かず，下校を拒むことがおこるなど一見後退したような姿に見えました。しかし，発達的に検討してみると人との関係において大人の気持ちを察して振り回されるのではなく，自分の意志を出すようになったのではないかとも考えられました。こうした行動のため生活上の困難も生じたため，精神安定剤が処方され，生活リズムを整えることで，少しずつ元の状態に戻りました。学校では，無理強いせず，くつろげる空間を保障し，集団を離れて指導者との一対一の対応と見通しを支える声かけを行い，徐々に自分から集団活動に参加できるようになっていきました。
　高等部では，それを土台にして，集団の中での活動にしっかり参加することを課題とし，具体物の呈示や操作を取り入れるなどして見通しを持ちやすくし，活動場面では本人が共感関係を持てるような人との支え合いを大切にした指導が行われました。作業学習においてアルミ缶のリサイクル活動に取り組み，自分で工夫してアルミ缶をつぶす姿がみられ，「しごとに向かう姿」として評価されました。こうして，中学部時代に芽生えた自分の意志を尊重して，無理して集団に入れず，自分の意志で集団活動に参加できるよう促すことで，主体的意志を育てていきました。高等部時代には，青年期に期待される作業的活動に主体的に取り組むことで自分の手ごたえと周りからの評価を得て自己の存在感を確認し，安定した学校生活を送ることができるようになりました。
　このように，障害の重い子どもでも，中学部，高等部になると自分なりの意志が芽生えていきます。そうした意志の芽生えは，一見問題行動としてみなされがちですが，その意志の芽生えが尊重され，見通しをもって自分で主体的に活動に参加できるような指導があれば，生活年齢に期待される活動を通して自分なりの手ごたえと自己の存在感を確認することができ，将来の自己実現と自己指導力の育成につながる可能性があるのではないかと考えられます。

3　問題行動の改善から自己存在感を育む生活指導への転換

　自閉症スペクトラムの真司くんは，小学校は障害児学級に入学し，中学校から特別支援学校に入学しました。中学部時代は，偏食以外は基本的生活習慣は自立し，簡単な文字の

読み書きができ，作業もいろいろな内容が可能でした。しかし，自分だけの判断で作業を進めていくことが多く，言語理解を広げることが課題とされていました。

　高等部では，求められている課題に対してじっくりと取り組めなかったり，作業に対して自分なりのとらえ方をしてしまい，修正ができにくいことが課題とされていました。しかし，結果的に自分なりの方法で作業などができてしまいがちなため，「できる」「力がある」と評価されがちで，指導者側の意図と自分の行動を調整する必要のある場面が少ないまま，簡潔な指示で結果を出すことが求められていました。中学部から高等部にかけては，電車遊び，ビンやどんぶりを割る遊び，ゴミ燃やし，漢字書き，一輪車のりなどをしていました。とくにものを壊したり，燃やしたりすることは高等部に入ったころに多くなりました。

　これらの行動は，欲求不満のはけ口というよりは，実験のようにして自分の意図を試していく遊びのようにも見えました。ねじしめなどの作業に高い操作性を発揮できるので，企業就労も視野に入れて進路を考えていましたが，通学時にバスの料金箱に紙屑を入れて試す遊びなどが出てきたため，A作業所を利用することになり，友達に自分の手順を押し付けることなどで周囲の反発を受け，それに腹を立てて椅子をガラスに投げて割るなどの問題行動に発展してしまいました。作業所内の旅行を目標に我慢するよう伝えると一旦はおさまりましたが，また繰り返し破壊行動があり，自宅待機から退所となってしまいました。

　半年の自宅待機の後，別の作業所に通いはじめ，さをり織りの仕事に取り組みはじめました。さをり織りでは，一連の工程を理解し，自分のペースで自分なりの工夫をしながら，取り組むことができ，それを製品化して販売しています。他に，ゴミ集めやアイロンかけ，食器洗いに好んで参加し，自分なりの達成感や集団の中での存在感が感じられたのか，ビンを割ることも2，3回ありましたが，生活におおきな支障なく，過ごすことができるようになりました。

　真司くんの事例からわかるように，文字の読み書きや高い操作性があっても，工夫しなくても取り組めるような作業では，達成感は得にくく，一連の工程を任された上で自分なりのやり方でやることにより，真のやりがいを感じ，それが社会的に評価されることで，自己存在感を得ることができ，破壊行為のような問題行動も軽減していくことができたのではないかと考えられます。

　文部科学省の「生徒指導提要」(2010) では，①児童生徒に自己存在感を与えること，②共感的な人間関係を育成すること，③自己決定の場を与え自己の可能性の開発を援助すること，を実施すべき教育活動であるとしています。真司くんの場合も正にこの3点がみたされた生活指導が実践されたことにより，問題行動が軽減したのではないかと考えられます。

第8章 生活の指導におけるアセスメントと指導実践

　生活の力は、一朝一夕で身につくものではありません。長期的で継続性のある系統的な指導が必要です。また、指導の計画は、その子どもの現在の生活の全体を視野に入れるとともに、現在までの生活や近い将来、その先の将来の生活も視野に入れることも必要です。この章では、まず一人一人の子どもに応じた生活の指導の前提となるアセスメントの方法について、主に何を指導すればよいのかを見定めることに焦点を当てて述べます。

1　学校現場で使えるアセスメントの方法

　一人一人の子どもに応じた指導は、その子どもについての教師の問題意識や課題意識を踏まえて展開されます。豊富な指導経験を有する教師ならば、発達的な視点（ボトムアップ的視点）や近い将来の生活状況からの求め（トップダウン的視点）から、その子どもの課題を見定め、今どのような指導が必要であるかを判断することができるかもしれません。しかし、経験の浅い教師にとっては簡単なことではないでしょう。子どもたちに身につけさせたいことを包括的、体系的に整理した項目一覧に照らして、子どもの実態を把握する方法が有用です。このような活用が可能なものの例を以下に順に示します。

1　学習内容表（筑波大学附属大塚特別支援学校の場合）

　「子どもが、いつ、何を、どのような順序や関連で学ぶのか」を示した一覧表です。特別支援学校学習指導要領に記されている各教科・内容の教育目標・内容を踏まえたうえで、理論と実践に照らして検討を重ねて作成されたものです。幼児・児童・生徒の学ぶ内容の範囲（7領域、表8.1.1）、学ぶ内容の順序性（5段階）、学ぶ内容の関連性（各領域の関連性）が表されています。
　子どもが、将来、社会の中で多様な人々とかかわりあい、主体的に生活していくために不可欠な学習内容であることから、7領域の中では、「人間関係」領域が基軸として位置づけられています（表8.1.2）。子どもは特定の領域や項目を独立して身につけていくのではなく、領域間や項目間につながりをもちながら身につけていくと考えられています。

第Ⅲ部　子どもの力をつける生活の指導

表8.1.1　「学習内容表」の7領域と大項目

領域	大項目
人間関係	他者を理解する
	自分を理解する
	気持ちや行為を調整する
	活動の見通しをもつ
	自分を表現する
	目的・目標を共有（協働・協力）して取り組む
	社会へよりよく参加する
生活	身辺生活の自立
	日常生活・家庭生活の自立
	地域生活の自立
	社会とのかかわり
認知	認知（基礎）
	数量
	文字言語
身体・運動	身体を動かす基礎的な力
	基本運動
	応用運動
	運動・スポーツへの関心
情操	感覚
	音楽的な内容
	造形的な内容
	自然・環境・文化的な内容
コミュニケーション	自分から伝達する
	相手の伝達内容を理解する
	会話を楽しむ
	語彙を使用する
	文法を用いる
社会生活・進路	くらし（生活の場）
	働く場（働く場での技能）
	働く場（働く場での態度・意欲）
	余暇の場

（出所）　藤原・柘植（監修）筑波大学附属大塚特別支援学校（編著）（2015）14頁，図2を一部改変

第 8 章　生活の指導におけるアセスメントと指導実践

表 8.1.2　「学習内容表」の「人間関係」領域と「生活」領域

領域	大項目	中項目	小項目
人間関係	他者を理解する		愛着・信頼，共感・共有，他者への気づき，自他の相違，思いやり，聞く姿勢
	自分を理解する		好き嫌い・得手不得手，属性，自分の行為や考えの理解，障害理解
	気持ちや行為を調整する		情動の調整とセルフコントロール，規範を守る，集合・整列
	活動の見通しをもつ		活動の流れの理解，予定変更
	自分を表現する		気持ちの伝達，目標にポジティブに向かう姿勢
	目的・目標を共有（協働・協力）して取り組む		役割，仲間関係（仲間意識），二項関係から三項関係へ
	社会へよりよく参加する		あいさつ，伝達・報告・許可・お礼・謝罪，電話の使用，公共施設の利用，交通ルール，余暇・卒業後の生活，安全，異性交際，時間，情報モラル，自己防衛・トラブル対応，社会規範の基礎
生活	身辺生活の自立	食べる	準備・片づけ，食べ方，マナー
		睡眠	準備・片づけ，自分で寝る，定時の寝起き
		排泄	排泄の仕方，マナー
		着衣	着脱の仕方，準備・片づけ
		清潔	入浴・洗顔，手洗い・うがい，歯磨き，鼻・爪・ひげ，ハンカチ・ティッシュ，その他の清潔
	日常生活・家庭生活の自立	調理	調理の仕方，配膳，食器の準備・片づけ，調理の知識
		整理・整頓・清掃	整理・整頓，清掃
		洗濯	衣服，靴，アイロン，その他の洗濯
		裁縫	手縫い，裁断，ミシン，修繕
		衣服の選択	場面に応じた選択，衣類の調節
		手伝い	役割，態度・責任感
		電話	電話の使い方，マナー
		買い物	お店での買い物，自動販売機での買い物
		時計	時計の活用，時間の意識
		お金	お金の知識，お金の活用
		健康管理	生活リズムと精神衛生，体の仕組みと働き，予防，対処
		安全	危険物・危険個所の理解と対処，防犯の理解と対処，避難
	地域生活の自立	移動・交通機関の利用	道の歩き方，交通機関の使い方やマナー
		地域資源の利用	公園，児童館，博物館・水族館・動物園・美術館，図書館，レストランの利用，ポスト・郵便局，プールなどのスポーツ施設，登山・スキーなど，その他商業・娯楽施設
	社会とのかかわり	自然への関心	動植物，気象，資源および環境への配慮
		社会情勢への関心	情報を得る，社会の仕組みを知る
		文化・芸術への関心	年中行事，芸術の鑑賞，多様な民族・文化への関心

（出所）藤原・柘植（監修）筑波大学附属大塚特別支援学校（編著）（2015）40-43頁，68-87頁をもとに作成

2 適応機能検査

　日常生活をおくるのに必要な幅広い能力や機能状況を評価します。意思伝達，自己管理，家庭生活，社会的・対人的技能，地域社会資源の利用，仕事，余暇，健康，安全などを含みます。一人一人の子どもの生活状況の実態把握，支援や指導の必要性の把握に有用です。検査の項目は，具体的な内容で包括的，体系的に配列されているので，教師が項目を読んで理解することで，包括的，体系的な視点が促されます。また，項目ごとの評価からは，対象児ができていること，できていないことを具体的に把握でき，指導を考えるうえで有用です。

　日本で利用可能な主なものとして次の三つがあります。なお，いずれも実施者要件は，大学院等で心理検査・心理測定を履修した者とされています。

①日本版Vineland Ⅱ適応行動尺度

　この検査のいう「適応行動」は，個人的・社会的充足を満たすのに必要な日常生活における行動と定義され，かつ，次の四つの要件を満たすものとされています。

　(1)適応行動は，それぞれの年齢で重要となるものが異なる
　(2)適応行動の評価は，個人がかかわる環境の期待や基準によって変化する
　(3)適応行動は，環境の影響および支援効果などによって変容する
　(4)適応行動の評価は，行動そのものを評価するものであり，個人の可能性を評価しない

表8.1.3　日本版Vineland Ⅱの領域と下位領域

領域		下位領域
適応行動領域	コミュニケーション	受容言語
		表出言語
		読み書き
	日常生活スキル	身辺自立
		家事
		地域生活
	社会性	対人関係
		遊びと余暇
		コーピングスキル
	運動スキル	粗大運動
		微細運動
不適応行動領域		内在化問題
		外在化問題
		その他
		重要事項

　この検査は，五つの領域から成り，各領域には下位領域があります（表8.1.3）。適用範囲は0～92歳です。多様な年齢の人を対象とし，対象者の日常をよく知る人の面接を踏まえて評価することになっています。学齢児の場合は，担任教師は，対象児の日常をよく知る人に含まれるでしょう。ただし，日本版著者は，不適応行動領域の評価に際しては，保護者等の許可を事前に得る必要があるとしており，その手続きが必要です。また，項目によっては必要に応じて保護者からの聞き取りで補う必要があるかもしれません。

　結果は，適応行動領域では四つの「領域標準得点」と，それらを総合した「適応行動総合点」によって示され，対象児の適応行動の全体的な発達水準を把握できます。各適応行動領域を構成する二～三の下位領域では「v評価点」が算出され，

領域内における発達の凹凸を把握できます。不適応行動領域では三つの「v評価点」が算出され，対象児の不適応行動の特徴を把握できます。

② S-M社会生活能力検査第3版

日常の子どもの様子から社会生活に必要な基本的な生活能力のおおよその発達水準を把握するための検査です。

検査は，生活能力を構成する6領域（身辺自立，移動，作業，コミュニケーション，集団参加，自己統制），129項目から成ります。適用範囲は乳幼児～中学生です。対象児の日常をよく知っているならば，教師が回答する形で実施できます。項目によっては必要に応じて保護者からの聞き取りで補う必要があるかもしれません。

回答結果をもとに社会生活年齢（SA）と社会生活指標（SQ）が算出され，SAは6領域ごとにも算出されます。

③ ASA旭出式社会適応スキル検査

社会自立の基礎となる社会適応スキルを評価するための検査です。

検査は，四つのスキル領域（言語，日常生活，社会生活，対人関係），192項目から成ります（表8.1.4）。適用範囲は，幼児～高校生です。対象児の日常をよく知っているならば，教師が回答する形で実施できます。項目によっては必要に応じて保護者からの聞き取りで補う必要があるかもしれません。

回答結果から，全検査スキルと四つのスキル領域について，7段階の相対的位置を把握できます。また，四つのスキルを構成する32の下位領域の発達が平均以上であるかどうかも把握できます。さらに，全検査スキルや四つのスキルに遅れが認められた場合には，「臨床版プロフィール」を用いて，32の下位領域における個人内差を把握することができます。

表8.1.4 ASA旭出式社会適応スキル検査の領域と下位領域

領域	下位領域
言語スキル （57項目）	指示を理解する 聞く 口頭で質問する 経験したことを話す 拒否や要求を表す 自分について話す 質問に答える 読む 書く
日常生活スキル （31項目）	身だしなみ 健康管理 家の掃除や片づけ 食事の準備と片づけ 衣類の手入れ
社会生活スキル （52項目）	家の中で安全に過ごす 電話・ファックス・メールの使用 外での安全への対応 お金の理解と管理 時間の理解と管理 困難な状況での対応 情報の収集 学校での集団参加のスキル 環境の変化への適応
対人関係スキル （52項目）	他人への関心と共感 会話・コミュニケーション 交友関係 協力的な関係 きまりを守る 集団遊びのルールを守る 礼儀 他人への気遣い 感情や行動のコントロール

表 8.1.5　TTAP の 6 領域と項目の例

領域	項目の例（抜粋）
職業スキル	「ボルト，ナットの分類作業」「絵カードのマッチングによる封入」「カップとスプーンによる計量」など
職業行動	「監視者なしの作業」「作業の丁寧さ」「次の活動への移行」など
自立機能	「時間を告げる（時間の理解）」「手を洗う」「適切な食事の仕方」など
余暇活動	「一人で休憩時間を過ごす（余暇を楽しむ）」「簡単なトランプゲーム」「雑誌やカタログを読む」など
機能的コミュニケーション	「ことばによる指示あるいはジェスチャーの理解」「絵による指示に従う」「肯定的な（満足したような）感情の表出」など
対人行動	「名前を呼ばれたときの反応」「自ら適切な挨拶をする」「適切な笑顔を示す」など

3　TTAP（ティータップ：TEACCH 移行アセスメント）

　TTAP は TEACCH Transition Assessment Profile の略です。自閉症スペクトラム児者の支援プログラムである TEACCH（第 9 章第 3 節参照）に含まれる，前思春期（小学校高学年くらい）から成人期への移行を計画し支援するためのアセスメントです。特別支援学校の子どもが，学校卒業後に就労や居住，余暇など地域社会の中でよりよく適応するために必要なスキルをどの程度獲得しているかを把握し，また成人期に自立して生活するためにどの程度準備されているかを確認することができます。さらに，現在習得しているスキル，習得する必要のある新たなスキルがどのようなものであるか，新しいスキルを習得するためにはどのような構造化が必要であるかなどを把握することができます。

　TTAP にはフォーマル・アセスメントとインフォーマル・アセスメントとがあります。

　フォーマル・アセスメントには，「直接観察尺度」（検査者が検査道具を用いて実施），「家庭尺度」（家庭での様子の保護者からの聞き取りによる），「学校／事業所尺度」（学校や職場での様子の教師や事業所の上司からの聞き取りによる）の三つがあります。各尺度に，「職業スキル」「職業行動」「自立機能」「余暇活動」「機能的コミュニケーション」「対人行動」の 6 領域が設定されています（表 8.1.5）。各領域には 12 項目が設定されています。

　なお，インフォーマル・アセスメントは，地域における様々な職種を経験しながら行われるアセスメントであり，特別支援学校高等部における就業体験や職場実習等とも重なります。六つのステップで実施されます。ステップ 2 ～ 6 では，上述の 6 領域に関連して体系化された評価票を用いてアセスメントが行われます。

第8章 生活の指導におけるアセスメントと指導実践

2 アセスメントを生かして子どもの力を伸ばす

1 事例：新米の先生と勇太くん

　勇太くんは，特別支援学校小学部の4年生です。知的障害が比較的重く，明確な言葉を発することはありません。また，粗大運動，微細運動ともにぎこちなく，歩くのも走るのもゆっくりです。身辺自立の課題もたくさんあります。たとえば，トイレでの小便の排泄指導が継続的に行われてきました。現在も外出時はオムツを使用することが多いのですが，2年生までは学校でもそうでした。3年生からは学校では原則オムツはしていません。教師が経験的に把握した勇太くんの排尿の時間間隔を踏まえて，時間を見計らってトイレに誘導する指導がなされました。現在は，自発的にトイレに行き，上手に用を足せることが増えてきています。

　現担任の新米教師の田中先生は，まずは彼のことを知る必要がありました。前年度の担任から引き継ぎを受けました。引き継ぎ資料の中に「学習内容表」の記録もありました。勇太くんが前年度取り組んだこと，そして，その経過や結果の概要が記されていました。一度に読んで頭に入れることは難しいので，田中先生は，日々の授業や学校生活場面で勇太くんの様子をとらえつつ，「去年まではどうだったのかな」「指導はされていたのかな」など気になったときに，適宜記録を確認するようにしました。

2 何を指導するのか

　田中先生は，教師1年目ということもあり，正直，何を指導すればよいのか自信がありませんでした。まずは前年度の指導を継続するということを基本にしました。しかし，ただ前年度の指導をするというのは，無責任のように思いました。勇太くんに，どのような内容の指導が必要か，どのような手だてがよいのか，あらためて自分でも検討したうえで結果的に前年度と同じ指導になるのと，そのような検討もしないでただ前年度の真似をするのとでは，教師としての責任の果たし方がまったく異なると思ったのです。あらためて自分でも再検討するよう心がけました。

　1年前の勇太くんと今の勇太くんとは違います。彼なりに成長していることでしょう。また，小学部6年間から言えば，4年生は後半の1年目です。彼に求められることも前年度とは違うところがあるでしょう。また，田中先生は，教師としては1年目ですが，大学時代にボランティアで障害のある子どもや保護者との継続的な交流体験があります。田中

第Ⅲ部　子どもの力をつける生活の指導

先生なりに，勇太くんの様子をみて，気づくこともあるでしょう。また，田中先生ならではの「持ち味」もあるでしょう。これらのことからも再検討が必要だと言えるでしょう。

3 「学習内容表」を活用しての指導内容の整理

　以上のことより，田中先生は，前年度の指導を継続するということを基本にしながらも，自分なりに「学習内容表」を活用して指導内容の再検討を行いました。そして，その中で今年度取り組んでいこうと自己確認した指導内容は，次の三つに分かれることに気づきました。①自分でも取り組みが必要であると思った内容で，前年度の担任も取り組んでいた内容であり，「学習内容表」の記録から指導の必要性を重ねて確認できた内容，②前年度は取り組まれてはいなかったが，「学習内容表」に基づいて現在の勇太くんの実態や状況を踏まえると指導が必要であると考えられ，自分が新たに今年度取り組むものとして確認できた内容，③自分単独では気づけなかったが，「学習内容表」の記録から前年度指導がなされていたことを知り，指導の必要性を確認できた内容。

4 「課題分析」による手だての検討

　指導内容について整理ができてきた田中先生ですが，次は手だてをどうするかです。
　上述の①に該当する指導内容に，衣服の着脱がありました。前年度の指導記録から，独力では難しく支援が必要な水準にあること，様子を見ながら適宜支援をするという手だてが取られてきたことがわかりました。田中先生は，しばらく自分の感覚で「様子を見ながら適宜支援」をして指導してみましたが，「支援にはなっているが，勇太くんが自分でできるように導いている？　指導になっている？」という疑問をもつようになりました。
　そこで，田中先生は，勇太くんの「服を着る」という行動（ゴール）が，どのような下位の行動（ゴール）で構成されるのかを書き出してみました（表8.2.1）。これは実際に勇太くんがどうしているかという行動ではなく，「服を着る」というゴールに至るためには，下位ゴールはどのように設定されるかを整理したもので，「課題分析」と呼ばれます。なお，勇太くんはボタンの留め外しが難しく，いつもボタンなしの服（Tシャツやトレーナー）です。田中先生は，各下位行動に対する勇太くんの現状を評価してみました（表8.2.1）。
　これを踏まえて，田中先生は，勇太くんが比較的できていることは自分でさせ，難しいことは支援し，テンポよく短時間で「服を着る」というゴールに至れるようにしようと考えました。このことは，これまでの着替えは間延びした感じになることが多く，勇太くんが「着られた！」という達成感をもてていないのではないか，できるだけ達成感をもたせるようにしたいという先生の課題意識とも関係がありました。ステップ①は全面支援で円

第8章 生活の指導におけるアセスメントと指導実践

表8.2.1 「課題分析」と現状評価

ステップ（下位行動・ゴール）	勇太くんの現状
①机上に服の前が表に，裾が勇太くんから見て手前になるように広げて置く	置き方はとくには決まっていない。無造作な置き方である。
②服の裾の内側をかぶるようにし，頭を服の首の部分から外側に出す	自力でかぶってはいるが，試行錯誤的で，頭が出ないままでうろうろ歩き回ることもある。
③右手を服の胴の内部へ下から入れ，内側から外側に突き出すようにして右袖から右手・右腕を出す	試行錯誤的である。ただし，左手より先に右手を通そうとはしている。
④左手を服の胴の内部へ下から入れ，内側から外側に突き出すようにして左袖から左手・左腕を出す	試行錯誤的である。ただし，右手の後に左手を通そうとはしている。
⑤服の裾が腰の位置になるよう裾を引っ張る（とくに背中側）	自発的に裾を引っ張ることはみられない。

滑にステップ②に入れるようにし，②以降は「様子を見ながら適宜支援」としました。ただし，⑤は，これまで勇太くん自身が行うように支援してこなかったため，あらためてそのように支援することにして「様子を見ながら適宜支援」することにしました。また，田中先生は，ステップ②〜④のように書き出すことにより，「服を着る」ということが，勇太くんが体の中心から外側に向かって頭や腕を伸ばすといった身体の動かし方とも関係していることに気づきました。そして，着替えの際に，身体の動きを支援するような声かけをするようにもなりました。田中先生は，前年度からの引き継ぎを基本としながらも，自分なりの指導実践を工夫しはじめました。

5 「学習内容表」の5段階からの指導発展へのヒント

田中先生はある子どもの「学習内容表」を見ていたのですが，「鼻・爪・ひげ」の項目が目に留まり，慢性的な鼻炎で鼻水をよく垂らしている勇太くんのことを思い出しました。表8.2.2がその項目の5段階です。勇太くんの指導の現状は段階②や③の「援助を受けて，自分で鼻をかむ」なのですが，先生はあらためて考えると，勇太くんの鼻水が出たときに，何も考えず，ティッシュを取って彼の鼻に持っていき，かむように促しながらふき取っている自分に気づきました。段階④をみると，「自分で…」とあります。もう少し「自分で」というのをねらいたい，せめてティッシュを箱から取るところは，鼻水が床に垂れそうで緊急な場合はともかく，猶予があるときにはそうさせたい，と先生は思いました。さっそく翌日から実行しました。「学習内容表」の5段階は，その次の段階の指導のヒントとなります。

6 子どもの中で指導は他の指導とつながり合っている

田中先生は，ティッシュを箱から取るためには，目と手の協応が必要であること，そし

第Ⅲ部　子どもの力をつける生活の指導

表8.2.2　「学習内容表」の「鼻・爪・ひげ」項目の5段階

生活領域—身辺生活の自立—清潔—鼻・爪・ひげ

①	②	③	④	⑤
・大人に鼻を拭いてもらう。 ・大人に爪を切ってもらう。	・援助を受けて，自分で鼻をかむ。 ・大人に爪を切ってもらう。	・促されて，自分で鼻をかむ。 ・大人に爪を切ってもらう。	・自分で気づいて鼻をかむ。 ・くしゃみ，せきが出るときは手で押さえる。 ・手伝ってもらって，爪を切る。	・自分で気づいて鼻をかむ。 ・くしゃみ，せきが出るときは手で押さえる。 ・自分で気づいて，爪を切る。 ・髭剃りを使ってひげをそる。必要なときは援助を求める。

（注）　原則として①4～6歳（幼稚部）　②7～9歳（小学部低学年）　③10～12歳（小学部高学年）　④13～15歳（中学部）　⑤16～18歳（高等部）
（出所）　藤原・柏植（監修）筑波大学附属大塚特別支援学校（編著）（2015）72-73頁をもとに作成

て，目と手の協応が十分には育っておらず，前年度から個別の学習時間に貯金箱におはじきを入れることに取り組んでいる勇太くんにとっては，ティッシュを箱から取ることには，上述の「自分で」ということに加えて「目と手の協応」という意味もあることに気づきました。鼻をかむ指導と，貯金箱におはじきを入れる指導とを，個々に見てしまうとつながりは見えません。しかし，それらは勇太くんの中ではつながります。田中先生は，指導は他の指導と子どもの中でつながり合っているということに気づきました。「指導を考えねば」ということで，一つ一つの指導に焦点を当ててきた田中先生にとっては大きな転換点となりました。

7　指導を考え，指導することがおもしろくなる

　以前の田中先生には，「学習内容表」の項目は，どの子どもにおいても同じような意味合いを持つ指導内容のように見えていました。つまり，その項目の内容ができていない子どもができるようになることが大切であるとだけ考え，それ以外のことはあまり考えていませんでした。ところが，転換点以降，「学習内容表」の項目は，便宜的に記されている指導の手がかりのようなもので，具体的な子どもに当てはめていく中で教師が想像力を働かせ，子どもにとっての意味を見出すことが大切なのではないか，そうしなければ，真の子どもの「生きる力」にはならないのではないか，と思うようになりました。

　上述のように「鼻・爪・ひげ」項目の段階表を目にした田中先生は，同じ表中にある「大人に爪を切ってもらう」を勇太くんに展開しようと考えました。まずは家でどうしているのかお母さんに聞きました。「有無を言わさず手をつかんで切ってますよ」という返事でした。学校で切らせてもらいたい，だから家では切らないようにしてもらいたいとお願いしました。このとき，先生は，身辺生活としての爪切りの他に，勇太くんの目と手の

第8章　生活の指導におけるアセスメントと指導実践

協応，コミュニケーション，「自分でやろうとする」の三つの意味を想像的に見出していました。

　田中先生は，まずは勇太くんに，自分の爪を「パッチン」と楽しそうに言いながら切る姿を何度か見せることから始めました。彼はすぐに関心を示し，自分から近づいてくるようになりました。先生は彼の爪が十分に伸びているのを確認し，いつものように楽しそうに自分の爪を切りました。近づいてきた彼に，先生がさりげなく「勇太くんもパッチンする？」と言うと，彼は右手を差し出しました。「じゃあ，どの指にしようかな」と言って先生が爪切りでとんとんと彼の指に触れ，その指に彼が視線を向けた直後に先生は「パッチン」と切りました。「次はどの指にしようかなあ」と言って爪切りで指に触れ，彼がその指に視線を向けるまで爪切りで指に触れるのを繰り返し，彼が視線を向けた直後に「パッチン」と切りました。数週間後，勇太くんは爪切りを自分でもって先生のところに来るようになりました。しかし，いつも爪が伸びているとは限りません。伸びていないときは爪切りを使わず，いつものやりとりを指で行いました。彼は満足そうでした。爪が伸びているときは爪切りを使い，伸びていないときは指を使い，やりとりをするということが何度かなされました。その後，爪が伸びていないときに限り，彼は笑い声を出すようになりました。そんなとき，先生は「勇太くん，わかってやってるな」と言って一緒に笑うのでした。

第9章　療育的取り組みによって創られた指導方法

1　モンテッソーリ教育法とその考え方

　「モンテッソーリ」という名前を，幼児教育や特別支援教育に携わる者であれば一度は聞いたことがあるでしょう。しかし，モンテッソーリ自身のことやその教育法について詳しく知っている人は少ないと思いますので，ここでは，モンテッソーリ教育について，①モンテッソーリの知的障害児との出会い，②モンテッソーリ教育法の特徴を中心に紹介します。

1　モンテッソーリ──知的障害児との出会い

　モンテッソーリ（Montessori, M., 1870-1952）は，イタリアの女性としてはじめて1896年にローマ大学医学部を卒業し，同大学の精神科病棟の助手として1900年まで働きました。その仕事には，精神科病棟での臨床の対象となる患者を選ぶために，ローマ市内の精神病院を訪れることが含まれていました。入院患者と面接をする中で，刺激のない劣悪な環境に収容されていた多くの知的障害児と出会いました。この知的障害児との出会いに関する逸話があります。モンテッソーリは，ある精神病院の一つの部屋に入れられた子どもたちに目をとめました。子どもたちを監視している大人たちは「この子たちは動物よりもあさましいんだ。食い意地の張った子どもたちで食べるためだけに生きている。食べ終わるとすぐに床に寝ころんで，パン屑を集めてそれを食べる。」と説明しました。モンテッソーリは，子どもたちの様子を自然科学の視点から観察しました。部屋の中には子どもたちが手に取ることのできるようなものは何一つなく，そのパン屑が手や指を使う唯一の機会を与えていたことに気づきました。モンテッソーリは「子どもたちは，食べ物に飢えているのではなく，手や目を使う経験に飢えている」，何かをしたい，世界と接触したいという欲求をもって，自分自身の力で身体，頭脳，人格の発達をはかろうと努めている，これらは医学の問題ではなく教育の問題であると考えたのです（スタンディング，1975；相良，1978）。この時期にモンテッソーリは，イタール（Itrard, J. M. G.）とセガン（Seguin, E. O.）の業績（ボイド，1979）から生理学的方法について学びました。そこからの学びとそれに

自分の工夫を加えた方法が知的障害児に大きな成果をあげました。この知的障害児の実践から得た学びと方法を定型発達児に適用したのが「子どもの家」での実践でした。この実践がやがてモンテッソーリ教育法へと発展していくのです。

2 モンテッソーリ教育法の特徴

1907年にモンテッソーリによってローマ市内の貧民街サン・ロレンツォ地区に「子どもの家」が開設されました。ここでの教育実践を基にモンテッソーリ教育法は確立されました。モンテッソーリは子どもの発達の源泉は，子ども自身の内側にある内的欲求であると考えました。子どもの自発的活動性を高める環境のもとで教材・教具を使った感覚教育が重視されました。その教育法は次の基本的な特徴にもとづいています。

①環　境

モンテッソーリ教育法における教育環境は意図的に構成されるところから「整備（準備）された環境」と呼ばれています。教育環境は子どもの年齢，発達，経験してきたこと，障害の状態に応じて構成することが重要です。モンテッソーリのいう環境は精査された教材・教具，教室の空間，備品を含む物的環境と，教師や仲間などの人的環境によって構成されます。注意を転導させる雑然とした教室環境では集中性や認知能力を高める効果は期待できません。落ち着いた雰囲気の中でじっくりと活動に取り組むことができる意図的な環境でなくてはいけません。

子どもにとって適切な環境が整えられると，その中で子どもは長時間にわたって物事に対して集中することができます。これは「集中現象」と呼ばれ，興味を抱く対象に対して集中する多様な体験を通して子どもはその人格の個性的な形成を行います（前之園，2005）。

②教材・教具

モンテッソーリ教育法の教材・教具は，子どもの発達レベルに応じて考案されました。障害児にも適合するように操作がしやすく，興味を呼び覚まし注意が集中されやすいように，色，形，大きさ，重さ，材質などが配慮されています。とくにモンテッソーリ教育法の感覚教具は，子ども自身によって正誤を自分で判断できるような工夫がなされています。たとえば，洋服のボタンと穴の位置を間違えて留めると最後のボタン穴で誤りに気づくことができます。教材・教具は子ども自身が誤りに気づき訂正できるようになっています。自分で自分の誤りに気づいて，誤りを自分で訂正していく態度は，自己信頼や自信につながり人格形成に深い関係があると思われます。子どもが教具を用いた活動をする際に，はめ込み円柱(1)の場合，重度の知的障害児でも活動することが可能ですが，他の教具一般にお

（1）モンテッソーリ感覚教具の一つで，つまみのついた10個の円柱と円柱の大きさに対応する10個の穴がある枕木のブロックからなる。円柱のつまみを3本指でつまみ上げ，対応する穴に円柱をはめ込む作業を通して，大きさの識別力を養うことを目的としている。

第9章　療育的取り組みによって創られた指導方法

いては障害児の様々な機能の状態によっては，教具の構造や提示方法，操作の面での工夫や配慮を必要とすることがあります。

　具体的な学習は，運動や感覚による「日常生活の練習」，「感覚教育」から始まり，書き方，読み方の「言語教育」，足し算・引き算・掛け算・割り算の「数教育」，「文化」へ発展します。

③**教　師**

　モンテッソーリ教育法の活動では，子どもが主役です。教師は子どもを観察し，子どもの行動をじっくり観察することによって，興味・関心，得意なところ，苦手なところを理解して，支援者としての立場から指導にあたります。子どもが豊かな生活体験をすることができるように環境を工夫しながら設定し，子どもの活動を発展的に支援していくのが教師の役割です。その役割は控えめに子どもに従い，子どもの自由な自己発現の過程を見守り尊重するところにあります。教師は，子どもの発達において特定の能力（歩行・言葉・書き方・読み方・数など）が鋭敏になる「敏感期」に着目し，子どもを援助することが求められます。

　モンテッソーリ教育において，教師は「先生（教える人）」ではなく「ディレクター（導く人）」と呼ばれています。それは子どもが主体であるとする子ども観にもとづいています。

④**具体化された抽象**

　モンテッソーリ教育法は，子どもの学習活動に不可欠な概念形成の過程を感覚のレベルから言語化された概念のレベルまで具体物によって学ぶ方法です。たとえば，感覚教具の一つである「色板（具体物）」を用いた色の学習活動では，「色板」の赤色と青色を対比させることによって，赤色または青色を識別するという視覚弁別的な感覚のレベルから，言語概念として赤色または青色を名称化するレベルまでを含みます。モンテッソーリ教育法において，具体物である「色板」は色のみを抽象化し作成された教具です。この具体的抽象という考え方は，「色板」をはじめ全ての感覚教具に共通しています。「色板」は色を抽象化した具体物ですが，そのほか「はめ込み円柱」は大きさ，「長さの棒」は長さ，「重量板」は重さというように一つの感覚教具に対して一つの概念を抽象化しています。このことが概念の学習を助けることにつながっています。

⑤**感覚刺激の孤立化**

　モンテッソーリ教育法に「感覚刺激の孤立化」という考え方があります。たとえば，花瓶に入った花を見せて，子どもに「花の色は黄色，花の形は五角形，香りは甘い，花弁は6つ，葉は触るとかたい，花瓶を触ってみると冷たい，持ち上げると重い」など，事物の様々な属性を一度に示しても，視覚（色，形）や嗅覚（甘い），触覚（かたい，冷たい），重量（重い）感覚などの各々が刺激され，属性の一つ一つを心にとどめることが難しくなります。よって，色だけ，大きさだけ，形だけというように一つだけの属性を取り出すのです。ここでも感覚教具の色板を例に説明しますと，子どもがあらゆる感覚刺激の中から一

179

表9.1.1　3段階レッスンの方法

基本段階	日常生活の活動や教材・教具を用いた具体的な運動―感覚経験
1段階	教師は具体物を提示して，「これは〇〇です」と名称を発音します。
2段階	「〇〇はどれですか」と子どもに聞き，それに対応する具体物を選ばせます。このときに，教師が具体物の位置を並べ替えたり，聞く順番をかえて繰り返し行います。
3段階	子どもに「これは何ですか」と聞き，子どもに「〇〇です」と答えさせます。子どもが具体物の名称を答えることによって，具体物と名称が一致したことが確認できます。

つの感覚刺激（視覚：色）だけに集中することができるように，色以外の属性である材質，形，大きさ，重さは全て同一とし，色という一つの属性だけを際立たせ，色のみに注意を向けさせることができるように配慮されています。このようにモンテッソーリ教育法による教材・教具は「感覚刺激の孤立化」の方法をとっています。

「感覚刺激の孤立化」のほかに，その子どもにとって，活動の中の困難点は一つだけにするという「困難の孤立化」という考え方があります。子どもは困難が複雑多様に存在しているとチャレンジする以前に活動を投げ出してしまいます。教師は子どもの活動を観察し，複雑に共存する困難を分析して，その一つ一つを孤立化させます。「困難の孤立化」は，活動の中で子どもがすでに知っていること，できることを手がかりにして一つの困難にチャレンジすることを助けます。これは教育環境や教材・教具およびその提供法の中で配慮されています。

⑥3段階レッスン

　教師は具体物によるレッスンによって教育を行います。言葉によってだけではなく，感覚的な活動を刺激する教材・教具の提示を通じて，観察したことを意識化することが容易になるように働きかけます。たとえば，事物の提示「これは〇〇です」（1段階）から，個人的な探索に導き「〇〇はどれですか」（2段階）と子どもに聞き，それに対応する事物を選ばせ，次に「これは何ですか」と確認し子どもに「〇〇です」（3段階）と答えさせます。このレッスンは，セガンが知的障害児に物の名称を教えるために用いた方法で，「セガンの3段階レッスン」（表9.1.1）と呼ばれています。このレッスンでは，事物を見せたり，聞かせたり，触れさせたりして，運動と感覚によって経験させる基本段階が重要です。子どもによる観察と言葉と認識は，運動と感覚による活動と結び合わされるように導くのが特徴です。

⑦個別化された教育

　モンテッソーリ教育法は，個別活動を重視し個人の発達と個人のペースに即した個別化された教育の実践です。この教育法は，教師が環境を整えて適切な刺激を提供することで，子ども自身が自分の力で教育し成長するという自動教育の考え方を示しています。整備された環境は，その環境の中から子どもが自分の活動を自発的に選択し，自己学習（モンテッソーリ，1974）できるように構成されています。小集団による自動教育の可能性はありますが，障害の状態によっては，教師が子どもに直接働き掛ける個別支援が必要になりま

す。個別化された教育で教師に求められることは、発達と障害の個別的把握、教育的ニーズに適切に対応する知識と技能を身につけることです（井田，1992）。

2 感覚統合的な視点とその実践

　発生的認識論で著名なピアジェ（Piajet, J.）は「人間の初期発達においてもっとも基本となるものは感覚運動の領域である」と述べています（Piajet, 1962）。ゲゼル（Gesell, A.）もまた、「子どもの初期発達は感覚を含めた身体運動面の機能が軸となって展開し、それを土台として知的機能、心理的機能が促されていく」と主張しています（Gesell et al., 1950）。このように多くの発達心理学者たちが指摘するように、人間の初期発達において、感覚運動の領域はきわめて重要な領域であると考えられます。特別支援学校に在籍する子どもの中には、知的発達だけではなく運動発達に遅れや偏りを抱えている者も少なくありません。また、自閉症スペクトラムや発達障害のある子どもたちは、聴覚や触覚などの感覚の過敏さや、動きの不器用さ、ぎこちなさなどを伴うことがあります。子どもの指導を考える際には、このような感覚運動面の内容などにも十分配慮しながら、総合的な発達の支援を検討していくことが大切です。

1 障害のある子どもが抱える感覚運動面の課題

　障害のある子どもが抱える感覚運動面の課題には、感覚（視覚・聴覚・触覚など）の過敏さ、身体の両側を協調させる運動（粗大および微細運動）の弱さ、全体的な動きの不器用さなどのほか、感覚運動面の課題が二次的な心理・情緒的な問題へと結びつく可能性のあることなどが考えられます。具体的な現象としては、人と手をつなぐのが苦手なこと（接触防衛反応）、縄跳び、ボール運動などの教具や遊具を扱うことが全般的に苦手なこと、文字や絵がうまく描けない、リコーダーの穴を押さえられない、靴ひもがうまく結べないなどの指先を使用した細かな動きが困難なことなどが挙げられます。こうした感覚運動面の課題の要因としては、①運動や遊びの経験不足などの環境的な要因、②運動嫌いなどの心理的な要因、③肢体不自由などの中枢神経系の機能障害が関係する神経学的な要因などが考えられます。いずれにしても、このような子どもたちに対しては、より意図的、計画的に感覚や運動全般に関する指導を試みていくことが大切です。

2 感覚統合的なアプローチの応用

　アメリカでは1960年代初頭から運動発達や認知発達への関心が高まり、知覚発達を促す

第Ⅲ部　子どもの力をつける生活の指導

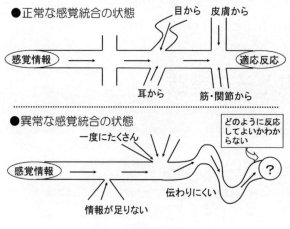

図9.2.1　感覚情報と適応反応

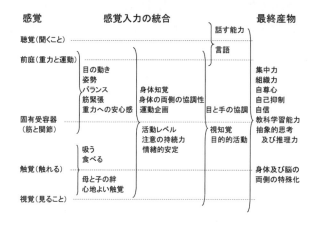

図9.2.2　感覚入力の統合および最終産物
（出所）エアーズ（1985）

ための様々な理論が発展してきました。ケファート（Kephart, N.）の知覚運動理論，エアーズ（Ayres, A.）の感覚統合理論，フロスティッグ（Frostig, M.）のムーブメント理論，クラッティー（Cratty, B.）の理論などが代表的なものとして挙げられます。これらの理論に共通していることは，発達の早期の段階における感覚運動の経験は，認知発達の基礎づくりに寄与するというもので，運動の発達と知覚の発達とは密接に関係していることを重視している点にあります。ここでは，感覚統合的なアプローチの代表例として，感覚統合法とムーブメント教育・療法について紹介していきます。

①感覚統合法について

感覚統合法はアメリカのエアーズによって体系づけられた治療的アプローチで，外界や自分の身体で感じる感覚刺激を処理する脳の働きを改善することで，感覚統合の力を高め，外界に対する適応反応を促すことを目的としています（図9.2.1）。人の感覚系は視覚，聴覚，触覚などの外界を直接的にとらえる外受容感覚系と，固有感覚，前庭感覚などの身体の内部感覚としての内受容感覚系に分けられます。このような諸感覚は，人が様々な活動を行うための準備体制を整えるのに重要な役割を果たしています。たとえば，雨の日に滑りやすい場所を歩くとき，脳はその場の状況を判断し，諸感覚を調整しながら，滑らないように足を踏ん張って歩いていくなどの指令を出します。感覚統合がうまく調整できないと，動作や行動面だけでなく，対人面，学習面，言語面などの様々な問題が生じてくるため，諸感覚をうまく統合し，適応行動が取れるように進めていく必要があります。図9.2.2には，エアーズの「感覚入力の統合と最終産物」の流れを示しました。関係する諸感覚が統合化されることで，最終的に学習面や自己統制の力も育っていくことを示しています。

一般に，感覚統合法による指導は個別に行われます。実際の指導では，スクーターボー

表9.2.1 運動機能と言語・認知発達の指標

月　齢	運動機能面	言語・認知面
2か月	頸を左右に回す	追視が可能，自己微笑
3か月	上肢を正中で回す	あやし笑い
4か月	頸定（引き起こし反射で頸の遅れが無い）	声を立てて笑う
5か月	寝返り，手のリーチング	誰もいなくなると泣く
6か月	独座がわずかにできる	母を認識する
7か月	安定した独座ができる	人見知りをしだす
8か月	つかまらせると立つ	小さな物を拾おうとする
10か月	はいはい	物まねをする，「だめ」がわかる
1歳	独りで立っていられる	名前を呼ぶと振りかえる
1歳3か月	2～3歩歩く	意味のある単語を言う
1歳6か月	転ばないで歩く	絵本を見て名前を言える
2歳	走れる	簡単な指示の理解，二語文
3歳	階段を交互に上る，片足立ち	大小がわかる，色がわかる
4歳	片足けんけんができる	数が3つまでわかる

（出所）　岩崎（2001）を参照，一部改変

ドや平均台などの大型遊具を使った活動を通して，適切で系統的な感覚刺激を提供することで，脳の感覚統合の働きを高めていきます。とくに，前庭感覚，体性感覚（触，振，温，痛などを感じる内部感覚），固有感覚などの感覚を重視し，自然な遊びの中で自発的で適応的な行動がとれることを目指します。また，感覚統合法を展開していくためのアセスメントとして，南カリフォルニア感覚統合検査（SCSIT），日本版ミラー幼児発達スクリーニング検査（JMAP）などが用意されています。JMAPは発達全般にわたる26の項目（感覚運動，言語，非言語的認知能力など）で構成されており，就学前の幼児（2歳9か月～6歳2か月）を対象とした発達スクリーニング検査として用いられています。

②ムーブメント教育・療法

アメリカの知覚運動理論家の一人であるフロスティッグによって体系づけられたムーブメント教育・療法は，多様な遊具の環境を利用した手法として日本で独自に発展してきました。この理論は，感覚と運動は相互に依存する関係にあり，乳幼児期の豊富な感覚運動の経験がその後の発達に大きく作用していくというピアジェの発達理論をベースとしています。表9.2.1には岩崎（2001）が作成したものを参考に，運動機能と言語・認知発達の関係についてまとめた内容を示しました。ムーブメント教育・療法では，日常の遊びや活動と結びつけて，様々な感覚運動刺激を設定していくことや，音楽や独自に開発された教具・遊具などを活用して，子どもの自主性や自発性，喜びを重視することに力点が置かれています。

感覚統合法が病院や療育の現場で個別の指導として行われるのに対し，ムーブメント教育・療法は対人関係や社会性の育ちなどを重視しているため，一般に少人数やグループで

実施します。また、0歳から6歳までの運動感覚（姿勢・移動・技巧），言語（受容言語・表出言語），社会性の各分野を総合的に評価できるMEPA-R（ムーブメント教育プログラムアセスメント：改訂版）などのアセスメントにもとづいて，総合的に子どもの実態を把握することや，個人またはグループのニーズに沿った運動指導プログラムが展開できます。

3 感覚統合的な支援の実践

近年，アメリカでは認知的アプローチへの関心が高まりつつあり，感覚運動面に困難さを示す子どもの指導に関しては，①簡易な運動課題から取り組むこと，②スモールステップで指導を展開していくこと，③子どもに自信を持たせられるような評価を心がけること，④特定の技術の習得と自己達成感の向上をつねに心がけることなどが推奨されています。

学校教育の中で感覚統合的な手法を用いていく場合，まずは子どもが楽しいと感じられる活動を重視しながら，個々の子どもの実態やニーズに応じた指導を展開していくことが望まれます。以下に，学校現場で留意すべき指導の指針について紹介します。

①易しい運動を中心に，様々な感覚運動の経験を積む

運動でも勉強でも，本人の意識や意欲が高まることで，より意図的に課題に取り組むことができます。指導に際しては，まずは簡易な運動課題から始め，その課題を達成することで成就感や満足感を育てていくことが重要です。その上で，様々な動きの要素を含む運動や活動を継続的に実施していくことが大切です。全身の粗大筋を使った粗大運動，物や用具などを操作する手指の微細運動，身体の正中線を交差して動く交叉性運動（両手足の交叉など），視覚や聴覚の要素と動きの要素とを結びつけた連合運動（椅子取りゲームなど）などを，楽しい雰囲気の中で実施していくことが望まれます。

②「楽しい活動」を通して，諸感覚の統合化を図る

子どもの発達を促すためには，まずは自分から動きたくなるような環境を設定することが重要です。その上で，個人またはグループのニーズに応じた活動を工夫していくことが望まれます。グループで活動する際には，発達の個人差を考慮する必要もありますが，誰でも楽しみながら取り組める簡易な課題から始めることに留意すべきです。たとえば，跳び箱，マット，鉄棒などを限定的に使用するよりも，それらを組み合わせることで，日頃の実践とは異なった環境が設定できます（図9.2.3）。また，パラバルーンなどの集団で取り組める遊具などを活用することで，子どもの興味や関心，意欲も高まります（図9.2.4）。

③日常生活動作（ADL）の獲得により，感覚統合の力の底上げを図る

感覚統合的な指導は，日常生活の中でも意図的に進めていくことができます。日常生活に欠かせない生活動作は，子どもの感覚統合の力の底上げにつながります。たとえば，雑巾がけは肩や腕，肘関節の固有感覚や筋感覚を刺激するとともに，中腰の姿勢で脚を交互に前に出して進む動きは，関連する筋力や交叉性運動の力を高めていきます。また，洋服

第9章 療育的取り組みによって創られた指導方法

図9.2.3　平均台とフラフープを組み合わせて　　図9.2.4　パラバルーンを使った集団での活動

のボタンはめは、目と手の協応性や指先の操作性を高め、首に近い（見えない）部分のボタンはめは、指先の細かな筋力や固有感覚を育てることにつながります。

3　TEACCHプログラムとその実践

1　自閉症スペクトラム児者の認知機能の特性に応じた包括的プログラム

　アメリカ・ノースカロライナ州立大学のショプラー（Schopler, E.）らは、1960年代の後半、ラター（Rutter, M.）が自閉症スペクトラムの原因は、不適切な養育環境における心理的な反応が一次的な原因ではなく、何らかの生物学的な原因によっておこる、言語・認知的機能障害が一次的な原因であり、情緒や対人関係の障害は、二次的に派生した障害であるとしたころから、脳の機能障害説に立ち、自閉症スペクトラム児の認知的なニーズ（情報処理機能）に合わせた学習や生活のための教材や環境を構成するプログラムであるTEACCHプログラム（Treatment and Education of Autistic and related Communication Handicapped Children）を開発してきました。このプログラムは、全米はもちろん世界中で取り入れられています。

　ショプラー博士が、TEACCHプログラムの開発を開始した当時、精神分析学派の影響が強く、自閉症スペクトラムは、親の不適切な養育環境に対する心理的な防衛反応であると考える理論家が目立っていました。その中で、ショプラー博士は、自閉症スペクトラムの脳機能障害説の立場で、自閉症スペクトラムの認知的ニーズにあわせた教材や環境を構成することに治療的視点を当て、両親を治療や教育に関して最良の役割を担う存在として共同療育者と位置づけ、大きな成果をあげていきました。

　また、自閉症スペクトラムは、生涯にわたる障害です。そのため自閉症スペクトラムの

子どもと家族は，生涯にわたる支援を必要としています。TEACCHプログラムは，ジェネラリストとして訓練されたスタッフが，コーディネーター役を果たしながら，同じようによく訓練された教師や療育スタッフと協力しあって，早期幼児期の診断・評価や療育から，学校教育，青年期および成人期に至る過程のすべての時期と場面を視野において，包括的に調整されたプログラムをコミュニティを基盤に実施する（佐々木，2008）総合的，長期的視野に立ったプログラムであるところに大きな特色があります。

2 治療教育の視点

　自閉症スペクトラムの子どもへの治療や教育の目標は，一次的な障害を治し，克服することに主眼が置かれるのではなく，障害や特性をもったまま，健康で幸福に生きることができるよう，教育や生活の環境を調整することに力点が置かれています（佐々木，2008）。

　自閉症スペクトラム児が，見通しをもって学習や生活に参加できるような環境を調整するために，学校の教室や住宅の内部に家具，ついたて，カーペットなどを用いて，その配置に工夫を凝らす「物理的構造化」と1日のタイムスケジュールを絵や写真，文字を用いてわかりやすく示す「スケジュールの構造化」など，生活や学習などの環境やスケジュールなどを構造化する方法が用いられています。

①物理的構造化の配慮事項

　教室の中で，同じ場所で課題に取り組んだり，休憩したりして同じ場所を多目的に使用すると障害の重い自閉症スペクトラムの子どもほど何をすることが期待されているのかを理解できず，混乱し，不安に襲われることが多いものです。そこで，学習や作業に取り組むためのワーク・エリア，遊びや休憩のために過ごすためのプレイ・エリアを区別して設けます（図9.3.1）。

　これらのエリアは，自閉症スペクトラム児が得意な視覚機能で理解できるように大道具，小道具，色違いのカーペットなどを用いて明瞭な区画や境界線を設けて識別しやすくすることが大切です。

　教師の机は，教室の全体や子どもたち全員を見渡すことのできる位置に置き，子どもが教室から出る可能性も配慮して，出入口の近くに置く場合が多いようです。

　ワーク・エリアは，一人一人の学習机を個性や機能特性に応じて配置します。乱暴な子どもと攻撃的な被害を受けやすい子どもを離したり，周囲の刺激に気が散りやすい子どもは，壁に向かって座らせたり，ついたてを利用して刺激を遮ったり，状況に応じて工夫します。

　しかし，クラスメイトが見える場所にいたり並んだり向かい合ったりして学習することができるようになった場合は，普通の机の並び方にしたり，円卓を囲んで学習することもあります。

したがって，自閉症スペクトラムの子どもが自分の学習机を確認でき，期待されている学習課題に，安心して集中できるように学習の場を個別的に配慮することであるので，子どもの状況に応じて工夫していくことが大切です。

プレイ・エリアは，ワーク・エリアと明確に区別できるような物理的構造をもたせて，休憩や遊びだけの目的で設置することが大切です。教師や指導者は，家族からの聞き取りや日頃の子どもの遊ぶ様子を観察して，一人一人がもっとも好きな遊びや遊具などについて情報を得ておき，プレイ・エリアで子どもが楽しく遊べるように配慮することが必要です。

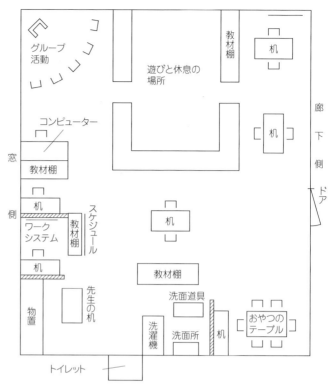

図9.3.1　ノースカロライナ大学の小学校低学年の教室・物理的構造化の見取図
(出所)　佐々木（1993）138頁

②スケジュールの構造化の配慮事項

自閉症スペクトラムの子どもは，予期しないことに直面したとき，非常に大きな不安や困惑を示すことが多い特性があります。そこで，1日のスケジュールを作成し，それを前もって予告することがきわめて重要です。

文字や言葉が理解できない発達段階にある子どもには，絵（あるいは絵と文字）で示したカードを用意して，スケジュール（時間割）の進行する順を上から下へ，あるいは左から右に並べてクリップで留めておきます。子どもたちは，そのスケジュール（時間割）のカードを1枚ずつ手に持って確認して，次の課題や活動の場所に移動してその課題に取り組むのです（図9.3.2，図9.3.3）。

一つの場面から別の場面に移行する際に，顕著な混乱を示す子どもに対しては，トランジション・エリア（中継地）を設置することが有効な場合もあります。一つの課題や活動が終了するたびにそこに来て，次のスケジュールを確認して，次の場所に移動するのです。トランジション・エリアには，子ども用のテーブルと椅子が置かれています。

第Ⅲ部　子どもの力をつける生活の指導

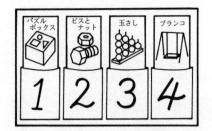

ある自閉症児の予定表で，1，2，3がやらなければならない作業（課題）で4はそれが終わると何ができるかを示してある。この場合はブランコ遊びができることになっている。

図9.3.2　タイムスケジュールの例
（出所）　佐々木（1993）143頁

図9.3.3　TEACCHの小学校の教室での先生の手書きスケジュール（チャペルヒル）
（出所）　佐々木（1993）144頁

3　コミュニケーションの指導

　一般に自閉症スペクトラム児は，発達の初期において自発的なコミュニケーションが少なく，非常に不自然な言葉や身振りなどの方法でしか自分の意思や要求を表現できなかったり，話された言葉に対する理解が予想以上に難しいことにしばしば気づかされます。したがって彼らのコミュニケーションレベルを正確に評価した上で，適切に指導することが重要です。

　そこでTEACCHプログラムでは，一人一人の機能水準に合わせて，日常生活における実用的な意思伝達の能力を促進することを基本理念に，コミュニケーション・スキルを教えることを大切にしています。

　そのためには，まず子どもが現在どのようなコミュニケーション・スキルをもっているのか，そのスキルをどのような場面でどのように使用しているのかを詳細に把握する必要があります。そこで，自発的に発信されたコミュニケーションを①機能，②文脈，③セマンティック・カテゴリー，④言語，⑤形態という五つの次元を重視して評価し，その指導や応用に活かしています。

　機能に関しては，1）要求，2）注意喚起，3）拒絶（拒否），4）説明，5）情報提

第9章　療育的取り組みによって創られた指導方法

子どもの名前	Aさん						観察者	B						
年　月　日	2008年3月18日	\multicolumn{6}{c}{機　能}	\multicolumn{6}{c}{セマンティック・カテゴリー}	形態
開始時刻	9：10	要求	注意喚起	拒否	説明	情報提供	情報請求	その他	どこで	だれに	何を	にどのしよう	その他	複雑性シシテムと
終了時刻	11：10													
文　脈	子どもの言動													
1. 皿の上のトーストを見て	「パン」				✓				食堂	自分に				S
2. 入ってきたボランティアを見て	「ママ」				✓				教室	自分に				S
3. 牛乳パックに書かれた数を見て	「6」				✓				教室	自分に				S
4. 牛乳パックに書かれた数を見て	「20」				✓				教室	自分に				S
5. T「トイレは？」、Tの腕をつかんで	「おしっこ」	✓							教室	Tに				S
6. 手を洗ってタオルを取る	「タオル」				✓				トイレ	自分に				S
7. アニメのキャラクターを見て	「いぬ」				✓				教室	自分に				S
8. 昼食を選ぶとき、T「何が食べたいの」	「カレーライス」						✓		教室	Tに				S
9. いすに座るとき	「いす」				✓				教室	自分に				S
10. おやつのとき	せんべいに手を伸ばす	✓							食堂	Tに				G

図9.3.4　コミュニケーション・サンプルの例

（注）新しいコミュニケーションのシステム（形態）を教えていく場合は、慣れている（よく知っている）文脈ですでに獲得している機能（目的）を使って、ワンステップ上のシステムを教えていく（つまり、一つの次元のみしか変化させないということ）。　T：教師（指導者），S：話しことば，G：身ぶり（動作）
（出所）佐々木（2008）75頁

供，6）情報請求，7）その他の感情や共感の表現（交換）という七つの要素を評価します。

　文脈は、コミュニケーションが成立している場面や状況のことです。

　セマンティック・カテゴリーとは、コミュニケーションで用いられている表現の意味に関するカテゴリーで、自分の意思や行為を意味しているのか、相手や人の行為について言っているのか、場所や雰囲気、物についての感想を言っているのかといった意味合いの分類です。

　言語とは、話し言葉、文字・絵、身振り、ジェスチャーなどコミュニケーションに用いられる手段を含んでいます。

　そして、形態は、表現に用いられるコミュニケーションをする方法や様式のことです。その水準は、1）泣いたり、叫んだり、かんしゃくをおこして要求を表現する水準、2）身振りやジェスチャー、動作による表現の水準、3）物を使って意思表示する水準、4）絵を用いて伝える水準、5）文字を用いて要求を伝える水準、6）サイン言語を用いる水準、7）話し言葉で表現する水準の7段階に分けて評価を行っています。

　コミュニケーションの評価は、この基準に従って時間をかけて観察し、コミュニケーション・サンプル表（図9.3.4）を用いて記録していきます。

　適切にコミュニケーションの評価を行った自閉症スペクトラム児者に対して、①構造化の技法による指導、②偶発的な場面における指導、③意図的な環境という、三つの方法を

用いて指導を行います。

　構造化による指導では，新しいコミュニケーション・スキルを教える場合，①同じタイプの働きかけに対しては，同じ反応の仕方で答えること，②一つの場面では一つのスキルだけを教えることを基本にして指導します。そして，機能の高くない子どもたちには，日常的に多用する品物や実用的な具体的活動を利用して指導をすすめていくことが効果的です。

　偶発的な場面の指導では，日常的に起こる出来事の中でコミュニケーションを指導します。たとえば，父親にドライブを要求する場合に「自動車のキーを出して」という要求をすることを教えるような指導です。

　意図的な環境での指導とは，わざと必要な物を隠しておいて，その物が「ほしい」という要求のコミュニケーションを指導する方法です。

　コミュニケーション指導をするにあたって，もっとも重要な点は，子どもが習得したスキルを自発的に応用して，その結果に喜びを感じられるように指導することです。そのためには，教師が子どもにとって安心できる存在となれるよう，信頼関係を大切にした指導を心がける必要があります。

4　SCERTS モデルとその実践

■1　SCERTS モデルとは

　SCERTS モデルは，プリザント（Prizant, B.）らによって開発された，自閉症スペクトラム児への包括的教育プログラムです（プリザントほか，2010；2012）。

① SCERTS モデルの背景

　1980年前後から自閉症スペクトラムの発達研究が進み，自閉症スペクトラム児の中核的な障害として共同注意（joint attention）の障害（Mundy et al., 1986など）や情動の表出と共有の障害（Yirmiya et al., 1989），「心の理論」の障害（Baron-Cohen, Leslie & Frith, 1985など）が明確になってきました。

　こういった基礎研究や支援研究に基づき，全米研究評議会（National Research Council；NRC, 2001）は，全米また世界の自閉症スペクトラム研究者を集め議論を行い，自閉症スペクトラム児の教育の優先事項を以下のように決めました。①機能的で自発的なコミュニケーション②様々な場面での社会的な指導③ピアとの遊びやおもちゃの適切な使用に焦点を当てた，遊びのスキルの教授④自然な文脈における認知的な目標の般化と維持を導く指導⑤問題行動に取り組む積極的なアプローチ⑥適切な場合，機能的なアカデミックスキル。

第9章 療育的取り組みによって創られた指導方法

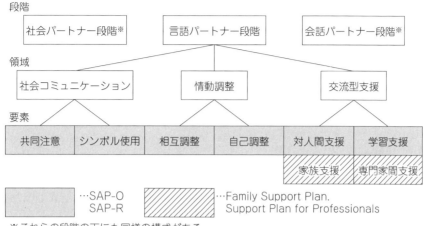

図 9.4.1 SCERTS モデルの構成
(出所) プリザントほか (2010) を参考に作成

これにより社会的行動、社会性を優先的に教育する必要があるという方向性が出され、様々な支援プログラムが提案されましたが、SCERTS モデルは、その中の代表的なプログラムです。

② SCERTS モデルの構成（図 9.4.1）

"SCERTS" は、社会コミュニケーション（SC：Social Communication）、情動調整（ER：Emotional Regulation）、交流型支援（TS：Transactional Support；自閉症スペクトラム児にかかわる家族・専門家等へのアプローチ）の三つの領域を示す頭文字を並べたもので、社会パートナー段階、言語パートナー段階、会話パートナー段階の三つの段階から構成されています。「SAP-O」というフォーマットを用いて、三つの段階の三つの領域について発達アセスメントをし、それに基づいて支援を行います。

(a)「社会コミュニケーション」領域

「共同注意」と「シンボル使用」の二つの要素からなります。「共同注意」では、なぜコミュニケーションをするのかというコミュニケーションの目的に焦点を当てており、「シンボル使用」ではどのようにコミュニケーションをするのかというコミュニケーションの手段に焦点を当てています。

(b)「情動調整」領域

独力で情動を調整する能力に取り組む「自己調整」と、パートナーに援助を求めたり、パートナーからの援助に応じたりする能力に取り組む「相互調整」の二つの要素からなります。さらに、情動調整は、床を蹴るなどの行動によって調整する「行動方略」、「だいじょうぶ」など言語によって調整する「言語方略」、「今度、がんばろう」などと反省したり、プランを立てたりなどの「メタ認知方略」という三つの方略を想定します。三つの方略と、「自己調整」「相互調整」という二つの方向性を組み合わせ、様々な情動不全に対応できるように支援します（図 9.4.2）。

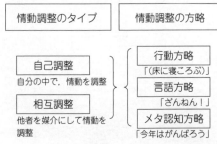

図9.4.2　情動調整のタイプと方略
（出所）プリザントほか（2010）を参考に作成

(c) 交流型支援領域

「対人間支援」「学習支援」「家庭支援」「専門家間支援」の四つからなります。先の二つの領域が子どもの力を扱うのに対して，この領域は親，きょうだい，ピア，専門家など子どもとかかわるパートナーに焦点を当てています。コミュニケーションや情動調整といった対人的な能力は，かかわる人のかかわり方によって，パフォーマンスが変わってくるため，パートナーまで含めたアセスメントが必要です。「対人間支援」は子どもの発達をより促すようなパートナーのコミュニケーションのスタイルに取り組むものです。「学習支援」は，視覚的援助や構造化などの援助をパートナーが適切に用いているかということに取り組むものです。「家族支援」と「専門家支援」の要素は，家族，専門家それぞれに対する教育的サポートと情緒的サポートを扱います。

(d) SAP-O によるアセスメント・優先目標の設定，生活の場への埋め込み

SAP-O では，各段階200前後の観察項目について，3時間程度の複数の日常場面の観察によってアセスメントを行い，その結果に基づいて子どもと大人について各8個前後の優先目標が立てられ，日常生活の活動の中に埋め込んで支援を行います。たとえば家庭のおやつの場面で，子どもの目標は「欲しい飲み物を指さしで伝える」，大人の目標は「飲み物について，ジュースと牛乳などの選択肢を与える」，などです（図9.4.3）。

2　生活の中でのコミュニケーション・情動調整の実際

〈事例〉

4歳6か月の自閉症スペクトラム児（光一くん）に対して，SCERTSモデルによって支援を行いました。幼稚園の年中クラスに通っています。毎月1回以上，家庭と幼稚園を訪問し，対象児やパートナーのかかわりの観察，かかわり方や活動設定についての相談を行いました。家庭は，両親がともに話し合いに参加できる日に訪問し，幼稚園では担任教諭との話し合いの時間を持ちました。また，大学で月2回の個別指導を行いました。年4回（Ⅰ～Ⅳ期）のアセスメントから，優先目標を設定し，家庭のおやつ，食事，また大学相談室でのゲームなどの生活の場面に埋め込んで支援を行いました。

1）社会コミュニケーション：Ⅰ期（3-5月）では，社会パートナー段階の【SU5.1】（SAP-Oの項目番号；以下同様）音／言葉と注視とジェスチャーを協調する，を目標にしました。

Ⅱ期（6-8月）には，音／言葉と注視とジェスチャーを協調することや，母親の2語文の音声モデルの模倣ができるようになりました。

活動時間	週の子どもの小目標								週のパートナーの小目標							
	短い相補的な相互作用を行う	社会的なゲームを要求する	音声／言葉と注視やジェスチャーを協調する	視覚的手がかり（写真や絵）での指示に従事する	パートナーの提案に対して選択する	相互作用を求めてポジティブな情動を共有する	活動から離れさせることによって回復を援助しようとするパートナーの試みに応答する	覚醒水準を調整するためにパートナーによってモデルとして示された言語方略を用いる	調整不全のシグナルを認識し、支援を与える	非音声言語的あるいは言語的に選択肢を与える	始発を待ち、促す	コミュニケーションの前に子どもの注意を確保する	相互作用を促すために適切な接近や非音声言語的な行動を用いる	適切な非音声言語コミュニケーションや情動表出のモデルを示す	子どものコミュニケーションと表出言語を増やすために付加的なコミュニケーション支援を用いる	課題内のステップを明確にする援助を用いる
食事			■	■	■					■		■		■		
おふろ	■	■	■			■					■		■			
身辺整理			■	■				■	■					■	■	■
遊び	■	■	■		■	■	■			■	■	■	■		■	

図9.4.3　優先目標の生活場面への埋め込み

（出所）　プリザントほか（2010）を参考に作成

　Ⅲ期（9-11月）には，言葉の遅延模倣が増加したために，【SU6.4】文脈の手がかりなしで様々な関係語を模倣する[(2)]，を目標としました。繰り返して経験する場面では適切な動詞を使うことも増えました。

　Ⅳ期（12-2月）には，Ⅲ期から言葉の遅延模倣が増加したために，状況の手がかりに依存しない音声だけでの指示をする，というかかわりを提案しました。母親も，積極的に取り組み，音声だけでのいくつかの指示が可能になりました。

　このように，音／言葉と注視とジェスチャーの協調→模倣→言語だけの指示といった目標設定で言語発達を促していったことが効果的に作用したものと思われます。

　2）情動調整：Ⅰ，Ⅱ，Ⅲ期には社会パートナー段階の【MR3.2】（相互調整）相互作用を求めてポジティブな情動を共有する，【MR4.3】（相互調整）活動から離れさせることによって回復を援助しようとする，を優先目標としました。Ⅳ期には言語パートナー段階の【SR3.3】（自己調整）パートナーの試みに応じる覚醒水準を調整するためにパートナーがモデルとして示した言語方略を使用する，を優先目標としました。

（2）例1：パートナーは「私にください」「投げて」「ボールを押して」と言う（行為），
　　例2：パートナーは「私に大きな／小さなカップをください」と言う（修飾）（プリザントほか，2010）。

第Ⅲ部　子どもの力をつける生活の指導

		相互調整	自己調整
	対象	方略	
Ⅰ期	母	行動（身体） 言語（母の模倣）少し	泣き・発声
Ⅱ期	母	言語（母親のカウントの模倣）	行動（あご叩き）
Ⅲ期 （前期）	母	言語（模倣）増える	行動（あご叩き）の減少 言語（慣用的（これする））
（後期）	母以外の大人 （父・大学スタッフ）	行動（身体）使いはじめる 情動共有	
Ⅳ期	母	言語（非慣用的）	
	母以外の大人	身体増加 言語（慣用的）	

図9.4.4　光一くんの情動調整の発達

　初期（Ⅰ期，Ⅱ期，Ⅲ期（前））には対象が母親で，自己の身体を用いた行動方略から言語方略へと変化していきました。

　次いで，後期（Ⅲ（後）期，Ⅳ期）には父親や大学スタッフなどの母親以外の親しい大人へと対象が広がり，同様に身体を用いた情動調整から言語方略へと変化していきました（図9.4.4）。

　このように，情動調整が発達してゆく様子が見られ，このようなプロセスに合わせた情動調整支援の可能性が示唆されました。

　＊本稿は，長崎（2015a），長崎（2015b），吉田（2016）に基づいています。

コラム9　スヌーズレン教育の意義

1　スヌーズレンの誕生と語源

　スヌーズレンは，1970年代中頃にオランダの知的障害者施設ハルテンベルグセンター（De Hartenberg Centre）の施設内に居住する重度知的障害者のための安らぎの活動として始められました。当時，彼らは看護の対象とみなされ主にベッドで過ごし，日中の生活は混沌と脅威にさらされていました。その緊張に満ちた生活から彼らを解放するために，彼らに安らぎをもたらす活動としてスヌーズレンを始めたといわれています。まず実験的な「感覚の住居」が建てられ，彼らが見たり，嗅いだり，聴いたりする能力を刺激する効果のある器材や用具で満たされた部屋が設けられました。これ以前には，彼らが利用できるレクリエーション活動はありませんでした（Hulsegge & Verheul, 1987）。

　スヌーズレンの語源は，オランダ語のスヌッフェレン（Snuffelen,「クンクンにおいを嗅ぐ」という意味）と，ドゥーズレン（Doezelen,「ウトウト居眠りをする」という意味）の二つの言葉からなる造語です。つまり，スヌーズレンには，「まわりの環境に働きかける側面」と「リラックスする側面」の二面性があります。今日では，スヌーズレンは世界中に広がり，とくに英語圏では，"Multi-Sensory Environment"（MSE；多重感覚環境）という用語が用いられています。

　スヌーズレンの施設では，ホワイトルームが代表的です。これは，主にリラクゼーションを促すことを目的とした部屋です。学校では教室を暗幕などでうす暗くして，バブルチューブやファイバーグロー（光るファイバーの束），ソーラープロジェクター，ミラーボールといった光刺激，リラクゼーションを導く曲を用いた聴覚刺激，さらにはアロマの嗅覚刺激などを用いた，いわゆる多重感覚刺激環境を設定し，対象児はクッションなどに横になり安楽な姿勢で参加します。その側に教師が寄り添い，対象児の自発的な活動を見守り，本人の気持ちに共感して，必要に応じて声かけやスキンシップを行うものです。他にも，自閉症スペクトラムなどの動ける子どもの場合には，遊べる遊具の置いてあるアクティビティルーム（ソフトプレイルーム）などを使用することがあります。

2　スヌーズレン教育の定義と教育課程上の位置づけ

　筆者は学校における教育活動としてのスヌーズレンを明確にするために，これを「スヌーズレン教育」と命名しました。このスヌーズレン教育の定義は以下のとおりです。「スヌーズレン教育とは，教室内を暗幕などでうす暗くし，対象児の好む光や音（音楽），香りなどの感覚刺激を用いた多重感覚環境を教室内に設定して，その中で感覚刺激を媒介として教師と対象児および対象児同士が相互に共感し合い，心地よさや幸福感をもたらすことで，対象児のもつ教育的ニーズ（発達課題）のある感覚面や情緒面，運動面，コミュニケーション面などにおける心身の発達を促し支援する教育活動である」。

　学校におけるスヌーズレン教育は，たとえば，自立活動の指導において，スヌーズレンの授業として実施できます。筆者は重度・重複障害児の自立活動の指導においてスヌーズレンの授業を実践し，対象児の行動観察の評価から，その教育的効果を次のように報告しています。多くの生徒が意識や注意を刺激に集中させたり，生徒に注視や追視を促したり，生徒から手や身

体の運動・動作を引き出したり，生徒をリラックスへ導いたり，生徒の興味・関心を広げたり，周りの環境や感覚刺激を楽しみ声を発したり笑顔を見せたりしました。さらに授業回数を重ねるごとに，多くの生徒の反応が漸増しました。ただし，生徒の中には，反応がきわめて微弱なため，教師による行動評価が困難な生徒も一部見られました。

またスヌーズレン教育は教育課程上，主に自立活動と特別活動（学校行事やクラブ活動）に位置づけられ，さらに遊び学習や生活単元学習の指導にも位置づけることが可能です。

3　スヌーズレン教育の意義と留意点

スヌーズレン教育の意義として，以下の点があげられます。

①対象児の保有する能力で無理なく取り組め，未発達な感覚面の初期教育に寄与することから，寝たきりの重症児の発達ニーズに応えられる教育です。

②スヌーズレンの心地よい多重感覚環境は，対象児に幸福感をもたらすことで学習活動を一層楽しいものにし，興味・関心の拡大や自発的な運動・動作を引き出します。

③教師が対象児の身体に直接他動的に働きかけて発達を促すというよりも，スヌーズレンの諸刺激や環境（教師の存在とかかわりを含む）が対象児に働きかけて，対象児の心を動かし心理的な安定や自発的な活動を促す新しい教育です。

④感覚刺激を用いた楽しい感覚遊びの授業に取り組みながら，同時に教師とのコミュニケーション活動を促すことから，児童生徒が楽しく遊びながら対人関係の基礎を培うことができます。

⑤精選され統制された人工的な環境の中で，教師が対象児と気持ちを共有し合うことで，対象児のわずかな反応をじっくりと観察することができることから，とくに対象児をみる教師の目を養うのに効果的で，教師の専門性の向上に寄与します。

また留意点として，以下の点があげられます。

①対象児一人一人が授業に集中できるように，とくに光刺激を注視・追視しやすいように安楽な姿勢を確保します。

②対象児の中には，光刺激などでてんかん発作を誘発する場合があるため，感覚刺激の量の調整など，環境設定にはきめ細かな配慮が必要です。

③教室内外の雑音を極力抑えるようにします。

④提示する刺激物は弱い刺激から始めて，対象児の反応を見ながら少しずつ強めます。

⑤毎回一人一人の興味・関心に基づく環境の設定に工夫を凝らします。

第Ⅳ部

子どもが地域で豊かに育つための連携

第10章 インクルーシブ教育構築に向かう特別支援教育

1 国連のサラマンカ声明と特別支援教育

　1994年にスペインのサラマンカで開催された,「特別ニーズ教育に関する世界会議」において,従来の特殊教育に代わる「特別ニーズ教育」の理念・原則を定めた「特別ニーズ教育に関するサラマンカ声明と行動大綱」が国連のユネスコによって採択されました。「特別ニーズ教育」とは,障害児や英才児,ストリートチルドレンや労働している子どもたち,人里離れた地域の子どもや遊牧民の子どもたち,言語的・民族的・文化的マイノリティの子どもたちなどすべての学習上の困難さに対するニーズのことです。

　学校は,こうしたすべての特別なニーズを抱えた子どもたちを排除することなく,一人一人に見合った教育を提供すべきだとしてインクルーシブ教育の理念を提唱しました。インクルーシブ教育の基本原則は,すべての子どもは何らかの困難さもしくは相違をもっていようと,可能な際はいつもともに学習すべきであるというものです。そのためインクルーシブ校は,様々な学習スタイルや学習の速さについて調整したり,適切なカリキュラムと編成上の調整,指導方略,資源の活用,地域社会との協力を通じ,すべての子に対し,質の高い教育を保障する必要があるとしています。

　また特定のインペアメントを抱えた子どもの特別学校システムがきちんと確立している国においては,特別学校の教職員は,障害を持つ子どもの早期スクリーニングや認定に必要な専門的・学術的見識をもっています。また,サラマンカ声明では,特別学校は,通常の学校の教職員に対する研修センターや資源センターとして役立つことになるとし,特別学校の新たな役割についても言及しています。

　こうした情勢を受け,わが国では,2001年に文部科学省の特殊教育課を「特別支援教育課」に改組し,「21世紀の特殊教育の在り方について（最終報告）」をまとめ,盲・聾・養護学校の就学対象の障害程度に関する基準や就学基準を見直すとともに小中学校の通常学校に在籍する学習障害児,ADHD児,高機能自閉症児等の特別なニーズを抱えた子どもへの積極的な対応を提言しました。

　そして2003年には,特別支援教育の推進に関する調査研究協力者会議が「今後の特別支援教育の在り方について（最終報告）」を発表しました。それを受けて中央教育審議会は,

第Ⅳ部　子どもが地域で豊かに育つための連携

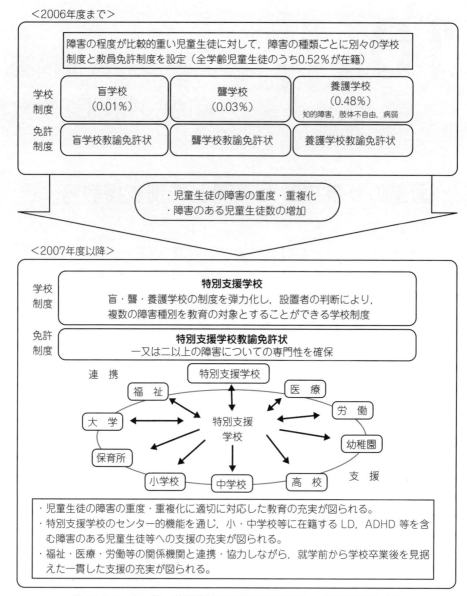

図 10.1.1　盲・聾・養護学校から特別支援学校へ（制度の弾力化）
（出所）　文部科学省資料（一部改変）http://www.w8.cao.go.jp/shougai/whitepaper/h19hakusho/gaiyou/zuhvo/zh11.html（2017年2月2日閲覧）

2005年12月,「特別支援教育を推進するための制度の在り方について（答申）」を発表しました。そこでは,①障害のある幼児児童生徒の教育の基本的な考え方について,特別な場で教育を行う「特殊教育」から,一人一人のニーズに応じた適切な指導及び必要な支援を行う「特別支援教育」に発展的に転換すること,②幼児児童生徒の障害の重度・重複化に対応し,一人一人の教育的ニーズに応じて適切な指導及び必要な支援を行うことができるよう,盲・聾・養護学校を,障害種別を超えた特別支援学校に転換し,小・中学校等に対する支援を行う地域の特別支援教育のセンターとしての機能を明確に位置づけること,③

通級による指導の指導時間数及び対象となる障害種を弾力化し，LD・ADHD・高機能自閉症等を新たな対象とすること，④特殊学級と通常の学級における交流及び共同学習を促進するとともに，特殊学級担当教員の活用によるLD・ADHD・高機能自閉症等の児童生徒への支援を行うなど，特殊学級の弾力的な運用を進めること，⑤「特別支援教室（仮称）」の構想については，研究開発学校やモデル校などを活用し，特殊学級が有する機能の維持，教職員配置との関連や教員の専門性の向上等に留意しつつ，その法令上の位置づけの明確化等について，上記の取り組みの実施状況も踏まえ今後検討すること，⑥盲・聾・養護学校の「特別支援学校」への転換に伴い，学校種別に設けられている教員免許状を，障害の種類に対応した専門性を確保しつつ，LD・ADHD・高機能自閉症等を含めた総合的な専門性を担保する「特別支援学校教員免許状」に転換する，などの方針が出されました。

その答申も踏まえて2006年に「学校教育法の一部を改正する法律」が公布され，2007年度から特別支援教育が開始されました。図10.1.1は，その概念図を示したものです。

2 障害者権利条約の採択と批准に向けての法改正

特別支援教育の実施に向けて「学校教育法の一部を改正する法律」が国会で成立した2006年に国連では，障害者権利条約が採択されました。障害者権利条約の批准に向けた日本政府の動向については，2009年3月に公定訳が公表され，2009年1月に召集された通常国会中に批准承認する予定で自公政権は障害者関連の全国組織12団体で構成される日本障害者フォーラムに打診したところ，国内の法令の抜本的改正を行わない段階での批准に対して強い反発があり，閣議決定を見送りました。その後7月の衆議院解散に伴う8月の衆議院総選挙において民主党を中心とする政権が誕生したため，仕切りなおしての議論が進められてきました。内閣総理大臣をトップに2009年12月につくられたのが，障がい者制度改革推進本部です。推進本部の目的は，日本の法律や制度を国連の障害者権利条約の考え方に合わせて変えていき，日本の障害のある人が暮らしやすくすることです。

その結果，まず，2011年に，障害者基本法が改正されました。その改正の特徴は，①目的で，「すべての国民が，障害の有無によって分け隔てられることなく，相互に人格と個性を尊重し合いながら共生する社会の実現をめざす」ことをうたったこと，②障害者の定義において，「身体障害・知的障害・精神障害（発達障害を含む）その他の心身の機能の障害がある者であって，障害及び社会的障壁（事物・制度・慣行・観念等）により継続的に日常生活又は社会生活に相当な制限を受ける状態にあるもの」として社会モデルの観点を取り入れたこと，③地域社会における共生や，言語（手話を含む）等の意思疎通手段の選択の機会の確保等を新たに掲げたこと，④教育において可能な限り共に教育を受けられるよ

う配慮する旨を規定し，特性を踏まえた十分な教育が受けられるよう情報提供を行うとともに児童の意向を尊重しなければならない旨を規定し，環境の整備を促進する旨をうたったこと，⑤障害児が身近な場所で療育等の支援を受けられるような施策を実施すること，⑥公共施設や情報利用のバリアフリー化を規定したこと，などです。

3 インクルーシブ教育構築のための特別支援教育の在り方の見直し

　この改正を受けて，文部科学省では，2012年，「共生社会の形成に向けたインクルーシブ教育構築のための特別支援教育の推進（報告）」が中央教育審議会初等中等教育分科会から提出されました。

　報告では，障害者権利条約第24条の「インクルーシブ教育システム」(inclusive education system) とは，「人間の多様性の尊重等の強化，障害者が精神的及び身体的な能力等を可能な最大限度まで発達させ，自由な社会に効果的に参加することを可能とするとの目的の下，障害のある者と障害のない者が共に学ぶ仕組みであり，障害のある者が『general education system』から排除されないこと，自己の生活する地域において初等中等教育の機会が与えられること，個人に必要な『合理的配慮』が提供される等が必要とされている。」とし，その構築のため，特別支援教育を着実に進めていく必要があると述べています。

　そのために，①就学相談・就学決定の在り方について，②障害のある子どもが十分に教育を受けられるための合理的配慮及び基礎となる環境整備，③多様な学び場の整備と学校間連携等の推進，④特別支援教育を充実させるための教職員の専門性向上等，についての問題提起を行っています。

　まず，就学相談・就学決定の在り方については，「就学基準に該当する障害のある子どもは特別支援学校に原則就学するという従来の就学決定の仕組みを改め，障害の状態，本人の教育的ニーズ，本人・保護者の意見，教育学，医学，心理学等専門的見地からの意見，学校や地域の状況等を踏まえた総合的な観点から就学先を決定する仕組みとすることが適当である。」とし，「現在，多くの市町村教育委員会に設置されている『就学指導委員会』については，早期からの教育相談・支援や就学先決定時のみならず，その後の一貫した支援についても助言を行うという観点から，『教育支援委員会』（仮称）といった名称とすることが適当である。」としています。これを受けて学校教育法施行令の一部改正が行われ，2013年9月から施行されています。改正された就学決定の仕組みは，図10.3.1の通りです。

　障害のある子どもが十分に教育を受けられるための合理的配慮及びその基礎となる環境整備については，合理的配慮を「障害のある子どもが，他の子どもと平等に『教育を受け

【改正後：障害の状態，本人の教育的ニーズ等を踏まえ，総合的な観点から決定】

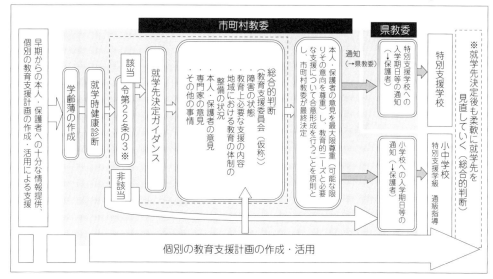

図 10.3.1　改正後の就学決定の仕組み
※特別支援学校に就学すべき障害の種類・程度を定めたもの（学校教育法施行令第22条の3）
（出所）文部科学省「特別支援教育課インクルーシブ教育構築事業説明資料」http://www.mext.go.jp/component/a_menu/other/detail/__icsFiles/afieldfile/2015/06/16/1358945_02.pdf（2016年12月26日閲覧）

る権利』を享有・行使することを確保するために，学校の設置者及び学校が必要かつ適当な変更・調整を行うことであり，障害のある子どもに対し，その状況に応じて，学校教育を受ける場合に個別に必要とされるもの」とし，合理的配慮の基礎となる環境整備を「基礎的環境整備」として整理しました。そして国，都道府県，市町村は，必要な財源を

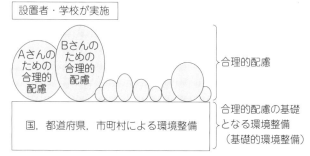

図 10.3.2　合理的配慮と基礎的環境整備の関係
（出所）中央教育審議会初等中等教育分科会「共生社会の形成に向けたインクルーシブ教育システム構築のための特別支援教育の推進（報告）」2012年7月

確保し，「基礎的環境整備」の充実を図っていく必要があるとしました。合理的配慮と基礎的環境整備との関係については，図10.3.2の通りです。

多様な学び場の整備と学校間連携等の推進については，「多様な学び場として，通常の学級，通級による指導，特別支援学級，特別支援学校それぞれの環境整備の充実を図ることが必要である。」とし，「域内の教育資源の組み合わせ（スクールクラスター）により，域内のすべての子ども一人一人の教育的ニーズに応え，各地域におけるインクルーシブ教育システムを構築することが必要である。」と提起しています。域内の資源の組み合わせ（スクールクラスター）のイメージは，図10.3.3の通りです。

特別支援学校は，小・中学校等への支援，特別支援教育に関する相談・情報提供機能，

第Ⅳ部　子どもが地域で豊かに育つための連携

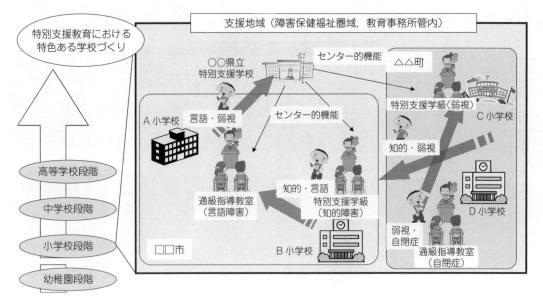

図10.3.3　スクールクラスターのイメージ

（出所）　文部科学省資料 http://www.mext.go.jp/a_menu/shotou/tokubetu/main/006/h25/__icsFiles/afieldfile/2013/09/27/1339872_1.pdf（2017年2月2日閲覧）

　障害のある児童生徒等への指導・支援機能，関係機関との連絡・調整機能，小・中学校等の教員に対する研修協力機能，障害のある児童生徒等への施設設備等の提供機能といったセンター的機能を有し，より一層の充実と専門性の向上に取り組む必要があるとしています。

　また，特別支援学校と幼・小・中・高等学校等との間，特別支援学級と通常学級との間で行われる交流及び共同学習は，共生社会の形成に向けて経験を広め，社会性を養い，豊かな人間性を育てる上で，大きな意義を有するとともに多様性を尊重する心を育むことができるので，教育課程に位置づけたり，年間指導計画を作成したりして，計画的・組織的な取り組みを行うことが必要であるとされています。そして，医療，保健，福祉，労働等の関係機関との相互連携のもとでの，広域的な地域支援の有機的なネットワーク形成がなされることが有効であるとしています。

　特別支援教育を充実させるための教職員の専門性向上等については，すべての教員が特別支援教育に関する一定の知識・技能を有していること，発達障害に関する一定の知識を有することが必須であるとし，教員養成段階で身に付けること，現職教員については研修等の受講により基礎的な知識・技能の向上を図る必要があるとしています。

4　障害者差別解消法と合理的配慮

　2013年6月に「障害を理由とする差別の解消の推進に関する法律」（障害者差別解消法）

が成立しました。この法律の大きな特色は，障害がある者にとっての日常生活を営む上で障壁となるような社会における事物，制度，慣行，観念その他一切のものを社会的障壁と定義し，社会的障壁の除去を行うための合理的配慮（実施に伴う負担が過重でない場合）を行う義務を行政機関や事業者に求めたことです。そして，国，地方公共団体に対しては，合理的配慮の提供に関する法的義務が，事業者にたいしては努力義務が課せられました。そしてこの法律は，2016年4月から施行されています。

さらに，差別を解消するための支援措置として，①相談・紛争解決の体制整備，②障害者差別解消支援地域協議会における関係機関の連携，③普及，啓発活動の実施，④差別解消の取り組みの情報提供の四つの措置が講じられることとなりました。

特別支援教育における重要な点は，過重な負担でない場合の合理的配慮の提供が公的機関であるすべての公立学校で求められるということです。障害のある児童生徒が入学した場合，個々の状態に応じて，①教員，支援員等の確保，②施設・設備の整備，③個別の教育支援計画や個別の指導計画に対応した柔軟な教育課程の編成や教材等の配慮等を行うことが法的に義務づけられました。特別支援教育にあたるすべての教員は，子どもの障害特性や発達特性についての専門性の向上に努め，子ども一人一人に合った適切な教育的配慮をこれまで以上に丁寧に行っていく必要があります。

コラム10　特別支援教育コーディネーター

1　学校の教育機能を支えるキーパーソン

　特別支援教育コーディネーターは，学校の中で「困っている子ども」（育っていくためにとくに支えが必要な子ども）に光を当て，学校内外の様々な資源を生かして，その子どもの育ちを支えていくキーパーソンです。全教職員の目で児童生徒の理解を深め，それぞれの先生方の力を生かしたりつないだりしながら知恵と力を引き出し，保護者や地域の支援者などとともに子どもの育ちを支える学校には欠かせない存在です（長野県教育委員会，2013）。

　幼稚園，小・中学校，高等学校，特別支援学校では，園長・校長が特別支援教育コーディネーターに適任者を指名することになっています。通級指導教室や特別支援学級の担任，教育相談担当者，学年主任，教頭，養護教諭など，地域や学校によって異なりますが，特別支援教育コーディネーターとしての役割を果たすための資質をもつ人が指名されます。

2　役割と仕事の内容

　文部科学省（2004）は，具体的な役割として，「小・中学校の特別支援教育コーディネーターは，(1)学校内の関係者や関係機関との連絡・調整，及び，(2)保護者に対する学校の窓口として機能することが期待される。一方，盲・聾・養護学校の特別支援教育コーディネーターは，これらに地域支援の機能として，(3)小・中学校等への支援が加わることを踏まえ，(4)地域内の特別支援教育の核として関係機関とのより密接な連絡調整が期待される」としています。

　各学校では，以下の仕事を担当する者として校務分掌上に配置されます。①校内委員会の運営，②児童生徒の実態把握や情報の集約，③「個別の指導計画」作成の推進，④「個別の教育支援計画」策定の推進，⑤校内の教職員の理解・協力の促進，⑥校内研修会の企画・開催，⑦外部専門家や外部機関との連携窓口，⑧保護者との相談窓口など。

3　必要とされる資質

　文部科学省（2004）は，特別支援教育コーディネーターに求められる資質を次のように示しています（小・中学校の場合，項目のみ）。

1　連絡・調整に関すること
　(1)校内における特別支援教育体制の構築に関すること
　　　・協力関係を推進するための情報収集，情報共有
　　　・交渉力や人間関係調整力
2　特別な教育的ニーズのある児童生徒や保護者の理解に関すること
　(1)障害のある児童生徒の発達や障害全般に関する一般的な知識
　　　・特にLD，ADHD等の軽度発達障害
　(2)児童生徒，保護者，担任との相談
　　　・カウンセリングマインド
3　障害のある児童生徒など教育実践の充実に関すること
　(1)障害のある児童生徒の教育に関する一般的な知識
　　　・関係する法令

・教育課程や指導方法（特にLD，ADHD等の軽度発達障害）
(2)個別の指導計画の作成・実施・評価及個別の教育支援計画に関すること
　・少人数指導や個別指導などティーム・ティーチングの活用等

4　校内体制の構築

　高い専門性を有する特別支援教育コーディネーターでも，一人ですべてを推進できるわけではありません。まず，学校長のリーダシップのもと，全校職員の意識改革を図ることが大事なポイントとなります。そのために，コーディネーター通信を発行する，学校評価を通して成果と課題を全校で共有するなどの取り組みも効果があります。

　そして，特別支援教育コーディネーターが校内の様々な立場の先生方と連携がとりやすく効果的・効率的に活動しやすい体制づくりをすることが大切です。そのためには，校内の様々な会議（校内委員会，校内就学相談委員会，学年会，ケース会議，生徒指導や不登校支援に関する委員会など）と特別支援教育コーディネーターの関連を明確にして校務分掌に位置づける必要があります。

5　今後の特別支援教育コーディネーター

　特別支援学校は，センター的機能の一つとして幼稚園・保育所・小中高等学校への学校コンサルテーションを推進することが期待されています。幼保小中高への相談支援の多くは，発達障害児などの児童生徒や保護者などへ個別に対応するものが多いのが現状です。しかし，今後は小中高等学校などの特別支援教育コーディネーターが校内の支援力をさらに向上していけるように，学校全体としての取り組みを視野に入れた学校コンサルテーションの推進が期待されます。地域の学校の支援力向上にも貢献する特別支援教育コーディネーターは，インクルーシブ教育体制の構築に向けても重要な役割を担っています。

　新たな役割の一つとして，特別支援学校コーディネーターが地域のキーパーソンと緊密に連携することで，幼保・小・中学校間の就学移行支援体制の整備に一定の効果がもたらされたとの研究結果も報告されています（赤塚，2015）。

6　やりがいのある素晴らしい仕事

　特別支援教育コーディネーターの果たす役割は大きくなるばかりです。困難な仕事も多いのですが，多くの信頼と期待を寄せられる職務でもあり，やりがいのある素晴らしい仕事です。教育委員会や教育センターでの養成研修，国立特別支援教育研究所での講習会なども行われていますから，若い先生方もやりたい仕事として目指すとよいでしょう。

コラム11　障害者権利条約とインクルーシブ教育

1　サラマンカ声明とインクルーシブ教育

　スペインのサラマンカで開催されたUNESCOの「特別ニーズ教育に関する世界会議」(World Conference on Special Needs Education：Access and Quality, 1994)では，五つの柱からなる「サラマンカ声明および行動大綱」(The Salamanca Statement and Framework for Action on Special Needs Education，以下「サラマンカ声明」と略)が採択されました。

　そこでは，タイでの「万人のための教育」(Education for All, 1990)に関する「世界大会」(World Conference on EFA, Jomtien, 1990)の合意を受けて，「個人の差異や困難によらず，すべての子どもを包含する教育システム」に向けて，インクルーシブ教育(inclusive education)を原則とすることが確認されました。

　もちろん，サラマンカ声明がすぐに特別支援学校等を不要としているのではなく，「特別学校は，インクルーシブ教育進展に向けた重要な資源」であり，「すべての子に特別ニーズ教育が推進されなければならない」としていてインクルーシブ教育をどのようにとらえるかについては，サラマンカ声明は非常に基本的な内容を呈示したもので，そのため当然様々な論議があり，国によってもその解釈や取り組みは多様です(日本特殊教育学会，2012)。

2　インクルーシブ教育と障害者権利条約

　国連で2006年12月に採択され我が国が2014年に批准した「障害者の権利に関する条約(障害者権利条約)」(Convention on the Rights of Persons with Disabilities，公定訳案2009年3月)は，その前文や条文(第1条〜第50条からなる)に'inclusion'，'full inclusion'，'inclusive education'の用語を用いていますが，これは，サラマンカ声明にあるように障害児や英才児，ストリートチルドレン，労働している子どもたち，遊牧民などの多様な子どもたちを排除せず，同じ場で教育し，しかも，一人一人の多様な特別ニーズに応える教育をおこなうことをめざすもので，今後の障害者施策の中心課題になってきたと言えるでしょう。たとえば，第3条「一般原則(c)」では，'Full and effective participation and <u>inclusion</u> in society'とし，さらに，第24条「教育を受ける権利(e)」では，'Effective individualized support measures are provided in environments that maximize academic and social development, consistent with the goal of <u>full inclusion</u>.'(下線は筆者)としています。

　また，条約は，「国際障害者年」(1981)(The International Year of Disabled Persons 1981)の「障害者に関する世界行動計画」(1983〜1992年)，「障害者の機会均等化に関する基準規則」(1993)などを基礎にして，障害者の国際的な人権保障に新たなページを開く国際条約であるとされています。その成立過程では，多くの当事者主体のNGOなどが「私たちのことを，私たち抜きに決めないで！」(Nothing about us without us!)[1]を合言葉にし，条約成立に寄与したとされていますが，そういった「当事者参画」が明確に位置づけられたのは，今にして思えば国際障害者年であったといっても過言ではないでしょう。具体的には，国際障害者年はその採択文の中に，「テーマを完全参加と平等とする」(The theme of IYDP was "full participation

---

(1) ただし，これは条約の文言に使用されているものではない。

and equality"）と謳っています。そのようにしてノーマライゼーションの理念が我が国に押し寄せてきて，その後のインクルーシブ教育の流れへとつながっていきました。

3　障害者差別解消法と今後のインクルーシブ教育に向けた課題

　インクルーシブ教育理念の具現化に欠かせない「合理的配慮」とその実施の基盤となる「基礎的環境整備」との関係について，文部科学省は「障害のある子どもに対する支援は法令上又は財政上の措置により，国・都道府県・市町村の各段階で教育環境の整備を行うが，これは『合理的配慮』の基礎となる環境整備であり，それを『基礎的環境整備』と呼ぶこととし，これらを基に，各学校が，障害のある子どもに対し，その状況に応じて『合理的配慮』を提供する。」（中央教育審議会，2012）と説明しています。

　「障害を理由とする差別の解消の推進に関する法律」（通称「障害者差別解消法」）の施行（2016年4月）に向けて，障害を理由とする差別の解消の推進に関する基本方針に基づき，関係省庁において，対応要領および対応指針の作成に関するパブリックコメントの募集が行われました。

　そこでは，「差別禁止」に関する規定との関係で，就学に関する本人・保護者の希望に対して，当該学校との話し合いが不調に終わり，教育委員会が総合的に判断した結果，その希望を認めなかった場合に障害を理由とする差別的な扱いとなるかどうか，つまり，客観的にみて学校側の認めない理由が「正当な理由」にあたるかどうか，また，「合理的な配慮」の提供が学校側にとって「過重な負担」にあたるかどうかが争点になりました。そこで問われているのは，障害を本人の状態ではなく，社会にある障壁に対しての合理的配慮がなされない状態とみるべきではないかということです。つまり，障害に対する医学モデル中心の視点から社会モデルへの転換をはかるため，障害者基本法が改正され，障害者差別解消法が2016年4月から本格施行されていること，それによって公的機関である学校において，障害のある子どもに対する合理的配慮義務が生じているということです（第10章も参照）。

第11章 教育と医療，家族，その他の分野との連携

1 乳幼児健康診査と早期発見

乳幼児健康診査は，子どもの疾病や発達の偏りや遅れを早期に発見し，適切に支援が行われる機会となっています。

1 乳幼児健康診査

母子保健法に基づき乳幼児の発育，発達の状況を調査し，疾病の予防や障害の早期発見や保健指導に役立てるために行う乳幼児健康診査が整備されています。これらは，乳幼児の発達の遅れや偏りを早期に発見し，適切な支援を行い健康の保持及び増進を図ることを目的としています。

市町村は，母子保健法第12条及び13条に基づき，4か月児健康診査，1歳6か月児健康診査，3歳児健康診査を実施しなければなりません。

2 4か月児健康診査

妊娠及び分娩歴，出生体重，予防接種，既往歴，栄養状態，心配事，身体測定，発達状況，歯科・眼科・耳鼻科所見に加えて，身体的発育異常，精神発達障害，けいれん，運動発達異常，神経系感覚器の異常（視覚，聴覚，筋緊張），血液疾患，皮膚疾患，股関節の異常，斜頸，循環器系疾患，呼吸器系疾患，消化器系疾患，泌尿器系疾患，先天性代謝疾患，先天性形態異常などについて健康診査が行われます。

このように4か月児健康診査（母子保健法第13条）では，全般的な発育，発達の遅れがないか，脳性マヒのような障害がないかを中心に検討します。また，育児に心配があるか，育児に疲れていないかなど母親の育児上の問題となる事項についても相談にのります。

次いで実施する1歳6か月児健康診査，3歳児健康診査の際に，疾病，発達の偏りや遅れがないか，障害がないかを調べます。その際の情報として，この時期の乳幼児健康診査は重要です。

3　1歳6か月児健康診査

　1歳6か月児健康診査（母子保健法第12条）は，幼児初期の身体発育，精神発達の面で歩行や言語等発達の標識が容易に得られる1歳6か月児に対して健康診査を実施することにより，運動機能，精神発達の遅滞等障害をもった児童を早期に発見し，適切な指導を行い，心身障害の進行を未然に防止するとともに，生活習慣の自立，むし歯の予防，幼児の栄養及び育児に関する指導を行い，もって幼児の健康の保持及び増進を図ることを目的としています。

　健康診査の項目として，身体発育状況，栄養状況，脊柱及び胸郭の疾病及び異常の有無，皮膚の疾病の有無，歯及び口腔の疾病及び異常の有無，四肢運動障害の有無，精神発達の状況，言語障害の有無，予防接種の実施状況，育児上問題となる事項（生活習慣の自立，社会性の発達，しつけ，食事，事故等），その他の疾病及び異常の有無があります。また，保護者への支援として，子どもの発達や子育てについて個別相談や心理相談が行われます。

　この時期にLD（学習障害）やADHD，自閉症スペクトラムが健康診査で発見されることは少ないですが，言葉の遅れやコミュニケーションの取りにくさ，食事や遊びの偏り，運動の遅れなどが指摘されることがあります。これらの子どもの中には，その後，知的障害や自閉症スペクトラムと診断される場合があります。

4　3歳児健康診査

　3歳児健康診査（母子保健法第12条）は，幼児期において幼児の健康・発達の個人的差異が比較的明らかになり，保健，医療による対応の有無が，その後の成長に影響を及ぼす3歳児に対して健康診査を行い，視覚，聴覚，運動，発達等の心身障害，その他疾病及び異常を早期に発見し，適切な指導を行い，心身障害の進行を未然に防止するとともに，虫歯の予防，発育栄養，生活習慣，その他育児に関する指導を行い，もって幼児の健康の保持及び増進を図ることを目的としています。

　健康診査の項目として，身体発育状況，栄養状況，脊柱及び胸郭の疾病及び異常の有無，皮膚の疾病の有無，眼の疾病及び異常の有無，耳，鼻及び咽頭の疾病及び異常の有無，歯及び口腔の疾病及び異常の有無，四肢運動障害の有無，精神発達の状況，言語障害の有無，予防接種の実施状況，育児上問題となる事項，その他疾病及び異常の有無があります。この他に，歯や口腔の疾病，異常の有無についても診査します。また，保護者への支援として，子どもの発達や子育てについて個別相談や心理相談が行われます。

　発達に偏りや遅れがみられるときには，保護者に子どもの特性を伝え，保健師による支援が行われます。その支援として，たとえば，知的障害児への支援の場合，保健所や保健

センターでは健康診査後にフォローアップ教室などが行われているところもあります。その他に，児童発達支援センターなどがあげられます。児童発達支援センターでは，保育士，心理士，作業療法士，理学療法士などから専門的な発達支援を受けることになります。

この時期の保護者とのコミュニケーションでは，できるかぎり正常な発達から逸脱していることを意味するような表現を避け，慎重に対応する姿勢が求められます。障害という言葉は保護者にとって受け入れがたく，価値観を揺るがす脅威となりえます。この脅威から逃れるために相談や支援の場から距離をおく保護者もいます。乳幼児健康診査や発達相談の場では，障害という言葉を用いないほうが，保護者には現状を受け入れやすく今後の支援につながりやすいところがあります。

乳幼児健康診査や発達相談で保健師や心理士，医師がフォローアップ教室や児童発達支援センターの利用を勧める場合は，次の点に留意します（中島，2014）。

①子どものできているところや行動など肯定的なことを最初に伝えます。肯定的に表現することで発達特性への気づきを受け入れやすくすることにつながります。次に，②子どもの特性について，正しい知識を障害という言葉を使わないで説明します。③フォローアップ教室や児童発達支援センターを勧める際は，「発達が遅れているから」というのではなく「成長や発達が期待できるから」と，就学前の集団活動や個別支援の意義や効果を丁寧に説明することが大切です。

知的障害や知的な遅れを伴う自閉症スペクトラムの場合，この時期になってくると言葉の遅れなどの特徴が顕在化し，診断や支援へとつながっていきます。

2 医療機関による診断とその後のフォロー ── 医療機関，医師の役割

医師には病気の診断や治療を行う役割があります。では，病気ではない知的障害や発達障害について医師はどのようにかかわり，専門性を発揮しているのでしょうか。医師の中でも障害とかかわりがあるのは小児科医です。病院や保健所で行われる乳幼児健康診査は小児科医が行います。その際，障害が疑われる場合には，その状態について，乳幼児健康診査をした医師が保護者に説明します。ダウン症候群の場合は，顔貌の特徴から出生後に診断が可能です。多くの医療機関では，小児科医からダウン症候群についての医学的特徴や発達特性について保護者に説明します。このように障害についての医師の役割は，障害の診断が主なものとなります。その役割は発達や神経疾患の専門医である小児神経科専門医が担うことが多いようです。

それでは，医療機関で具体的にはどのように診断・説明が行われているのでしょうか。まず，診断をするためには，病気と同じように，①今までの経歴や現在の様子を聞きます。次に②診察をします。③必要に応じて検査をします。①の様子を聞く上で大切なことは，

発育歴，発達歴に加えて今までに罹った病気のこと，妊娠中から出産に至るまでのことについても確認することです。これは障害の原因を明らかにするためにも必要です。また，治療が可能な病気の発見にもつながります。②の診察場面では，乳幼児が泣いたり動いたりするのでじっくりと診察ができないことがあります。診察には十分な時間をとることが大切になります。③の検査では，必要に応じて頭部CT，MRI，染色体検査，脳波検査などが行われます。

　次に保護者への説明についてですが，病気と同じように丁寧な説明が必要になります。この説明が障害の告知になりますので，その際に次の点に注意して説明を行います（角田，2005）。医師が丁寧に説明しても，一度の説明で十分に理解し，わが子の障害について受け止めることができる保護者は少ないようです。そのため，医師には何度も丁寧に説明することが求められています。子どもの障害について医師から説明されると「そんなはずはない」という否定とともに，「障害児を生んでしまった」，「私の育て方が悪かった」と自分を責める保護者も多いので，医師はそういった保護者の気持ちを理解したうえで説明します。病気を診断した場合にはその治療の説明も行い，障害についてもその後の発達支援の説明をします。

　医師は告知をして発達支援の説明をした後も継続的に乳幼児健康診査や医療相談を行います。障害に合併しやすいてんかんなどの病気に関しては治療も行います。多動や落ち着きのなさなど行動上の問題については，発達支援と併せて薬物治療の相談にものります。

　乳幼児健康診査の際には，療育担当者や学校の担任と連携をとるなどして，子どもの発達状況を確認します。心疾患などによる運動制限，てんかん発作の対応など教育上の必要な医療情報を療育担当者や学校の担任に伝えます。このように障害児に対する医師の役割は直接的ではありませんが，障害児とその保護者が最初に出会う専門家として重要な役割を担っています。

3　医療と教育の連携——学級担任の役割

　医療機関で医師から障害の説明（告知）を受けた子どもとその保護者に対して，学校の担任はどのような支援ができるでしょうか。保護者から幼稚園，小学校などの担任（以下，担任）へ医療機関で診断名がついたことや障害について説明された内容が伝えられます。その際に，担任は障害告知を受けた保護者の不安な気持ちを理解し対応することが大切です。保護者の不安な気持ちを軽減するためには，担任が医師の診断や説明された内容を子どもの教育実践につなげることです。具体的には，まず「個別の指導計画」の見直しを行い，障害の特性に配慮した指導の工夫について検討します。そして，保護者と確認をしながら学校内での「個別の指導計画」をきめ細やかに作成し実践していきます。子どもが丁

寧な教育を受けることで、保護者は安心することができます。子どもにとっても、障害特性に配慮した指導目標や指導内容、方法が明確になることで、個に応じたきめ細やかな指導を受けることができます。

　障害のある子どもを学内で支援し、指導していく上で「個別の指導計画」は大切なツールとなります。学外の保健、福祉、医療等の各機関との緊密な連携協力体制のもとで学校等の教育機関が中心となって、長期的なスパンで策定される「個別の教育支援計画」があるからこそ、「個別の指導計画」は、将来に見通しをもった上で策定することができます。[1]

　2009年の特別支援教育の学習指導要領・幼稚園教育要領の改訂では、学校、医療、福祉、労働等関係機関が連携し、個々のニーズに応じた支援をするため、障害のある全ての幼児児童生徒に「個別の教育支援計画」をつくることを義務づけました。これは学校等の教育機関が中心となって、障害のある子どもが生活していく上で必要な支援を保健、福祉、医療等と積極的に連携を取りながら策定します。

4　本人や家族を中心にした連携

　特別支援教育の対象となる幼児児童生徒の支援において、学校等の教育機関が中心となって医療、福祉等の関係機関と連携することは重要です。この連携により本人、家族を中心におくことで必要な情報や支援が家族に集中する仕組みが形成されます。保護者が特別支援教育コーディネーターや担任などの支援を受けながらも、保護者が中心となって関係機関と連携が取れるように学校等の教育機関が側面的に支援していくことも大切です。

　この連携の前提として、情報の共有が大切になりますが、当事者の同意、情報を共有する範囲、情報の管理など情報の取り扱い方を明確にしておく必要があります。しかし、保護者や本人と学校との間で信頼関係が崩れている場合や、保護者が連携の必要性を感じていない場合もあります。医療、教育に従事する者は、保護者や本人との信頼関係を構築するとともに、本人の障害特性に配慮した形で情報を共有することの意義やメリット、配慮についても丁寧に説明し納得が得られるように支援する必要があります。

1　発達障害の場合

　知的な遅れを伴わない自閉症スペクトラム、ADHD、軽度の知的障害などは、3歳児健康診査を通過し、気づかれないことがあります。そのような場合、通常学級の小学校に入学し、学習面の全般的な遅れという症状として、はじめて気づかれることになります。

---

(1) コラム4「個別の指導計画と個別の教育支援計画」を参照。

現在は，特別支援教育のもと，どの学級にもこのような発達障害やその特性のある子どもたちが在籍していることが当たり前になってきました。その中で教師は，発達障害の子どもたちに対する支援や指導の技術を修得していかなければ学級の経営や教科の指導が難しくなることを理解し，叱りつけるのではなく，障害特性を理解した児童生徒への丁寧な対応を行うようになってきました。また，辻井（2014）によれば，不登校の子どもたちの中には，発達障害の特性を示す子どもがいることから，丁寧な教科指導や生活指導が必要であることも認識されるようになってきました。

　発達障害の子どもたちの中には，小学校入学後，同級生や友人との対人トラブルが増加し，怒りや悲しみを繰り返し，情緒不安定，自尊感情の著しい低下など二次障害を引き起こすことがあります。それに加えて困ったときの適切な対処行動が身についていない場合は，宿題など学校から出された課題がわからないときなどに大きな不安から家庭内で暴言を吐くことや逸脱した行動などをとることもあります。状況が悪化した場合は，家庭では対応しきれない状況となり，医療機関に入院するケースもあります。学校では学習面の支援として，宿題は復習形式のものとし，放課後に学校で宿題をすることも検討するなどの配慮が必要になることがあります。学校での生活については，普段とは異なるテストや文化祭などの行事や急な変更も子どもにとっては不安につながりやすいので，事前の丁寧な説明が大切になります。医療面での支援として，暴力のような問題行動が頻繁に起こる場合は，医師の判断により，抗精神病薬が処方されることがあります。その際には，保護者はじめ本人に対しても障害や薬の説明が行われます。服薬を始めるとき，薬の種類が変更されたときは，健康状態の把握をすることが大切になりますので，学校と保護者や医療機関との連携が大変重要になります。

2　医療的ケアの場合

　現在，重症心身障害の子どもに対する医療的ケアの重要性がクローズアップされています。文部科学省が1998年度から実施した医療と福祉との連携による実践研究が医療的ケアの実現に向けての始まりとなりました。2004年に文部科学省は痰の吸引などが学校で安全に行われるように看護師の配置や医学的な管理の体制を整備するための通知を出し，特別支援学校を中心に導入が進んできました。社会福祉士及び介護福祉士法の一部の改正に伴い，医療的ケアが制度化され，2012年4月より，登録研修機関で一定の研修を受け，認定特定行為従事者として認定された者（教師等）は，特別支援学校や小中学校等において，一定の条件の下にたんの吸引等の医療的ケアが実施できるようになりました（文部科学省初等中等教育局長通知，2011）。

　同通知によると，特別支援学校において医療的ケアを実施する際の基本的な考え方を次のように示しています。

(1)特別支援学校で医療的ケアを行う場合には，医療的ケアを必要とする児童生徒等の状態に応じ看護師等の適切な配置を行うとともに，看護師等を中心に教員等が連携協力して特定行為に当たること。なお，児童生徒等の状態に応じ，必ずしも看護師等が直接特定行為を行う必要がない場合であっても，看護師等による定期的な巡回や医師等といつでも相談できる体制を整備するなど医療安全を確保するための十分な措置を講じること。

(2)特別支援学校において認定特定行為業務従事者となる者は，医療安全を確実に確保するために，対象となる児童生徒等の障害の状態や行動の特性を把握し，信頼関係が築かれている必要があることから，特定の児童生徒等との関係性が十分ある教員が望ましいこと。また，教員以外の者について，例えば介助員等の介護職員についても，上記のような特定の児童生徒等との関係性が十分認められる場合には，これらの者が担当することも考えられること。

(3)教育委員会の総括的な管理体制の下に，特別支援学校において学校長を中心に組織的な体制を整備すること。また，医師等，保護者等との連携協力の下に体制整備を図ること。

教師による医療的ケアが実施されることにより，①授業の継続性の確保，②訪問教育から通学への移行，③登校日数の増加，④親から離れて教育を受けることによる自律性の向上，⑤児童生徒と教師との信頼関係やコミュニケーションの向上，⑥健康管理の充実，⑦生活リズムの確立の効果が期待できます。教師が医療的ケアを行うことで，保護者付き添いによる通学の必要もなくなり，保護者や家族の負担軽減にもつながります（田角，2007）。

教師が医療的ケアとして実施できる行為は，痰の吸引（口腔内，鼻腔内，気管カニューレ内），経管栄養（胃ろう，腸ろう，経鼻経管栄養）となります。

医療的ケアを要する子どもたちの支援は，日常的な医療的管理のもと個々のニーズに応じた特別支援教育を行うことであるといえます。

コラム12　DSM-5と自閉症スペクトラム

1　DSMとは何か

　DSM は，Diagnostic and statistical manual of mental disorders「精神疾患の診断・統計マニュアル」の頭文字をとったアメリカ精神医学会の診断基準です。1952年に第1版，DSM-Ⅰが出され，1980年に第3版，DSM-Ⅲが発表されて，世界的に注目されました。症状による診断と統計学の手法を用いて診断可能な項目数を確定するという，科学的裏付けをもつ診断法（森・杉山・岩田，2014）であったためです。DSM-Ⅲは，1987年に DSM-Ⅲ-R と改訂（R は，Revised＝改訂版）され，1994年に DSM-Ⅳ が，その部分改訂版である DSM-Ⅳ-TR（Text Revision＝テキスト改訂版）が2000年に出版されました。

　DSM-Ⅲから DSM-Ⅳ-TR までの診断方法の特徴は，第Ⅰ軸が精神疾患，第Ⅱ軸が精神遅滞と人格障害，第Ⅲ軸が身体的状況，第Ⅳ軸が環境状況，第Ⅴ軸が全体的な適応状況，という5つの異なった側面の評価を行って総合的に診断を実施するという多軸診断法が採用されていたという点にあったといわれています（森・杉山・岩田，2014）。

　それに対して，2013年5月には，第5版である DSM-5 が発表されましたが，その特徴は多軸診断が廃止され，精神疾患の重症度に対して臨床的な尺度を用いて多元的（Dimension）に診断する方法（重症度（表C12.2）をパーセント表示で判定する方法）が採用された点です。また，精神疾患の病態の変化・変遷や他の疾患との重複についても言及することになりました。

2　DSM-5における自閉症スペクトラム[(1)]の診断基準

　DSM-Ⅳ-TRまで広汎性発達障害の中に位置づけられていた自閉症は，自閉スペクトラム症／自閉症スペクトラム障害（Autism Spectrum Disorder）として神経発達症群／神経発達障害群（Neurodevelopmental Disorders）というカテゴリーの中に位置づけられることになりました。このカテゴリーの中には，知的能力障害群，コミュニケーション症群／コミュニケーション障害群，注意欠如・多動症／注意欠如・多動性障害，限局性学習症／限局性学習障害，運動症群／運動障害群，他の神経発達症群／他の神経発達障害群が含まれています。

　DSM-Ⅳ-TRまで広汎性発達障害の中に位置づけられていた自閉性障害，レット障害，小児期崩壊性障害，アスペルガー障害，特定不能の広汎性発達障害は，すべて自閉スペクトラム症／自閉症スペクトラム障害として診断され，支援の必要性に応じた重症度区分が導入されました（表C12.2）。

　自閉スペクトラム症／自閉症スペクトラム障害の診断基準は，表C12.1のとおりです。DSM-Ⅳ-TRまでは，①対人相互反応における質的障害，②コミュニケーションの質的障害，

（1）Autism Spectrum Disorder は，「自閉症スペクトラム」と訳されることが多かったので，歴史的用語，法令，通知等の用語を除いて自閉症スペクトラムを用いた。日本精神神経学会監修による『DSM-5　精神疾患の診断・統計マニュアル』では，「自閉スペクトラム症／自閉症スペクトラム障害」と併記されている。本欄では，病名に「障害」とつくことで児童や親に大きな衝撃を与えるため「症」または「障害」と訳すことにした日本精神神経学会精神科病名検討委員会の意見を尊重して，2種の訳語を併記して用いることとした。

コラム12　DSM-5と自閉症スペクトラム

表 C12.1　自閉スペクトラム症／自閉症スペクトラム障害の診断基準

A．複数の状況で社会的コミュニケーションおよび対人的相互反応における持続的な欠陥があり，現時点または病歴によって，以下により明らかになる（以下の例は一例であり，網羅したものではない）。
　(1) 相互の対人的-情緒的関係の欠落で，例えば，対人的に異常な近づき方や通常の会話のやりとりのできないことといったものから，興味，情動，または感情を共有することの少なさ，社会的相互反応を開始したり応じたりすることができないことに及ぶ。
　(2) 対人的相互反応で非言語的コミュニケーション行動を用いることの欠陥，例えば，まとまりのわるい言語的，非言語的コミュニケーションから，視線を合わせることと身振りの異常，または身振りの理解やその使用の欠如，顔の表情や非言語的コミュニケーションの完全な欠如に及ぶ。
　(3) 人間関係を発展させ，維持し，それを理解することの欠陥で，例えば，さまざまな社会的状況に合った行動に調整することの困難さから，想像上の遊びを他者と一緒にしたり友人を作ることの困難さ，または仲間に対する興味の欠如に及ぶ。

B．行動，興味，または活動の限定された反復的な様式で，現在または病歴によって，以下の少なくとも2つにより明らかになる（以下の例は一例であり，網羅したものではない）。
　(1) 常同的または反復的な身体の運動，物の使用，または会話（例：おもちゃを一列に並べたり物を叩いたりするなどの単調な常同運動，反響言語，独特な言い回し）。
　(2) 同一性への固執，習慣への頑なこだわり，または言語的，非言語的な儀式的行動様式（例：小さな変化に対する極度の苦痛，移行することの困難さ，柔軟性に欠ける思考様式，儀式のようなあいさつの習慣，毎日同じ道順をたどったり，同じ食物を食べたりすることへの要求）
　(3) 強度または対象において異常なほど，きわめて限定され執着する興味（例：一般的ではない対象への強い愛着または没頭，過度に限局したまたは固執した興味）
　(4) 感覚刺激に対する過敏さまたは鈍感さ，または環境の感覚的側面に対する並外れた興味（例：痛みや体温に無関心のように見える，特定の音または触感に逆の反応をする，対象を過度に嗅いだり触れたりする，光または動きを見ることに熱中する）

C．症状は発達早期に存在していなければならない（しかし社会的要求が能力の限界を超えるまでは症状は完全に明らかにならないかもしれないし，その後の生活で学んだ対応の仕方によって隠されている場合もある）。

D．その症状は，社会的，職業的，または他の重要な領域における現在の機能に臨床的に意味のある障害を引き起こしている。

E．これらの障害は，知的能力障害（知的発達症）または全般的発達遅延ではうまく説明されない。知的能力障害と自閉スペクトラム症はしばしば同時に起こり，自閉スペクトラム症と知的能力障害の併存の診断を下すためには，社会的コミュニケーションが全般的な発達の水準から期待されるものより下回っていなければならない。

（出所）　American Psychiatric Association（2014）

③行動，興味，および活動の限局された反復的で常同的な様式の3条件を満たすことが条件とされていましたが，DSM-5では，①社会コミュニケーションおよび対人相互反応における持続的な欠陥，②行動，興味，または活動の限局された反復的な様式の二つの条件に整理され，②の下位条件に感覚刺激に対する過敏さ，鈍感さが加えられました。また，①の条件のみ認められ，②の条件が認められない症状の場合は，コミュニケーション症のカテゴリーの中の社会的（語用論的）コミュニケーション症（Social〈Pragmatic〉Communication Disorder）に位置づけられることになりました。

　また，他の神経発達障害や遺伝的疾患，環境要因，精神疾患等の症状との併存の特定が推奨されることになりました。

表 C12.2 自閉スペクトラム症／自閉症スペクトラム障害の重症度水準

重症度水準	社会的コミュニケーション	限局された反復的な行動
レベル3「非常に十分な支援を要する」	言語的および非言語的社会的コミュニケーション技能の重篤な欠陥が，重篤な機能障害，対人的相互反応の開始の非常な制限，および他者からの対人的申し出に対する最小限の反応などを引き起こしている。例えば，意味をなす会話の言葉がわずかしかなくて相互反応をほとんど起こさなかったり，相互反応を起こす場合でも，必要があるときのみに異常な近づき方をしたり，非常に直接的な近づき方のみに反応したりするような人	行動の柔軟性のなさ，変化に対処することへの極度の困難さ，またはあらゆる分野において機能することを著しく妨げるような他の限局された反復的な行動。焦点または活動を変えることへの強い苦痛や困難さ
レベル2「十分な支援を要する」	言語的および非言語的社会的コミュニケーション技能の著しい欠陥で，支援がなされている場面でも社会的機能障害が明らかであったり，対人的相互反応を開始することが制限されていたり，他者からの対人的申し出に対する反応が少ないか異常であったりする。例えば，単文しか話さず，相互反応が狭い特定の興味に限られ，著しく奇妙な非言語的コミュニケーションを行うような人	行動の柔軟性のなさ，変化に対処することへの困難さ，または他の限局された反復的な行動。事情を知らない人にも明らかなほど高頻度に認められ，さまざまな状況で機能することを妨げている。焦点または活動を変えることへの苦痛や困難さ
レベル1「支援を要する」	適切な支援がないと，社会的コミュニケーションの欠陥が目立った機能障害を引き起こす。対人的相互反応を起こすことが困難であるし，他者からの対人的申し出に対して非定型のまたはうまくいかない反応をするような事例がいくつもはっきりとある。対人的相互反応への興味が低下しているように見えることもある。例えば，完全な文章で話しコミュニケーションに参加することができるのに，他者との会話のやりとりに失敗したり，友人を作ろうとする試みが奇妙でたいていうまくいかないような人	行動の柔軟性のなさが，1つ以上の状況で機能することに著しい妨げとなっている。いろいろな活動相互で切り替えをすることの困難さ。組織化や計画の立案をすることでの問題（自立を妨げている）

（出所）American Psychiatric Association（2014）

コラム13　就学支援

1　新しい就学支援の方向性

2006年12月，国連総会において，「障害者の権利に関する条約（障害者権利条約）」が採択され，わが国は，2007年9月に同条約に署名し，2014年1月に同条約が締結されました。署名後から締結に至るまでの間，2011年に障害者基本法の一部改正，2012年に障害者総合支援法の制定，2013年に障害者差別解消法の制定などの整備が進められました（コラム11参照）。

文部科学省においても，中央教育審議会初等中等教育分科会において，特別支援教育の在り方に関する特別委員会から，2012年7月に「共生社会の形成に向けたインクルーシブ教育システム構築のための特別支援教育の推進（報告）」がまとめられました。

同報告では，共生社会の形成に向けたインクルーシブ教育システムの構築に向けた考え方，取り組みの方向性が示されています。学校教育は，障害のある子どもの自立と社会参加を目指した取り組みを含め，共生社会の形成に向けて，重要な役割を果たすことが求められています。そのためにも共生社会の形成に向けたインクルーシブ教育システムの構築のための特別支援教育の推進が必要とされています。インクルーシブ教育システムでは，障害のある子どもと障害のない子どもが，できる限り同じ場でともに学ぶことを目指します。ただし，その場合にはそれぞれの子どもにとって，授業内容がわかり学習活動に参加している実感・達成感をもちながら，充実した時間を過ごしつつ，生きる力を身につけていけるかどうかがもっとも本質的な視点になります。そのための環境整備として，個別の教育的ニーズのある子どもに対して，自立と社会参加を見据えて，その時点での教育的ニーズにもっとも的確に応える指導を提供できる，多様で柔軟な仕組みを整備することが重要です。このため，小中学校における通常の学級，通級による指導，特別支援学級，特別支援学校といった，連続性のある「多様な学びの場」を用意していくことが必要です。

2　就学支援の仕組み

2013年8月には障害のある児童生徒等の就学先決定の仕組みに関する学校教育法施行令が一部改正されました。主なものとして，学校教育法施行令第22条の3に該当する子どもは，原則，特別支援学校に就学するという従来の就学先決定の仕組みを改め，障害の状態等を踏まえ，市町村教育委員会が総合的な観点から小・中学校又は特別支援学校のいずれに就学させるかを判断し決定する仕組みになりました。また，特別支援学校と小・中学校間の転学について，障害の状態の変化のみならず，教育上必要な支援の内容，地域における教育の体制の整備の状況，その他の事情の変化によっても転学の検討を開始できることとされました。施行令には，保護者及び教育学，医学，心理学その他の障害のある児童生徒等の就学に関する専門的知識を有する者の意見を聴くものとされています（第10章第3節の図10.3.1を参照）。

なお，障害のある児童生徒等の就学に関する手続きについては，障害者基本法第16条の規定を踏まえて対応する必要があります。とくに，改正された学校教育法施行令第18条の2に基づく保護者及び専門家の意見聴取は，市町村教育委員会において，当該視覚障害者等が認定特別支援学校就学者に当たるかどうか判断する前に十分な時間的余裕をもって行うものとし，障害者である児童および生徒並びにその保護者に対し十分な情報の提供を行うとともに，可能な限

りその意向を尊重しなければならないとしています。

　この改正の趣旨や内容については，2013年9月の「学校教育法施行令の一部改正について（通知）」において，また2013年10月の「障害のある児童生徒等に対する早期からの一貫した支援について（通知）」において留意すべき事項が示されました。

　文部科学省は，学校教育法施行令の改正等に伴う就学手続きの大幅な見直しを行い，このことを踏まえ，障害のある児童生徒等への教育支援が円滑になされるよう，「教育支援資料」を作成しました。この資料では，就学手続きの趣旨及び内容，早期からの一貫した支援の重要性，市町村教育委員会の就学手続きにおけるモデルプロセス，障害の把握や配慮等について述べています。

　早期の教育相談や就学相談では，子どもの発達や障害，就学に対して不安を抱いている保護者の気持ちを受け止め，保護者が安心して相談が受けられるように配慮することが重要です。また，特別支援教育に関する情報が提供されるととともに，本人の教育的ニーズと必要な支援について共通理解を深めるような相談を行うことを大切にしています。

　＊就学支援の仕組みについては，文部科学省（2013）を参考にした。

第12章 障害児支援のしくみと学校との連携

1 障害児を対象とする福祉施設サービス

1 児童福祉法の一部改正による新しい施設体系

2010年に児童福祉法が改正される以前,障害児を対象とした施設・事業は,施設入所等は児童福祉法,児童デイサービス等の事業は障害者自立支援法,重症心身障害者(児)通園事業は予算事業として実施されてきました。しかし,同法の改正に伴い,一元化した支援体制で障害種別に関係なくサービスを提供することを目指して,障害児の施設体系が変更されました(図12.1.1)。入所型は「障害児入所施設(福祉型・医療型)」に,通所型は「児童発達支援センター(福祉型・医療型)」に一元化されました。さらに,学齢児を対象とした「放課後等デイサービス」,保育所等で行われる「保育所等訪問支援」が創設されました(表12.1.1)。通所サービスの実施主体は,都道府県から市町村に変更され,「障害者の日常生活及び社会生活を総合的に支援するための法律」(以下「障害者総合支援法」という)の居宅サービスと通所サービスの一体的な提供も可能になりました。

2 福祉施設サービスの利用手続き

福祉施設サービスを利用するには,次の手続きが必要になります。

①市町村・児童相談所への相談

相談の窓口は,障害児通所支援については市町村,障害児入所支援については児童相談所になります。

②障害児通所(入所)支援給付費の申請

利用したい施設が決まると,障害児通所支援については市町村に,障害児入所支援については児童相談所に申請します。

③支給決定・受給者証の発行

申請後,支給決定を受けると,福祉型施設の場合は受給者証が,医療型施設の場合は受

第Ⅳ部　子どもが地域で豊かに育つための連携

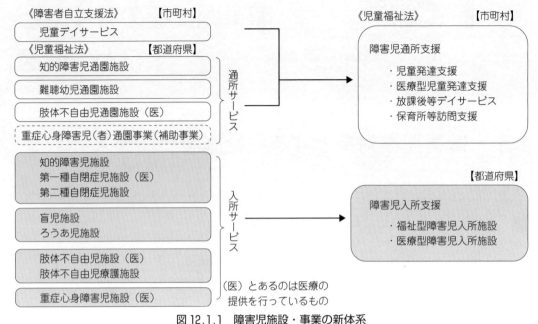

図 12.1.1　障害児施設・事業の新体系

（出所）　厚生労働省ホームページ「障害児支援の強化について」http://www.mhlw.go.jp/seisakunitsuite/bunya/hukushi_kaigo/shougaishahukushi/kaiseihou/dl/sankou_111117_01-06.pdf（2017年2月3日閲覧）

表 12.1.1　障害児の通所支援と入所支援

通所支援	児童発達支援〈福祉型児童発達支援センター〉	日常生活における基本的な動作の指導，知識技能の付与，集団生活への適応訓練などの支援を行う。
	医療型児童発達支援〈医療型児童発達支援センター〉	日常生活における基本的な動作の指導，知識技能の付与，集団生活への適応訓練などの支援（児童発達支援）及び治療を行う。
	放課後等デイサービス	学校通学中の障害児に対して，放課後や休日において，生活能力の向上のために必要な訓練，社会との交流の促進などの支援を行う。この支援は学校との連携・協力が前提であるため，個別の指導計画の作成と情報の共有化が求められる。
	保育所等訪問支援	保育所等を訪問し，障害児に対して，障害児以外の児童との集団生活への適応のための専門的な支援などを行う。
入所支援	福祉型障害児入所施設	施設に入所している障害児に対して，保護，日常生活の指導及び知識技能の付与を行う。
	医療型障害児入所施設	施設に入所又は指定医療機関に入院している障害児に対して，保護，日常生活の指導及び知識技能の付与並びに治療を行う。

（出所）　厚生労働省社会・援護局障害保健福祉部障害福祉課「児童福祉法の一部改正の概要について」（2012年1月13日）http://www.mhlw.go.jp/bunya/shougaihoken/jiritsushien/dl/setdumeikai_0113_04.pdf（2017年2月3日閲覧）

給者証と医療受給者証が発行されます。申請から受給者証の発行まで，おおむね1か月半から2か月程度かかります。

④施設との利用契約の締結

発行された受給者証を施設に提示します。施設は，受給者証で，障害児通所（入所）支

援給付費の受給者であることや，利用者負担額を算定する上での条件等を確認します。利用するサービスの内容や料金，苦情への対応等についてよく確認し，利用者，施設双方合意の上で，書面で契約を締結します。

⑤施設の利用・利用者負担の支払い

利用日数等に応じて，施設に自己負担分を支払います。施設が支援に通常要する費用から利用者の自己負担分を除いた額は，障害児通所支援については市町村が，障害児入所支援については都道府県が，利用者に代わって障害児通所（入所）支援給付費として施設に支払います。

3 障害児相談支援

障害児が障害児通所支援（児童発達支援・放課後等デイサービスなど）を利用する前に障害児支援利用計画を作成し（障害児支援利用援助），通所支援開始後，一定期間ごとにモニタリングを行う（継続障害児支援利用援助）等の支援を行います。手続きとしては，市町村に申請し，利用の決定は市町村が行います。

2 生活を支援する福祉サービス

1 手帳制度

障害者手帳は，障害の程度に応じて福祉サービスを受ける際に利用することができるものです。身体障害児には「身体障害者手帳」，知的障害児には「療育手帳」，知的障害を伴わない発達障害児には「精神障害者保健福祉手帳」が，申請により該当する者には交付されます。

身体障害者手帳は，申請書に都道府県知事の定める指定医の診断書を添えて，福祉事務所を経由して都道府県知事に申請します。身体障害者障害程度等級表（障害種別により1～7級まで）に基づいて等級が決められ，交付されます。

療育手帳は，児童相談所または知的障害者更生相談所で知的障害と判定された者で，その判定に基づき福祉事務所を経由して都道府県知事に申請し，知能測定値，基本的生活習慣，問題行動を総合的に判断し等級（東京都の場合は，1度～4度）が決められ，交付されます。

精神障害者保健福祉手帳は，申請書に医師の診断書を添えて，市町村の窓口に申請します。精神保健福祉センターで判定基準に基づいた審査を行い，等級（1級～3級）が決め

第Ⅳ部　子どもが地域で豊かに育つための連携

表 12.2.1　補装具と日常生活用品の概要とその内容

補装具	日常生活用品
障害者が日常生活を送る上で必要な移動等の確保や，就労場面における能率の向上を図ること及び障害児が将来，社会人として独立自活するための素地を育成助成することを目的として，身体の欠損又は損なわれた身体機能を補完・代替する用具のこと。	(1)　介護・訓練支援用具 (2)　自立生活支援用具 (3)　在宅療養等支援用具 (4)　情報・意思疎通支援用具 (5)　排泄管理支援用具 (6)　居宅生活動作補助用具（住宅改修費）
例）視覚障害児（者）への眼鏡，盲人安全杖（白杖），聴覚障害児（者）への補聴器，肢体不自由児（者）への車いすなどがあります。	例）視覚障害児（者）への点字タイプライター，聴覚障害児（者）への聴覚障害者用通信装置（FAX等），肢体不自由児（者）への浴槽などがあるが，市町村が地域の実情に応じて決定します。

（出所）　厚生労働省ホームページ「福祉用具」をもとに筆者作成　http://www.mhlw.go.jp/stf/seisakunitsuite/bunya/hukushi_kaigo/shougaishahukushi/yogu/index.html（2017年3月16日閲覧）

られ，交付されます。更新は2年ごとに行います。

2　自立支援医療（育成医療）

　自立支援医療（育成医療）とは，心身の障害の軽減を図り，自立した日常生活または社会生活を営むために，早期治療を目的として生活の能力を得るために必要な医療の給付を行うことをいいます。ただし，厚生労働大臣または都道府県知事が指定する医療機関による治療となります。

3　補装具・日常生活用具の給付

　障害者総合支援法の規定に基づき提供されるサービスです。心身の失われた部位や障害のある部位に装着して動作を補い，日常生活を支える用具として「補装具」があります。身体障害者手帳が交付されている者は，補装具を交付・修理することができます。
　補装具の他に，障害児の日常生活を容易にするために，日常生活に必要な道具や設備等を給付または貸与する日常生活用具の給付があります（表12.2.1）。

4　居宅介護（ホームヘルプサービス）

　障害児の家庭に対し，訪問介護員を派遣し，日常生活を送る上で必要な食事・排せつ・入浴の介助，衣類の洗濯，住居の掃除，外出時の付き添い，通院・入院の介助等の支援サービスを提供します。

5 短期入所(ショートステイ)

障害児が自宅で介護する保護者の病気,出産等により,家庭において養育を受けることが困難になった場合に,障害児を短期間,夜間も含め施設に入所させて,入浴・排せつ・食事の介護等の支援サービスを提供します。

6 行動援護

知的障害等の障害を有する障害児・者であって,行動上著しい困難や常時介護等の必要を有するために,外出時や移動時に生じる危険を回避するために必要な援護や介護その他の便宜を供与する支援サービスです。

7 同行援護

視覚障害により,移動に著しい困難を有する障害児・者が外出するときに同行し,移動に必要な情報提供や移動のための援護等を提供する支援サービスです。

3 発達障害者支援センター

発達障害児(者)への支援を総合的に行うことを目的とした発達障害者支援法に基づく専門機関です。対象は発達障害者支援法(第2条)において定義されている発達障害(自閉症,アスペルガー症候群その他の広汎性発達障害,学習障害,注意欠陥多動性障害,その他これに類する脳機能の障害であってその症状が通常低年齢において発現するもの)の本人とその家族です。発達障害児(者)に係る医療や教育,福祉,あるいは行政機関なども支援の対象になります。主な事業内容は,本人および家族に対する福祉の相談支援,情報提供および他機関との連携,学校関係者や就労支援担当者へのコンサルテーション,普及啓発・研修です。

4 障害児を対象とした経済的支援

障害児およびその家庭への経済的支援として「特別児童扶養手当等の支給に関する法律」に規定された手当があります。

表12.4.1 特別児童扶養手当・障害児福祉手当の額（月額）（平成28年度）

特別児童扶養手当（1級） 重度障害児	特別児童扶養手当（2級） 中度障害児	障害児福祉手当 重度障害児
51,500円	34,300円	14,600円

1 特別児童扶養手当（満20歳未満の障害児）

　精神（知的）または身体に重度の障害を有す児童について支給される手当で，その児童を監護・養育する父または母，または養育者に支給されます。ただし，受給制限として，本人や扶養義務者等の所得制限や，障害児福祉施設等に入所している場合の施設制限，公的年金の併給制限等があります。支給月額は表12.4.1のとおりです。

2 障害児福祉手当（満20歳未満の障害児）

　精神または身体に重度の障害を有し，日常生活において常時特別の介護を要する在宅の障害がある児童について支給される手当です。上記の手当と同様に受給制限があります。支給月額は表12.4.1のとおりです。

　また，手当のほかに，障害者手帳を利用することで，税の控除，電車・バス・航空機等の公共交通機関や駐車場，文化施設，レジャー・スポーツ・公園の利用料金等についての割引制度があります。詳細については，都道府県や区市町村に問い合わせてください。

5 学校と福祉との連携

　2009年の特別支援学校の学習指導要領・教育要領の改訂で，学校・医療・福祉・労働等の関係機関が連携し，個々のニーズに応じた支援をするために，障害のある児童生徒に「個別の教育支援計画」をつくることを義務づけました。学校等の教育機関が中心となって策定する際には，地域生活における児童生徒や保護者等の家族のニーズを把握し，それらに対応する支援計画を作成します。そのためには，学校内だけでなく学校外で児童生徒が利用している福祉施設サービスや生活を支援する福祉サービス，受けている医療などを把握し計画を立てる必要があります。

　たとえば，多くの障害児が放課後や休日に利用する「放課後等デイサービス」では，学校と放課後等デイサービス事業所，保護者等との間での連携・協力が前提であるため，情報の共有化が求められます。学校と放課後等デイサービス事業所との円滑な連携のための具体的方法として次のことが挙げられます。

①子どもに必要な支援を行う上で，放課後等デイサービス事業所と学校との役割分担を明確にし，連携を積極的に図ること。

②年間計画や行事予定等の情報を交換等し，共有すること。

③送迎を行う場合には，他の事業所の車両の発着も想定され，事故等が発生しないよう細心の注意を払う必要があることから，誰が，どの時間に，どの事業所の送迎に乗せるのかといった送迎リストや，身分証明書を提出する等ルールを作成し，送迎時の対応について事前に調整すること。

④下校時のトラブルや子どもの病気・事故の際の連絡体制（緊急連絡体制や対応マニュアル等）について，事前に調整すること。

⑤学校との間で相互の役割の理解を深めるため，保護者の同意を得た上で学校における個別の教育支援計画等と放課後等デイサービス事業所における放課後等デイサービス計画を共有すること。

⑥医療的ケアの情報や，気になることがあった場合の情報等を，保護者の同意のもと，連絡ノート等を通して，学校と放課後等デイサービス事業所の間で共有すること。

　この他にも，服薬や医療的ケアを必要とする場合は医療機関との連携，在宅介護や短期入所を利用している場合は事業者，施設との連携，また虐待が疑われる場合は，教育委員会や児童相談所との連携等が必要となります。このように学校と各関係機関との緊密な連携協力の下で，障害児を地域社会に住む一員として地域社会全体で支援していくことが重要です。

　学校内での連携については，公立義務教育諸学校の学級編制および教職員定数の標準に関する法律に定める教職員に加えて，特別支援教育支援員の充実，さらには，スクールカウンセラー，スクールソーシャルワーカー，ST（言語聴覚士），OT（作業療法士），PT（理学療法士）等の専門家の活用を図ることにより，障害児への教育を充実させる取り組みが行われています。

第13章　後期中等教育と障害者支援との連携

1　後期中等教育の歴史

　知的障害者の後期中等教育の場が最初に設置されたのは，1957年，都立青鳥養護（現・特別支援）学校です。それは，中学校卒業時に就職できなかった生徒を高等部に受け入れ，早期に就職させる試みでした。当時，障害のある生徒の人格形成を重視する考えよりも，中学校卒業（義務教育終了）時に自立できない生徒は福祉施設で自立に向かわせる考えが強かったのです。また，養護学校義務制実施前で小中学部の整備も進んでいませんでした。
　その後，「障害児の不就学をなくし，すべての障害児に権利としての義務教育の保障を！」と親や教育関係者が要求して立ち上がった運動が全国に広がり，1979年に養護学校義務制が実現しました。しかし，義務教育の9年間，15歳までしか教育が保障されていませんでした。当時，中学校卒業生の高校への進学率は94％だったのに対して，養護学校中学部卒業生の進学率は66％に留まっていました。高等部は義務制でないということで障害児の進学率が上がりませんでした。
　養護学校義務制後，文部省（当時）関連・調査研究協力者会議から，重度児対応として福祉施設の整備状況を考慮しつつ高等部の整備を進めることや，高等部未設置県をなくすこと，高等部だけの養護学校を設置して中学校特殊学級卒業生の受け入れを図ることなどが示されました。それは，高等部卒業時に就職できると予想される高等部だけの養護学校の開設を進める方針を示したものでしたが，実際には高等部進学率が遅々として上がらない中で，1980年代後半，「希望者全員の高等部進学の実現を！」と後期中等教育を保障する第二の教育権保障運動が全国で広まりました。当時，渡部昭男が，「障害児と中等教育制度」（1990）で，障害児教育に六つの障害差別が存在することを，以下のように指摘しています。①障害児差別（高等学校と盲・聾・養護学校の高等部があるがその双方ともに受け皿が障害児ゆえに限定されている），②障害種別による差別（盲・聾学校には高等部本科に加えて専攻科を設置しているのに養護学校は高等部の整備が十分ではなく進学率が低い），③都道府県間の格差（養護学校中学部の進学率は京都府の96％に対して北海道の27％まで約4倍の格差がある），④地域間の格差（盲・聾・養護学校の配置が適正でなく，加えて高等部が一部しか設置されていない），⑤障害程度による格差（一部都道府県を除いて，養護学校では入学者

の選抜制が採用されている),⑥訪問教育児差別(高等部には訪問教育制度そのものがない)。

　各地の「高等部希望者全入運動」の影響で高等部増設は続き,2000年に入り全国で障害児の希望者の後期中等教育は実現に至りました。このように,障害のない者の高等学校への進学率が95%になった後,障害者の高等部進学率も95%に達したのは,20年以上遅れての実現です。高等部における訪問教育も本格実施に向かい,養護学校の高等部に重度・重複学級が編成されるようにもなりました。

2　高等部の多様化とキャリア教育

　1990年半ばには高等部への進学率が高くなりましたが,自治体によっては自立通学,身辺処理の自立,教育課程履修が可能な者という入学要件を設定しているところもありました。養護学校の小・中学部に並置した高等部の新設・拡大で進学希望者に対応しました。また,中学校特殊学級の卒業生等「軽度」のための高等養護学校の新設も始まりました。1989年10月,盲・聾・養護学校の学習指導要領の改訂が行われ,知的障害養護学校高等部編では,障害の程度が軽い生徒の教育課程は職業教育を重視したものになりました。改訂の内容は,①障害の状態・特性に応じた教育課程の類型化の導入,②職業に関する教科としての家政・農業・工業の導入,③職業を主とする学科の設置とそこでの職業に関する教科の授業時間の標準化(全体の1/3)です。こうした経過を受け,後期中等教育の場の形態は多様化していきました。教育現場は生徒の多様化に伴い教育課程編成では類型化やコース制などが始まりました。

　2007年,東京都等では,高等養護学校の名称ではなく,「学園」の名称で軽度障害児の就職率100%を目指した高等部を新設し,卒業後の就労を想定した作業内容を構築して働く態度の育成をはかることとしてきました。2009年の学習指導要領改訂における特別支援学校高等部学習指導要領第1章総則の知的障害者である生徒に対する職業教育に関して配慮すべき事項の(3)では「学校においては,キャリア教育を推進するために,地域や学校の実態,生徒の特性,進路等を考慮し,地域及び産業界や労働等の業務を行う関係機関との連携を図り,産業現場等における長期間の実習を取り入れるなど就業体験の機会を積極的に設けるとともに,地域や産業界等の人々の協力を積極的に得るよう配慮するものとする」と示されました。その一つとして企業就職を目指して企業と学校とのパートナーシップで長期の企業実習による人材育成のデュアルシステムの教育課程も生まれています。

　本来キャリア教育とは,人間の一生涯を通した「ライフキャリア」を支援する教育的営

---

(1) 類型:教育課程を各学校,障害の程度等に応じて,「基礎」「生活」「技能」「総合」など類型化した。
(2) コース制:たとえば,「職業コース」「作業コース」「自立活動コース」とした。

みでありますが、2011年1月の中教審答申「今後の学校教育におけるキャリア教育・職業教育の在り方について」では、キャリア教育は、「一人ひとりの社会的・職業的自立に向け、必要な基盤となる能力や態度を育てることを通して、キャリア発達を促す教育」であるとしました。将来自立した社会人・職業人として生きていくために必要な能力や態度、資質として「人間関係形成能力」「情報活用能力」「意思決定能力」「将来設計能力」を挙げ、小学部から系統的に高等部卒業後の就職を視野に入れ「キャリアプランニング・マトリックス」を示しました。とくに知的障害教育では、望ましい勤労観、職業観の育成に特化し、就労に向けた「人材育成」と「職業自立」だけが強調されています。名古屋恒彦（2013）は、「一人歩きしたワークキャリア」であり、「学校工場方式に歯止めをかける」必要がある、と問題を投げかけています。渡邊昭宏（2014）は、「進み過ぎたワークキャリアに歯止めをかける」必要があると指摘しています。「働く」ためのワークキャリアの土台として「暮らす」「楽しむ」ためのライフキャリアの育成が不可欠です。今後、ライフキャリアの視点から児童生徒が人とかかわりながら思考し、判断し、行動できる主体性を育み、人間発達としてキャリア形成を見る視点、職業人・社会人としての教養を育てる「人格形成」という観点でキャリア教育をとらえる視点が重要となります。

　また、障害があると学習機会や生活経験に制限があり、失敗経験が少なく、当事者の自己選択・自己決定の機会も少ないので、キャリア発達に影響を及ぼすことがあります。キャリア教育は「働くこと」への準備教育の側面を持ちますが、就労先への「適応」だけを迫る教育だけでは不十分です。「ワーク・ライフバランス」[3]や「ディーセント・ワーク」[4]についても知識だけでなく、具体化するよう求め「障害者権利条約」の合理的配慮の理解を企業に促すことなども関係者の責務です。

3　青年期を輝かせるための高等部教育

　高等部希望者全員入学の運動は「15歳の春を泣かすな！」として全国的に広まりました。また、高等部の教育内容をより豊かにするものとして「花開け15歳の春！」として、高等部段階の生徒に本来の青年にふさわしい青年期を開花させることを目的としての教育課程

（3）ワーク・ライフバランス（仕事と生活の調和）
　　2007年、政府、地方公共団体、経済界、労働界の合意により「仕事と生活の調和」が制定され官民をあげて様々な取り組みが進められている。
（4）ディーセント・ワーク（働きがいのある人間らしい仕事）
　　1999年第89回ILO総会で位置づけられた内容で、①働く機会があり生計に足りる収入があること、②労働三権が確保され、発言権があること、③家庭と仕事の両立ができ保険等で守られていること、④公正で男女平等な扱いをうけること。

の作成が「教科・自治・労働」を基本として進められました。新たに、「障害の学習・進路学習」も加えられ、各養護学校高等部で障害の程度、地域の実情に応じて教育課程が編成されてきました。

　知的障害児の教育において、学習指導要領が改訂されるたびに「職業教育」が強調されてきました。そこでは、職業人としての基礎的な教養を育てることよりも、学校・学級を生産の場とするいわゆる「学校工場方式」などに見られるような就労を目指した人材づくりが重視され職業自立が求められてきました。その結果として知的障害高等部の教育課程には職業に関する学科が増えてきました。一方、「労働教育」では、労働そのものが人間の全面発達につながる総合的な要素をもっているところに着目して、作業学習・生産活動を教科教育の展開と結びつけて取り組まれてきました。次にあげる作業学習の実践は、青年期に視点を当てた実践としてこれまでの作業学習に問題をなげかけました。

　1987年、茨城・友部養護（現・特別支援）学校では、それまでの生徒の働きかけた結果のわかりにくい、達成感に乏しい作業学習、就職を唯一の目標として世の中の厳しさに負けない忍耐強い「愛され、可愛がられる障害者」へ向かう徒弟教育の作業学習ではなく、青年期の発達課題である「主体的な人格」に視点をおいて、生徒の主体性を育てる「希望制の農園芸」作業学習を展開しました。そこでは、

　①楽しい雰囲気を大切にして、生徒を萎縮させない
　②活動の提示を具体的にし、曖昧にならないようにする
　③自分で選択したり、決定したりすることを大切にして、自分から人や物にはたらきかける場面を多くする
　④発問と答えの間にはたっぷりと間を取り、生徒が自分で答えを発見するように仕組む
　⑤間違い、失敗を大切にし、自分で気づいたり、訂正するような活動を引き出す
　⑥集団での話し合い、思考、反省を大切にする
　⑦能力が発揮できる活動を軸にして、誰もが主人公になれるようにする
　⑧自分の判断、自分の決定、自分の活動をみんなと一緒に振り返る場面を大切にする
としました。

　一部の生徒は、希望制の選択肢にあった、仕事をやらない「自由班」を選びましたが、見学ほどつまらないことを体験し、次の授業から誰ひとりとして自由班を選びませんでした。この働く主体性を育てる実践はこれまでの適応主義的な作業学習に問題をなげかけました。近年、作業学習の作業種として清掃・喫茶サービス・食品加工等に取り組み、校内で技能検定試験を導入している学校もあります。生徒は、努力して検定の級が上がることで自信や自尊感情が高まり、生活に積極性が見られる報告もされています。

　青年期教育を考えるにあたり「将来のために今は我慢」という教育は将来を台無しにすると思います。今を充実させることが将来の土台になるのです。生徒一人一人の人生の「青年期を輝かす」ために、「自分らしく豊かに生きる青年」像を目指すことが青年期教

育の出発点です。学校時代にしかできないことや，青年のニーズに合わせて芸術・文化・スポーツに出会わせ，教科学習，生きること・性・集団を大切にしながら「わかって，できる」授業づくりをすることがあらためて求められています。

4 高等部卒業後の進路

　進路指導は学校教育の集大成としての意味をもっており，学校の教育目標，教育課程と直接に結びつくものです。生徒が学校や家庭で培ってきた力を卒業後も発揮し，さらに発展させることができるよう活動の場を検討し，生徒自らが進路を選ぶための準備と援助を行うことが大切です。進路学習においては，高等部1年では身近な家族などの生活と仕事，2年では社会認識を深めて自己を知る活動，卒業学年では主体的な進路選択と卒業後の生活と生き方がテーマになります。青年期の基本課題である自分づくりは，自己を意識し，自分と向き合い（障害，性など），戸惑いながら自己を確立していく（「仕事さがし」は，「自分さがし」），すなわち進路探索および進路の自己選択のプロセスが重要となります。しかし，近年，進路先確保のため早期から現場実習を実施し，進路先決定も早くなっています。

　特別支援学校高等部卒業後の進路状況は表13.4.1のとおりです。障害者の進路先の課題として，①進路の選択肢が限定されていること，②就労での賃金が少なく雇用条件も悪いことが挙げられます。福祉的就労（社会福祉施設等）では，工賃が月額1万円以下のところが多く，地域格差により進路先が限定される場合もあります。また，離職の原因は人

表13.4.1　特別支援学校高等部（本科）卒業後の状況（カッコ内は卒業者に対する割合）

区分	卒業者（人）	進学者（人）	教育訓練機関等入学者（人）	就職者（人）	社会福祉施設等入所・通所者（人）	その他（人）
視覚障害	302	98 (32.5%)	13 (4.3%)	49 (16.2%)	110 (36.4%)	32 (10.6%)
聴覚障害	468	183 (39.1%)	28 (6.0%)	180 (38.5%)	66 (14.1%)	11 (2.4%)
知的障害	17,522	73 (0.4%)	267 (1.5%)	5,515 (31.5%)	11,002 (62.8%)	665 (3.8%)
肢体不自由	1,829	49 (2.7%)	32 (1.7%)	106 (5.8%)	1,553 (84.9%)	89 (4.9%)
病弱	411	25 (6.1%)	36 (8.8%)	59 (14.4%)	230 (56.0%)	61 (14.8%)
計	20,532	428 (2.1%)	376 (1.8%)	5,909 (28.8%)	12,961 (63.1%)	858 (4.2%)

（注）　2015年3月卒業者
（出所）　文部科学省「特別支援教育資料（平成27年度）」2016年。http://www.mext.go.jp/a_menu/shotou/tokubetu/material/1373341.htm（2017年4月17日閲覧）

間関係によるものが多く離職率は3年で4割が離職(総務省,2003)し,再チャレンジできずに福祉的就労(社会福祉施設等)に移行しているケースが多く,中には引きこもっているケースもみられます。福祉的進路先としては,日中活動(療養介護・生活介護・自立訓練・就労移行・就労継続A型・就労継続B型の各サービス事業)と住まいの場(障害者支援入所施設・グループホーム等)があり,障害の程度や家庭の状況に応じて選択することができます。

5　個別の支援計画と福祉との連携

　障害者の学校から社会への移行(トランジション)にかんして,日本では2003年の障害者基本計画において個別の支援計画,個別の教育支援計画の作成が提言されました(第7章も参照)。学校および教育委員会が中心となって,医療・福祉・労働等の関係機関,関係部局による支援会議(ケース会議)において,縦断的支援・横断的支援の両面について検討・調整されています。学校卒業後への移行を視野に入れた「個別の移行支援計画」作成のための支援会議では,関係機関が当事者にとっての「最善の利益」を考える必要がありますが,生き方や人生の選択は当事者の意思決定ができるような工夫が求められます。今後も地域の関係機関(障害者相談支援・地域活動センター,就業・生活支援センター等)へ当事者が日常的に気軽に相談できるようにすることが大切です。

6　青年学級・生涯学習

　1979年養護学校義務制に伴い,養護学校卒業生が増え,卒業後のアフター・ケアの一つとして,親や作業所職員による地域の障害青年の交流の場としての青年学級・青年サークルが開設されました。全国各地で取り組まれている青年学級や青年サークルの形態は,①養護学校(特別支援学校)や特殊学級(特別支援学級)の同窓会から発展したもの,②公民館など社会教育施設や機関が独自に取り組んでいるもの,③親や施設職員などが子どもたちのために開設しているものなど様々です。仲間との交流と生活に必要な知識・技能の獲得を中心に,月に1・2回の活動が大半です。「青年学級に来てほっとする」「悩みが相談できる」「いつも励ましてくれる」など活動を通して,青年たちの精神的な支えの拠点となっています。また,学校卒業後の青年たちの自主的な交流の場として広がりをみせ,青年教育の場としても大きな役割を果たしています。青年学級は,生涯にわたる居場所であり,そこに集うのは人生をともに歩む仲間であるといえます。しかし,現実には,そのような場へ参加できない障害者も多くいます。公的支援,ボランティアの確保のほかに,学

校教育とは違い「教える側の教師」ではなく「支える側のスタッフ」が,「自分たちのやりたいことを自分たちがやる」という青年期教育の視点に立つことが求められます。社会教育の「自己教育」「相互教育」にそって,障害青年本人のニーズをとらえることが大切と思われます。

　また,地域における障害者の学習・文化活動の機会が広まりつつあります。卒業後の継続教育・生涯学習の一つとして全国の大学で様々なタイプのオープンカレッジ(5)が開設されています。オープンカレッジには受講生が興味ある講座内容を選んで参加するタイプとすべての講座に参加するタイプがあります。オープンカレッジに参加した青年からの「もっと日常的に学びたい」という願いに応えて2013年10月,名古屋市で発達障害者の大学(法定外)(6)が開設されました。

　障害のある人も地域の人々と同じように,ライフステージに応じて,学びたいこと,身につけたいことが学べるようにするための学習機会とプログラムを形成していくことが緊急の課題です。どこに行けば,どのような学習の機会があるか,どのような支援が可能なのかなど,障害者の生涯学習には,情報提供と支援体制の整備の課題もあります。具体的には,参加したくても交通手段がない,家族の付添なしには参加できないなどの問題もあります。

　2014年1月に日本が批准した障害者権利条約(7)において,高等教育や生涯学習等を享受することができることを確保するといわれていることからも,障害者の学習要求に応じて生涯にわたり学習権を保障していくことが今求められているのです。

---

(5)　オープンカレッジ

　　1998年に大阪府立大学で知的障害者の大学における教育機会の保障を目的とし,「人権(教育)の保障」「発達(変化)の保障」「大学の役割の変革」を理念に「オープンカレッジ」を開催,その後全国各地の大学に広まっている。

(6)　発達障害者の大学開設

　　2013年10月「見晴台学園(法定外学校)」が名古屋市に「見晴台学園大学(法定外)」を開設した。なお,見晴台学園は,大学の開設以前に,1990年に発達障害児の高等部(5年制)を,1995年に中学部を開設している。

(7)　障害者権利条約　第24条　5　(日本政府公定訳2014年1月)

　　締約国は,障害者が,差別なしに,かつ,他の者との平等を基礎として,一般的な高等教育,職業訓練,成人教育及び生涯学習を享受することができることを確保する。このため,締約国は,合理的配慮が障害者に提供されることを確保する。

コラム14　学びの作業所（福祉型専攻科）

1　学びの作業所（福祉型専攻科）の試み

　障害者の父親の「わが子も大学に行かせたい」というねがいや，「大学に通っている兄のようにもっと遊びたい」，「もっと勉強してわかりたい」という障害のある本人のねがいを受けて，特別支援学校高等部専攻科にかわる取り組みとして，2008年に障害者自立支援法の自立訓練事業を活用した，「福祉型専攻科」での2年間の学びの延長の試みが，和歌山で始まり，全国で広がりつつあります。

　特別支援学校高等部専攻科は，学校教育法第58条および第82条により設置することができます。しかし，全国の盲学校やろう学校には高等部専攻科が設置されていますが，知的障害特別支援学校高等部専攻科は私立特別支援学校8校，国立鳥取大学附属特別支援学校にしか設置されていません。教育年限延長のねがいは，当事者はもちろんのこと保護者からも上がっています。

2　知的障害者の「学びの場」を求める歴史

　知的障害者の「学びの場」を求める歴史は古く「養護学校義務制」，「養護学校高等部希望者全員入学」を求める運動が全国各地で取り組まれました。それは，本来あるべき権利を障害があるため剥奪された不当な状態が存在したことを物語っています。多くの人たちが立ち上がり教育行政を動かして勝ち取った権利でもあります。そして今，高校生の進学率（短期大学・四年生大学・専門学校）が70％を越える時代に，知的障害者の高等部卒業後の進学率は2.8％（進学・職業訓練等）であり，格差が存在しています。知的障害者にとって高等部を卒業した後の選択肢は就職か福祉的就労かという二者択一が当たり前になっています。和歌山で始まった新たな「和歌山の専攻科を考える会」の進学を求める運動は，福祉の世界で新たな「学びの場」としての進学という第三の選択肢を生み出しました。

3　学びの作業所の現状

　福祉制度（2013年4月以降，障害者総合支援法）の自立訓練では，障害者個人の障害の状況に応じて2～3年間の訓練期間となっていますが，福岡県の鞍手ゆたか福祉会では他の就労移行事業（2年間）を加えて，4年制の学びのカリキュラムを編成しています。さらに，「障害者の大学」についても視野にいれた展開が始まっています。

　自立訓練事業は，全国で1,100か所以上開設されています。その多くは，地域生活を営む上での生活能力の維持・向上の訓練内容となっています。しかし，自立訓練の制度を活用した「福祉型専攻科」は，特別支援学校高等部専攻科等のカリキュラムをモデルにしたものです。現在30か所余りの事業所で実践され，青年期の課題「自分づくり」に視点を当て取り組まれ，卒業後，または終了後の社会参加状況がよいとの報告があります。

4　学びの作業所のカリキュラム

　ここでのカリキュラムは，青年期に視点を当て，学習科目も数学科や国語科などでなく，「経済と社会」，「言語コミュニケーション」，「一般教養」，「研究ゼミ」，「ライフステイ（宿泊

コラム14　学びの作業所（福祉型専攻科）

学習）」，「情報」，「芸術」等です。また，つけたい力は「自己決定」「自己選択」「自己肯定感」などです。また，この青年期に「他者との折り合いをつける」，「自己表現」を大切にし，教え諭す教育ではなく，はたらきかけて，「あきれるほど待つ」など，間を大切にした「自分たちで考え活動」する「学びの主人公」の実践をすすめています。

　2014年1月20日に日本が141番目に批准した「障害者権利条約」の「第24条　教育」において，「1　締約国は，教育についての障害者の権利を認める。締約国は，この権利を差別なしに，かつ，機会の均等を基礎として実現するため，障害者を包容するあらゆる段階の教育制度及び生涯学習を確保する。当該教育制度及び生涯学習は，次のことを目的とする。…（中略）…5　締約国は，障害者が，差別なしに，かつ，他の者との平等を基礎として，一般的な高等教育，職業訓練，成人教育及び生涯学習を享受することができることを確保する。このため，締約国は，合理的配慮が障害者に提供されることを確保する。」（外務省訳）とされています。知的障害者にも高等教育（大学での教育）が保障されるのもそう遠い日のことではないと思われます。

引用・参考文献

第2章3
Drotar, D., Baskiewicz, A., Irvin, N., Kennell, J., & Klaus, M. The adaptation of parents to the birth of an infant with a congenital malformation: A hypothetical model. *Pediatrics*, 56(5), 1975, 710-717.

中田洋二郎「親の障害の認識と受容の考察——受容の段階説と慢性的悲哀」『早稲田心理学年報』第27巻, 1995年, 83-92頁。

第2章4
文部科学省『特別支援学校学習指導要領解説総則等編（幼稚部・小学部・中学部）』教育出版, 2009年。

中山健・岡崎慎治「知能のPASS理論とDN-CAS」前川久男・梅永雄二・中山健（編）『発達障害の理解と支援のためのアセスメント』日本文化科学社, 2013年, 39-41頁。

第3章
阿部正一・阿部美穂子「特別支援学校における生徒指導の実践動向と今日的課題」『富山大学人間発達科学研究実践センター紀要』第9号（通巻31号）, 2014年, 41-50頁。

秋元雅仁「特別支援教育の理念を基軸に据えた新たな時代に対応する特別支援学校の生徒指導——「統制環境における学び」と「機関連携によるチームワーク」を基にして」『広島大学特別支援教育実践センター研究紀要』第10号, 2012年, 51-63頁。

デムチャック, M.・ボザート, K. W.（著）三田地真実（訳）『問題行動のアセスメント』学苑社, 2004年。

東村知子・麻生武（編著）『発達支援の場としての学校』ミネルヴァ書房, 2016年。

文部科学省「生徒指導提要」2010年。

白石正久『発達の扉　下』かもがわ出版, 1996年。

高橋実『発達に困難をかかえた人々の生涯発達と地域生活支援』御茶の水書房, 2010年。

第4章1
石部元雄・柳本雄次（編著）『特別支援教育——理解と推進のために　改訂版』福村出版, 2011年, 171頁。

文部科学省『特別支援学校小学部・中学部学習指導要領』2009年。

柳本雄次（監修）筑波大学附属大塚特別支援学校（編著）『これからの「知的障害教育」——関係の形成と集団参加』明治図書出版, 2010年。

第4章2
文部科学省『小学校学習指導要領』2008年。

文部科学省『特別支援学校小学部・中学部学習指導要領』2009年。

文部科学省『特別支援学校学習指導要領解説総則等編（幼稚部・小学部・中学部）』2009年。

文部科学省『特別支援学校学習指導要領解説自立活動編（幼稚部・小学部・中学部・高等部）』2009年。

文部科学省「特別支援学校（視覚障害）小学部点字教科書編集資料」2014年。

柴田義松『教育課程——カリキュラム入門』有斐閣, 2000年。

全国特別支援学校知的障害教育校長会（編著）『新しい教育課程と学習活動Q&A——特別支援教育「知的障害教育」』東洋館出版社, 2010年。

第4章3

文部科学省『小学校学習指導要領』2008年。
文部科学省『特別支援学校小学部・中学部学習指導要領』2009年。
文部科学省『特別支援学校学習指導要領解説自立活動編(幼稚部・小学部・中学部・高等部)』2009年。

第4章4

太田昌孝・永井洋子(編著)『認知発達治療の実践マニュアル』日本文化科学社,1992年。

第5章1

茨城県教育研修センター 特別支援教育課(編)『特別支援学級スタート応援ブック 授業づくり編』,2013年。
文部科学省『生活単元学習の手引き』1986年。
文部科学省『特別支援学校小学部・中学部学習指導要領』2009年a。
文部科学省『特別支援学校高等部学習指導要領』2009年b。
文部科学省『特別支援学校学習指導要領解説総則等編(幼稚部・小学部・中学部)』2009年c。

第5章2

文部科学省『特別支援学校小学部・中学部学習指導要領』2009年。
文部科学省『特別支援学校高等部学習指導要領』2009年。
文部科学省『特別支援学校学習指導要領解説総則等編(幼稚部・小学部・中学部)』2009年。
文部科学省『特別支援学校学習指導要領解説総則等編(高等部)』2009年。
文部科学省『特別支援学校学習指導要領解説自立活動編(幼稚部・小学部・中学部・高等部)』2009年。
文部科学省『高等学校学習指導要領解説家庭編』2010年。
猪狩恵美子・河合隆平・櫻井宏明『テキスト肢体不自由子ども理解と教育実践』全障研出版部,2014年。
三木裕和・原田文孝『重症児の授業づくり』クリエイツかもがわ,2009年。
筑波大学附属桐が丘特別支援学校『肢体不自由のある子どもの教科指導Q&A』ジアース教育新社,2008年。

第5章3

萩原浅五郎「九歳レベルの峠」『ろう教育』昭和39年7月号,1964年。
松原太洋「小学部低学年における国語科教材研究」『筑波大学附属聾学校紀要』第10巻,1988年,95-122頁。
松原太洋 5章-2(2)-2 香川邦生・藤田和弘(編)『自立活動の指導』教育出版,2000年。
松原太洋「聴覚障害児はもっと伸びる」『聴覚障害』第57巻,2002年,32-37頁。
松原太洋「聴覚障害のある子どもの生きる力を育むためのコミュニケーション指導の在り方について」『聴覚障害』第70巻,2015年,40-46頁。
文部省『聴覚障害教育の手引き――多様なコミュニケーション手段とそれを活用した指導』海文堂出版,1995年。
文部科学省『聾学校中学部国語(言語編)教科書指導書』東京書籍,2003年。
岡本夏木『ことばと発達』岩波新書,1985年。
斎藤佐和(編著)『聴覚障害児童の言語活動』聾教育研究会,1983年,4-7頁。
東京書籍『新編新しい国語一・教師用指導書研究編』東京書籍,1987年,285-306頁。
内田莉沙子『大きなかぶ(ロシア民謡)』福音館書店,1962年。
脇中起余子『「9歳の壁」を越えるために』北大路書房,2013年,25-27頁。

第5章4

広島県教育委員会「広島版『学びの変革』アクション・プラン」2014年。

広島県立広島中央特別支援学校「教材・教具紹介1（全盲）」http://www.hiroshima-sb.hiroshima-c.ed.jp/research/index.html（2016年3月31日閲覧）
香川邦生（編著）『視覚障害教育に携わる方のために』慶応義塾大学出版会，1996年。
文部科学省『特別支援学校学習指導要領解説自立活動編（幼稚部・小学部・中学部・高等部）』海文堂出版，2009年。
文部科学省教育課程企画特別部会『教育課程企画特別部会論点整理』2015年。
佐藤泰正（編）『視覚障害学入門』学芸図書，1991年。
鳥山由子（編著）『視覚障害指導法の理論と実際──特別支援教育における視覚障害教育の専門性』ジアース教育新社，2007年。

第5章5
中央教育審議会初等中等教育分科会「共生社会の形成に向けたインクルーシブ教育システム構築のための特別支援教育の推進（報告）」2012年。
日下奈緒美「平成25年度全国病類調査にみる病弱教育の現状と課題」『国立特別支援教育総合研究所研究紀要』第42巻，2015年，13-25頁。
厚生労働省「患者調査」2015年。
文部省「病気療養児の教育について」1994年。
谷口明子「入院児の不安の構造と類型──病弱養護学校児童・生徒を対象として」『特殊教育学研究』第42巻第4号，2009年，283-291頁。
全国特別支援学校病弱教育校長会『特別支援学校の学習指導要領を踏まえた病気の子どものガイドブック──病弱教育における指導の進め方』ジアース教育新社，2012年。
全国特別支援学校病弱教育校長会・丹羽登『病弱教育における各教科等の指導』ジアース教育新社，2015年。

第5章7
American Psychiatric Association（編）髙橋三郎・大野裕（監訳）『DSM-5　精神疾患の診断・統計マニュアル』医学書院，2014年。
姉崎弘（編著）『新教育課程に基づく特別支援学級の新しい授業づくり──子どもの社会自立をめざして』明治図書出版，2011年 a，29-32頁。
姉崎弘『特別支援教育──一人一人のニーズに応じた教育の実現をめざして　第3版』大学教育出版，2011年 b，59-61頁。
石部元雄・上田征三・高橋実・柳本雄次（編）『よくわかる障害児教育　第3版』ミネルヴァ書房，2013年。
文部省『一人一人を大切にした教育』大蔵省印刷局，1996年。
文部科学省「就学指導資料」2002年。
文部科学省「平成26年度「児童生徒の問題行動等生徒指導上の諸問題に関する調査」における「いじめ」に関する調査等結果について」2015年。
文部科学省不登校に関する調査研究協力者会議「不登校児童生徒への支援に関する最終報告（案）──一人一人の多様な課題に対応した切れ目のない組織的な支援の推進」2016年。

第5章8
群馬大学教育学部附属特別支援学校「学びを生かし，生き生きとしたくらしを拓く児童生徒の育成──個別の教育支援計画の活用に視点を当てて」（2年計画の1年次）『平成25年度研究紀要』第34集，2014年，5頁。
群馬大学教育学部附属特別支援学校「人とかかわりながら学びを深める児童生徒の育成」（3年計画の1年次）『平成28年度研究紀要』（第37集），2016年，7頁。

石部元雄・柳本雄次（編著）『特別支援教育——理解と推進のために　改訂版』福村出版，2011年。
文部科学省『特別支援学校学習指導要領解説総則等編（幼稚部・小学部・中学部）』教育出版，2009年ａ。
文部科学省『特別支援学校学習指導要領解説自立活動編（幼稚部・小学部・中学部・高等部）』海文堂出版，2009年ｂ。
笹本正樹「マイクロ・ティーチングの理論と効用」『香川大学一般教育研究』第13巻，1978年，1，6頁。
ショプラー，Ｅ．・佐々木正美（監修）「TEACCH——教師のための自閉症教育プログラム」（映像資料）朝日新聞厚生文化事業団，1986年。
高橋実「自閉症③自閉症スペクトラム児の発達特性と教育方法」石部元雄・上田征三・高橋実・柳本雄次（編）『よくわかる障害児教育　第3版』ミネルヴァ書房，2013年，76-79頁。
高乘秀明・浅井和行『コミュニケーションとメディアを生かした授業』日本文教出版，2003年。
上田征三「障害児教育の概念①「障害」とは」石部元雄・上田征三・高橋実・柳本雄次（編）『よくわかる障害児教育　第3版』ミネルヴァ書房，2013年，2-5頁。
WHO "International Classification of Impairments, Disabilities, and Handicaps", 1980.
世界保健機関（WHO）（著）障害者福祉研究会（編）『ICF 国際生活機能分類——国際障害分類改訂版』中央法規出版，2002年。

第7章

Baltes, P. B., & Brim, jr., O. G. (Eds.) *Life-span development and behavior vol. 2*. Academic Press, 1979.
国立特別支援教育研究所ホームページ「特別支援教育の基本的な考え方［2］知的障害児に応じた教育課程編成」http://www.nise.go.jp/cms/13,893,45,178.html（2017年4月13日閲覧）
国立特別支援教育総合研究所ホームページ「特別支援教育の基本的な考え方［5］個別の教育支援計画の趣旨」http://www.nise.go.jp/cms/13,3293,54,247.html（2017年4月12日閲覧）
子安増生『生涯発達心理学のすすめ』有斐閣選書，1996年，2-14頁。
文部科学省「生徒指導提要」2010年。
高橋実『発達に困難を抱えた人の生涯発達と地域生活支援——児童の福祉と教育の連携のために』御茶の水書房，2010年。

第8章

藤原義博・柘植雅義（監修）筑波大学附属大塚特別支援学校（編著）『特別支援教育のとっておき授業レシピ』学研プラス，2015年。

第9章①

ボイド，W.　中野義達・藤井聡尚・茂木俊彦（訳）『感覚教育の系譜——ロックからモンテッソーリへ』日本文化科学社，1979年。
井田範美（編著）『現場のためのモンテッソーリ障害児教育——理論と実践』あすなろ書房，1992年。
前之園幸一郎「マリア・モンテッソーリの障害児教育への視座」『青山学院女子短期大学紀要』第59号，2005年，71-96頁。
モンテッソーリ，M.（著）阿部真美子・白川蓉子（訳）『モンテッソーリ・メソッド』明治図書出版，1974年。
相良敦子『モンテッソーリ教育の理論概説』学習研究社，1978年。
スタンディング，E. M.　佐藤幸江（訳）『モンテソーリの発見——人間らしく育つ権利』エンデルレ書店，1975年。

第9章②

エアーズ，A. J.（著）佐藤剛（訳）『子どもの発達と感覚統合』協同医書出版，1985年，289頁。

Gesell, A, E. et al. *Its development in infant and child*. Hoeber, 1950.

岩崎清隆『発達障害と作業療法［基礎編］』三輪書店，2001年，201頁。

小林芳文『ムーブメント教育の実践１』学習研究社，1985年。

小林芳文『MEPA-R　ムーブメント教育・療法プログラムアセスメント手引』日本文化科学社，2005年。

是枝喜代治「不器用な子どものアセスメントと教育的支援」『発達障害研究』第27号，2005年，37-45頁。

太田昌孝「発達性協調運動障害」「精神科治療学」編集委員会（編）『小児・思春期の精神障害治療ガイドライン』星和書店，2001年，173-179頁。

Piaget, J. *Play, dreams and imitation in childhood*. Norton, 1962.

第９章３

佐々木正美『講座自閉症療育ハンドブック――TEACCHプログラムに学ぶ』学習研究社，1993年。

佐々木正美『自閉症児のためのTEACCHハンドブック』学習研究社，2008年。

第９章４

Baron-Cohen, S., Leslie, A. M., & Frith, U. Does the autistic child have a "theory of mind"? *Cognition*, 21, 1985, 37-46.

Mundy, P., Sigman, S., Ungerer, J. & Sherman, T. Defining the social deficits of autism: The contribution of non-verbal communication measures. *Journal of Child Psychology and Psychiatry*, 27, 1986, 657-669.

長崎勤「SCERTSモデル――自閉症児への包括的教育アプローチ」『精神療法』第41巻第４号，2015年a，57-62頁。

長崎勤「SCERTSモデルによる自閉症児への発達支援」『児童精神医学と近接領域』第56巻第４号，2015年b，632-638頁。

National Research Council, Division of Behavioral and Social Sciences and Education, Committee on Educational Interventions for Children with Autism（NRC）. *Educating children with autism*. National Academies Press, 2001.

プリザント，B.・ウエザービー，E.・ルービン，E.・ローレント，E.C.・ライデル，P.J.（著）長崎勤・吉田仰希・仲野真史（訳）　SCERTSモデル――自閉症スペクトラム障害の子どもたちのための包括的教育アプローチ〈１巻〉アセスメント　日本文化科学社，2010年。

プリザント，B.・ウエザービー，E.・ルービン，E.・ローレント，E.C.・ライデル，P.J.（著）長崎勤・吉田仰希・仲野真史（訳）　SCERTSモデル――自閉症スペクトラム障害の子どもたちのための包括的教育アプローチ〈２巻〉プログラムの計画と介入　日本文化科学社，2012年。

Yirmiya, N., Kasari, C., Sigman, M., & Mundy, P. Facial expressions of affect in autistic, mentally retarded and normal children. *Journal of Child Psychology and Psychiatry*, 30(5), 1989, 725-735.

吉田仰希「自閉症スペクトラム障害（ASD）の療育SCERTSモデル」尾崎康子・三宅篤子（編著）『乳幼児期における発達障害の理解と支援　第２巻　知っておきたい発達障害の療育』ミネルヴァ書房，2016年，92-100頁。

第10章

中央教育審議会初等中等教育分科会「共生社会の形成に向けたインクルーシブ教育システム構築のための特別支援教育の推進（報告）」2012年７月

文部科学省「特別支援教育課インクルーシブ教育構築事業説明資料」http://www.mext.go.jp/component/a_menu/other/detail/__icsFiles/afieldfile/2015/06/16/1358945_02.pdf（2016年12月26日閲覧）

文部科学省資料　http://www.mext.go.jp/a_menu/shotou/tokubetu/main/006/h25/__icsFiles/afieldfile/2013/09/27/1339872_1.pdf（2017年２月２日閲覧）

文部科学省資料（一部改変）http://www8.cao.go.jp/shougai/whitepaper/h19hakusho/gaiyou/zuhvo/zh11.html

（2017年2月2日閲覧）

第11章

角田祥子「専門職の役割：医師」田中千穂子・栗原はるみ・市川奈緒子（編著）『発達障害の心理臨床』有斐閣アルマ，2005年，118-121頁。

文部科学省初等中等教育局長通知「特別支援学校等における医療的ケアの今後の対応について」2011年。

中島俊思「乳幼児健診において発達相談から療育にどうつなげていくのか」『臨床心理学』第14巻第2号，2014年，181-185頁。

田角勝「学童期の重症心身障害児への医療的ケア」栗原まな（編）『発達障害医学の進歩　重症心身障害児の療育――基礎的対応を中心に』診断と治療社，2007年，54-60頁。

辻井正次「発達障害の現状と子どもを支援する専門機関の連携と今後の課題」『臨床心理学』第14巻第4号，2014年，472-476頁。

第12章

厚生労働省社会・援護局障害保健福祉部障害福祉課「児童福祉法の一部改正について」（2012年1月13日）http://www.mhlw.go.jp/bunya/shougaihoken/jiritsushien/dl/setdumeikai_0113_04.pdf（2017年2月3日閲覧）

厚生労働省ホームページ「障害児支援の強化について」http://www.mhlw.go.jp/seisakunitsuite/bunya/hukushi_kaigo/shougaishahukushi/kaiseihou/dl/sankou_111117_01-06.pdf（2017年2月3日閲覧）

厚生労働省ホームページ「福祉用具」http://www.mhlw.go.jp/stf/seisakunitsuite/bunya/hukushi_kaigo/shougaishahukushi/yogu/index.html（2017年3月16日閲覧）

第13章

文部科学省『特別支援学校高等部学習指導要領』2009年。

文部科学省「特別支援教育資料（平成27年度）」2016年。http://www.mext.go.jp/a_menu/shotou/tokubetu/material/1373341.htm（2017年4月17日閲覧）

名古屋恒彦『知的障害教育発，キャリア教育』東洋館出版社，2013年。

総務省「障害者の就業等に関する政策評価書」2003年。

田中良三・藤井克徳・藤本文郎（編著）『障がい者が学び続けるということ』新日本出版，2016年。

渡邊昭宏『みんなのライフキャリア教育』明治図書出版，2014年。

渡部昭男「障害児と中等教育制度」『教育』第40巻第3号，1990年，63-72頁。

コラム2

ボンディ，A.・フロスト，L.（著）園山繁樹・竹内康二（訳）『自閉症児と絵カードでコミュニケーション――PECSとAAC』二瓶社，2006年。

日本マカトン協会ホームページ http://makaton.jp/（2017年2月4日閲覧）

小川仁（編）『子どものコミュニケーション障害』学苑社，1995年。

ピラミッド教育コンサルタントオブジャパンのホームページ「PECSとは何か？」http://www.pecs-japan.com/（2016年3月20日閲覧）

コラム3

Baird, G., Simonoff, E., Pickles, A., Chandler, S., Loucas, T., Meldrum, D., & Charman, T. Prevalence of disorders of the autism spectrum in a population cohort of children in South Thames: The Special Needs and Autism Project. *Lancet*, 368(issue 9531), 2006, pp. 210-215.

ベッテルハイム，B.（著）黒丸征四郎（訳）『自閉症・うつろな砦』みすず書房，1973年。
ホブソン，R.P.（著）木下孝司（監訳）『自閉症と心の発達——「心の理論」を越えて』学苑社，2000年。
Lotter, V. Epidemiology of autistic conditions in young children. *Social Psychiatry and Psychiatric Epidemiology*, 1(3), 1966, 124-135.
岡田尊司『発達障害と呼ばないで』幻冬舎新書，2012年。
ラター，M.（編）鹿子木敏範（監訳）『小児自閉症——概念・特徴・治療』文光堂，1978年。
Rutter, M., Andersen-Wood, L., Beckett, C., Castle, J., Grootheus, C., Kreppner, J., Keavenecy, L., Lord, C., O'Connor, T. G., & the English and Romanian Adoptees (ERA) Study Team. Quasi-autistic patterns following severe global privation. *Journal of Child Psychology and Psychiatry*, 40(4), 1999, 537-549.
杉山登志郎『発達障害のいま』講談社現代新書，2011年。
ティンバーゲン，N.・ティンバーゲン，E. A.（著）田口恒夫（訳）『自閉症・治癒への道——文明社会への動物行動学的アプローチ』新曜社，1987年。

コラム4
Dust, C. J., & Trivette, C. Enabling and empowering families: Conceptual and intervention issues. *School Psychology Review*, 16, 1987, 443-456.
三浦光哉・川村秀忠「個別の指導計画における書式モデルの類型化と活用するための改善策——全国知的障害附属養護学校の調査を通して」『発達障害研究』第24巻第4号，2003年，392-402頁。
文部省『盲学校，聾学校及び養護学校学習指導要領解説——各教科，道徳及び特別活動編』東洋館出版社，2000年。
文部科学省「小中学校におけるLD（学習障害），ADHD（注意欠陥／多動性障害），高機能自閉症の児童生徒への教育支援体制の整備のためのガイドライン（試案）」2004年。
文部科学省『特別支援学校学習指導要領解説総則等編（幼稚部・小学部・中学部）』海文堂出版，2009年。

コラム5
千葉大学教育学部附属特別支援学校「平成27年度研究紀要」第41号，2016年。「平成27年度公開研究会資料」2016年。
木村宣孝「「生活単元学習」の実践——これまでとこれから〜その現代的意義を考える〜」『特別支援教育研究』第694号，2015年，2-7頁。
文部科学省『特別支援学校学習指導要領解説総則等編（幼稚部・小学部・中学部）』教育出版，2009年。
名古屋恒彦『特別支援教育「領域・教科を合わせた指導」ABC』東洋館出版社，2010年。
尾崎祐三「知的障害教育における学習評価の現状と今後の在り方」『特別支援教育研究』第697号，2015年，6-9頁。

コラム6
姉崎弘『特別支援教育——一人一人のニーズに応じた教育の実現をめざして　第3版』大学教育出版，2011年，107頁。
姉崎弘「領域「自立活動」」石部元雄・上田征三・高橋実・柳本雄次（編）『よくわかる障害児教育　第3版』ミネルヴァ書房，2015年，122-125頁。
文部省『養護学校小・中学部学習指導要領肢体不自由教育編』1963年・1964年・1971年。
文部省『盲学校，聾学校及び養護学校小学部・中学部学習指導要領』1979年・1989年・1999年。
文部科学省『特別支援学校小学部・中学部学習指導要領』2009年。

コラム7
青山芳文「発達障害等のある子どもへの「指導」や「支援」——その「支援」は本当に子どもにとっての支援にな

っているのか（教育実習やボランティア活動で教育現場に入る学生に「学ばせたいこと」，「誤った学びをさせたくないこと」Ⅱ）」『佛教大学教職支援センター紀要』第5集，佛教大学教職支援センター，2014年。

群馬大学教育学部附属養護学校『研究紀要 第1-27集』1980-2007年。

群馬大学教育学部附属特別支援学校『研究紀要 第28-35集』2007-2014年。

石塚謙二（監修）全国特別支援学校知的障害教育校長会（編著）『知的障害教育における学習評価の方法と実際——子どもの確かな成長を目指して』ジアース教育新社，2011年。

文部科学省『特別支援学校学習指導要領解説自立活動編（幼稚部・小学部・中学部・高等部）』海文堂出版，2009年。

文部科学省『特別支援学校学習指導要領解説総則等編（高等部）』海文堂出版，2009年。

文部科学省『特別支援学校学習指導要領解説総則等編（幼稚部・小学部・中学部）』教育出版，2009年。

文部科学省 国立教育政策研究所 教育課程研究センター『評価基準の作成，評価方法等の工夫改善のための参考資料』2011年。

コラム8

ブルーム，B.S.・ヘスティングス，J.T.・マドゥス，G.F.（著）梶田叡一・渋谷憲一・藤田恵璽（訳）『教育評価法ハンドブック——教科学習の形成的評価と総括的評価』第一法規出版，1973年。

橋本重治『新・教育評価法総説』金子書房，1976年，56頁。

石部元雄・上田征三・高橋実・柳本雄次（編）『よくわかる障害児教育 第3版』ミネルヴァ書房，2013年。

文部科学省『特別支援学校小学部・中学部学習指導要領』2009年。

文部科学省『小学校，中学校，高等学校及び特別支援学校等における児童生徒の学習評価及び指導要録の改善等について（初等中等教育局長通知）』2010年，1-2頁。

コラム9

姉崎弘「重症心身障害児教育におけるスヌーズレンの有効性について——肢体不自由養護学校の自立活動の指導に適用して」『日本重症心身障害学会誌』第28巻第1号，2003年，93-98頁。

姉崎弘「わが国におけるスヌーズレン教育の導入の意義と展開」『特殊教育学研究』第51巻第4号，2013年，369-379頁。

姉崎弘「スヌーズレンの誕生と歴史」『スヌーズレン研究』第1巻，2013年，5-12頁。

Hulsegge, Y., & Verheul, A. *Snoezelen: Another world*. Rompa, 1987.（姉崎弘（監訳）『重度知的障がい者のここちよい時間と空間を創るスヌーズレンの世界』福村出版，2015年。）

川眞田喜代子「スヌーズレンを取り入れた自立活動——自己肯定感を育む授業」飯野順子（編著）『障害の重い子どもの授業づくり Part2——ボディイメージの形成からアイデンティティの確立へ』ジアース教育新社，2008年，94-109頁。

木村牧生・皆川康志「スヌーズレン教室を利用した授業実践について」『第45回北海道肢体不自由教育研究大会白糠大会研究論文集』2009年，44-49頁。

コラム10

赤塚正一「就学期の移行支援体制づくりに関する実践的研究——地域における特別支援学校のコーディネーターの役割と課題」『特殊教育学研究』第52巻第5号，2015年，534頁。

文部科学省「小・中学校におけるLD（学習障害），ADHD（注意欠陥／多動性障害），高機能自閉症の児童生徒への教育支援体制の整備のためのガイドライン（試案）」2004年。

長野県教育委員会『特別支援教育コーディネーターハンドブック』2013年。

コラム11

中央教育審議会初等中等教育分科会報告「共生社会の形成に向けたインクルーシブ教育システム構築のための特別支援教育の推進（報告）」2012年7月。

Convention on the Rights of Persons with Disabilities https://www.un.org/development/desa/disabilities/convention-on-the-rights-of-persons-with-disabilities/article-24-education.html, visited 19 April 2017.

内閣府ホームページ「障害者差別解消法に基づく内閣府本府の対応要領案に関する意見募集について」 http://www8.cao.go.jp/shougai/youryou_iken.html（2017年4月15日閲覧）

日本特殊教育学会第50回大会学会企画シンポジウム12「北欧におけるインクルーシブ教育の挑戦と日本の課題」2012年。

The International Year of Disabled Persons 1981, General Assembly Resolution 31/123

The Salamanca Statement and Framework for Action on Special Needs Education, 7-10 June 1994. http://www.unesco.org/education/pdf/SALAMA_E.PDF, visited 19 April 2017.

World Conference on Education for All in Jomtien, Thailand, 5-9 March 1990.

コラム12

American Psychiatric Association（編）髙橋三郎・大野裕（監訳）『DSM-5　精神疾患の診断・統計マニュアル』医学書院，2014年。

森則夫・杉山登志郎・岩田泰秀『臨床家のためのDSM-5 虎の巻』日本評論社，2014年。

コラム13

文部科学省初等中等教育局特別支援課「教育支援資料」2013年10月。

コラム14

長谷川正人『知的障害者の大学創造への道』クリエイツかもがわ，2015年。

小畑耕作『ひろがれ！学びの場』全国障害者問題研究会出版部，2011年。

丸山啓史「知的障害のある青年の中等教育後の教育・学習——自律訓練事業に着目して」『SNEジャーナル』第21号，日本特別ニーズ教育学会，2015年。

岡本正・河南勝・渡部昭男『福祉事業型「専攻科」　エコールKOBEの挑戦』クリエイツかもがわ，2013年。

田中良三『障がい青年の大学を拓く』クリエイツかもがわ，2016年。

渡部昭男『障がい青年の自分づくり』日本標準，2009年。

全国専攻科（特別ニーズ教育）研究会『もっと勉強したい！』クリエイツかもがわ，2008年。

さくいん

あ行

愛され，可愛がられる障害者 234
愛着形成 40
アカウンタビリティ 76
アクティビティルーム（ソフトプレイルーム） 195
アセスメント 165
アロマ 195
合わせた時間 53
合わせた指導 136
医師 213, 214
異食 32
イタール（Itrard, J. M. G.） 177
1歳6か月児健康診査 212
医療的ケア 159, 216, 217
インクルーシブ教育（inclusive education） 202, 203, 208
——システム 221
インフォームドコンセント 76
ウェクスラー式知能検査 129
エアーズ（Ayres, A.） 182
絵カード交換式のコミュニケーションシステム（PECS） 129
絵手紙 133
太田ステージ発達検査 56
オープンカレッジ 237
音韻表象 97

か行

会話パートナー段階 191
カウンセリングマインド 22
学習
——活動 15
——環境 120
——言語 98
——支援 192
——指導案 60, 79
——指導要領 49, 50, 54
——指導要領解説 49, 54
——内容表 165
——評価 152
拡大鏡 104
拡大・代替コミュニケーション（AAC：Augmentative & Alternative Communication） 30
拡大読書器 107
課題分析 172
片マヒ 13
学校工場方式 234
学校コンサルテーション 207
家庭支援 192
感覚刺激 195
——の孤立化 179
——の量の調整 196
感覚統合法 182
感覚の住居 195
感覚面の初期教育 196
緘黙 129
聞く構え 97
基礎的環境整備（基礎となる環境整備） 202, 203, 209
キャリア教育 232
9歳の壁 98
教育
——環境 15, 178
——支援委員会 202
——的遠距離視力 110
——的近距離視力 110
——的ニーズ 202
——評価 153
教育課程 45, 46, 135
——の編成 46
——の類型 47, 48
——の類型化 232
教科書 50, 51
——解説 50, 51, 54
教科内容 50, 51, 53
教材 51
——・教具 66, 178
教師 179
——としての自己評価表 150
共生社会 204
共同注意 190
興味・関心の拡大 196
居宅介護（ホームヘルプサービス） 226
具体化された抽象 179
継次処理 25
形成的評価 145, 153
系統 136
——性 52
ゲゼル（Gesell, A.） 181
研究授業 141
言語活動の発達段階 99
言語パートナー段階 191
言語方略 191
高機能自閉症 199, 201
構造化のアイデア 144
行動
——援護 227
——観察の評価 195
——上の問題 31, 34
——方略 191
高等部希望者全入運動 232
高等部の重度・重複学級の編成 232
合理的配慮 76, 97, 111, 114, 131, 202, 203, 205, 209
交流及び共同学習 201, 204
交流型支援 191
交流学級の担任 131
コース制 232
国際障害分類（ICIDH：International Classification of Impairments, Disabilities, and Handicaps） 138
国際生活機能分類（ICF：International Classification of Functioning, Disability and Health） 137, 138
心の理論 190
5歳のだらだら坂 98
5W1Hの疑問文の応答 96
こだわり 128
——行動 31, 33, 35
個別
——移行支援計画 72, 139
——化された教育 180

――の教育支援計画 32, 71, 131, 139, 158, 205, 228
――の支援計画 139
――の指導計画 4, 21, 32, 49, 71, 75, 131, 145, 153, 161, 205, 214
コミュニケーション 96
――の指導 188, 190

さ行

最大視認力 110
サラマンカ声明 199, 208
3歳児健康診査 212
算数 51
3段階レッスン 180
シークエンス 136
視覚支援 129
視覚障害 51, 104
視覚補助具 110
時間の指導 88
仕切りを置いた環境 129
自己
――意識 13
――調整 191
――の育ち 161
――有用感 57
自傷行為 11, 31, 32
肢体不自由 88
指導形態 53
指導の記録 147
指導要録 152
児童生徒の主体的な活動 75
児童福祉法 223
自発的な運動・動作 196
自分らしく豊かに生きる青年 234
自閉症スペクトラム 3, 5, 12, 34, 35, 40, 128, 130, 181, 185-187, 189, 218
自閉症スペクトラム症/自閉症スペクトラム障害（ASD：Autism Spectrum Disorder） 128
社会コミュニケーション 191
社会的障壁 201, 205
社会パートナー段階 191
弱視レンズ 107
週案 148
就学支援 221
就学指導委員会 202

『就学指導資料』 130
就学相談 202
重症児の発達ニーズ 196
重症心身障害児 159
重度・重複障害 118
授業
――改善 149
――づくり 78
――における指導記録 147
――の評価 145
準ずる教育 135
準ずる教育課程 88, 90
障害
――受容 21
――青年本人のニーズ 237
――特性 12
――の告知 214
障害児
――相談支援 225
――福祉手当 228
障害者
――基本法 201
――個人の尊厳 75
――差別解消法 204, 209
――の権利に関する条約（障害者権利条約）（Convention on the Rights of Persons with Disabilities） 201, 208, 221, 237
障がい者制度改革推進本部 201
生涯発達 157
情緒障害 128
――特殊学級 130
情動 190
――調整 191
常同行動（自己刺激行動） 129
ショプラー（Schopler, E.） 185
自立活動 45, 47-49, 54, 58, 75, 88, 114, 119, 152, 195, 196
――を主とする教育課程 88, 91
自立支援医療 226
人格形成 233
人生の質（生活の質）（QOL：Quality of Life） 157
診断的評価 145, 153

人的環境 113
新版K式発達検査2001 56
信頼関係 15
スクールクラスター 203, 204
スケジュールの構造化 186
スコープ 136
スヌーズレン 195
――教育 195, 196
スモールステップ 51
生活
――科 46, 55
――教育 46
――経験 47, 48
――言語 98
――単元学習 73
――の場 192
性的問題 38
生徒指導提要 163
青年たちの精神的な支えの拠点 236
セガン（Seguin, E. O.） 177
全国特別支援学校知的障害教育校長会 54
選択性かん黙 130
専門家支援 192
総括的評価 145, 153
相互調整 191
総授業時間数 50
ソーラープロジェクター 195

た行

対人関係の基礎 196
対人間支援 192
第二の教育権保障運動 231
ダウン症 12
多重感覚環境（MSE：Multi-Sensory Environment） 195
多様性 204
段階別 52, 53
段階モデル 22
短期入所（ショートステイ） 227
知的障害 11, 14, 51, 52, 78
――児 46, 159
知的代替の教育課程 88, 91
知能検査 27
聴覚障害 96
重複障害者 47, 48
――教育課程の取扱い 153

さくいん

通級による指導 201
適応機能検査 27, 168
適応指導教室 131
できる状況づくり 74
手帳制度 225
デュアルシステム 232
てんかん発作 196
点字 51
　——教科書 106
　——タイプライター 108
　——盤 108
同行援護 227
同口形異義語 97
当事者の意思決定 236
同時処理 25
盗癖 37, 38
特別支援学級 6, 203
　——の担任 131
特別支援学校 3, 6, 7, 11, 45, 48–50, 153, 201
　——学習指導要領 45, 47, 50
　——教員免許状 8, 201
特別支援教育コーディネーター 131, 206
特別支援教室 201
特別児童扶養手当 228
特別なニーズ 199
特別ニーズ教育 199

な行

日常生活動作（ADL：Activities of Daily Living） 157, 184
日常生活の行動観察記録 147
日常生活の指導 160, 161
日本版ミラー幼児発達スクリーニング検査 183
乳幼児健康診査 211, 214
年間指導計画 5
ノンバーバル（非言語）コミュニケーション（non-verbal communication） 29

は行

白杖 107
発生的認識論 181
発音・発語指導 97
発達検査 27
発達障害 215
　——児 159
　——者支援センター 227
　——者の大学 237
発達段階 12, 13
パニック 12, 31, 33–35
　——状態 129
バブルチューブ 195
場面緘黙児 130
ハルテンベルグセンター（De Hartenberg Centre） 195
範囲 136
反響言語（エコラリア） 128
反復的・常同的行動 128
ピアジェ（Piajet, J.） 181
評価規準 62
評価方法 65
病弱 112
　——教育 112
敏感期 179
ファイバーグロー 195
福祉施設サービス 223
物的環境 18, 113
物理的構造化 186
不登校 130
フロスティッグ（Frostig, M.） 182
偏食 31
放課後等デイサービス 228
包括的教育プログラム 190
訪問教育 47, 48
ポートフォリオ（portfolio） 137
　——評価 153
保護者 4, 5, 7, 12
　——の期待 20, 23
　——への支援 22
ポジティブな情動 193
母子保健法 211
補装具・日常生活用具の給付 226
ホワイトルーム 195

ま行

マイクロティーチング（MT：Micro Teaching） 141
マカトンサイン法 29
学びの作業所（福祉型専攻科） 238
南カリフォルニア感覚統合検査 183
ミラーボール 195
ムーブメント教育・療法 183
盲児 108
模擬授業 141
問題行動 31, 32
モンテッソーリ（Montessori, M.） 177

や行

遊戯療法 130
優先目標 192
養護学校学習指導要領 47
養護・訓練 75
読みの構え 98
4か月児健康診査 211
4行詩 133

ら行

ライフキャリア 232
ライフサイクル 157
ラター（Rutter, M.） 185
離席 11
領域・教科を合わせた指導 73, 78
例外規定 50, 51, 53
レクリエーション活動 195
連携 215, 228

わ行

ワークキャリア 233
「わかって，できる」授業づくり 235
わかる状況・やろうとする状況・実現できる状況 15
わたりの指導 98

欧文

ADHD 130, 199, 201
ADL（Activities of Daily Living）→日常生活動作
DSM-5 128, 218
ICF →国際生活機能分類
LD（学習障害） 130, 201
MEPA-R（ムーブメント教育プログラムアセスメント：改訂版） 184
MSE（Multi-Sensory Environment）→多重感覚環境
NCプログラム 56
PECS（Picture Exchange Communication System） 29
QOL（Quality of Life）→人生の質（生活の質）

SAP-O 192
TEACCH プログラム
　（Treatment and
　Education of Autistic and
　related Communication
　Handicapped Children）
　142, 169, 185, 186, 188
TTAP（TEACCH Transition
　Assessment Profile） 170
VOCA（Voice Output
　Communication Aid） 89

《執筆者紹介》

上田 征三（うえだ・ゆくみ）編者，はじめに，第5章⑧，コラム11
　東京未来大学こども心理学部 教授

高橋 実（たかはし・みのる）編者，はじめに，第1章，第2章①，第3章，第7章，第9章③，
　福山市立大学教育学部 教授　　　第10章，コラム3，コラム12

今中 博章（いまなか・ひろふみ）編者，はじめに，第2章②④，第8章，コラム1
　福山市立大学教育学部 准教授

岡本 明博（おかもと・あきひろ）第2章③，第9章①，第11章，第12章，コラム13
　東京未来大学こども心理学部 准教授

柳本 雄次（やなぎもと・ゆうじ）第4章①，コラム8
　東京家政大学子ども学部 教授

浦崎 源次（うらさき・げんじ）第4章②
　群馬大学 名誉教授

木村 泰子（きむら・やすこ）第4章③④，第5章⑥
　東京都立南花畑特別支援学校 校長

村上 大樹（むらかみ・たいき）第5章①
　広島県教育委員会事務局教育部特別支援教育課 指導主事

樫木 暢子（かしき・ながこ）第5章②
　愛媛大学大学院教育学研究科 准教授

松原 太洋（まつばら・ふとみ）第5章③
　福岡県立福岡高等聴覚特別支援学校 元校長

川口 数巳江（かわぐち・すみえ）第5章④
　広島県立教育センター特別支援教育・教育相談部 指導主事

石川 慶和（いしかわ・よしかず）第5章⑤
　静岡大学教育学部 准教授

姉崎 弘（あねざき・ひろし）第5章⑦，コラム6，コラム9
　常葉大学教育学部 教授

山口 俊三（やまぐち・しゅんそう）第5章⑦
　自立訓練事業所 まなびキャンパスひろしま 所長

藤田 誠（ふじた・まこと）第6章
　社会福祉法人あだちの里　竹の塚ひまわり園 元施設長

是枝喜代治（これえだ・きよじ）第9章②，コラム2，コラム4
　　東洋大学ライフデザイン学部　教授

長崎　勤（ながさき・つとむ）第9章④
　　実践女子大学生活科学部　教授

小畑耕作（こばた・こうさく）第13章，コラム14
　　大和大学教育学部　講師

布山清保（ふやま・きよやす）コラム5，コラム10
　　長野大学社会福祉学部　教授

島田　洋（しまだ・ひろし）コラム7
　　群馬県伊勢崎市立殖蓮中学校　教諭

基礎から学ぶ
特別支援教育の授業づくりと生活の指導

| 2017年5月25日　初版第1刷発行 | 〈検印省略〉 |

定価はカバーに
表示しています

編 著 者	上　田　　征　三
	高　橋　　実　章
	今　中　　博　章
発 行 者	杉　田　　啓　三
印 刷 者	田　中　　雅　博

発行所　株式会社　ミネルヴァ書房
607-8494　京都市山科区日ノ岡堤谷町1
電話代表　（075）581-5191
振替口座　01020-0-8076

©上田・高橋・今中ほか，2017　　創栄図書印刷・清水製本

ISBN978-4-623-08036-6
Printed in Japan

よくわかる障害児教育 第3版
　　　石部元雄・上田征三・高橋実・柳本雄次 編　B5判　210頁　本体2400円

よくわかる特別支援教育
　　　　　　　　　　　湯浅恭正 編　B5判　232頁　本体2400円

よくわかる肢体不自由教育
　　　　　　安藤隆男・藤田継道 編著　B5判　244頁　本体2500円

よくわかる障害児保育
　　　尾崎康子・小林真・水内豊和・阿部美穂子 編　B5判　248頁　本体2500円

よくわかる発達障害 第2版
　　──LD・ADHD・高機能自閉症・アスペルガー症候群
　　　　　　小野次朗・上野一彦・藤田継道 編　B5判　184頁　本体2200円

よくわかる臨床発達心理学 第4版
　　　　　　　　　麻生武・浜田寿美男 編　B5判　264頁　本体2800円

特別支援教育のための子ども理解と授業づくり
　　──豊かな授業を創造するための50の視点
　　　　　　湯浅恭正・新井英靖・吉田茂孝 編著　B5判　176頁　本体2400円

発達支援の場としての学校
　　──子どもの不思議に向き合う特別支援教育
　　　　　　　　　　東村知子・麻生武 編著　A5判　274頁　本体2800円

障がいのある子の保育・教育のための実践障がい学
　　　　　　　　　　　　　　　佐藤曉 著　A5判　200頁　本体2400円

アクション・リサーチでつくるインクルーシブ授業
　　──「楽しく・みんなで・学ぶ」ために
　　　　　　　　　　　　　　　新井英靖 著　B5判　172頁　本体2500円

──────── ミネルヴァ書房 ────────
http://www.minervashobo.co.jp